SCHÄFFER
POESCHEL

Bernd Schwien/Daniel Hoffmeister

Kosten- und Leistungsrechnung in der Sozialwirtschaft

Rechnungswesen sozial gedacht

2018
Schäffer-Poeschel Verlag Stuttgart

Prof. Dr. Bernd Schwien lehrt Finanzierung sozialwirtschaftlicher Organisationen im Studiengang Sozialmanagement an der Hochschule Nordhausen.

Daniel Hoffmeister, Dipl.-Finanzwirt, Betriebsprüfer, Lehraufträge an der Fachhochschule Gotha und der Hochschule Nordhausen.

Gedruckt auf chlorfrei gebleichtem, säurefreiem und alterungsbeständigem Papier

Bibliografische Information der Deutschen Nationalbibliothek
Die Deutsche Nationalbibliothek verzeichnet diese Publikation in der Deutschen Nationalbibliografie; detaillierte bibliografische Daten sind im Internet über http://dnb.d-nb.de abrufbar.

Print	ISBN 978-3-7910-4147-6	Bestell-Nr. 11206-0001
EPUB	ISBN 978-3-7910-4148-3	Bestell-Nr. 11206-0100
EPDF	ISBN 978-3-7910-4149-0	Bestell-Nr. 11206-0150

Dieses Werk einschließlich aller seiner Teile ist urheberrechtlich geschützt. Jede Verwendung außerhalb der engen Grenzen des Urheberrechtsgesetzes ist ohne Zustimmung des Verlages unzulässig und strafbar. Das gilt insbesondere für Vervielfältigungen, Übersetzungen, Mikroverfilmungen und die Einspeicherung und Verarbeitung in elektronischen Systemen.

© 2018 Schäffer-Poeschel Verlag für Wirtschaft · Steuern · Recht GmbH

www.schaeffer-poeschel.de
service@schaeffer-poeschel.de

Umschlagentwurf: Goldener Westen, Berlin
Umschlaggestaltung: Kienle gestaltet, Stuttgart (Bildnachweis: Shutterstock)
Layout: Ingrid Gnoth | GD 90, Buchenbach
Satz: Claudia Wild, Konstanz

Juni 2018

Schäffer-Poeschel Verlag Stuttgart
Ein Tochterunternehmen der Haufe Group

Inhaltsverzeichnis

	Abkürzungsverzeichnis	IX
1	**Einleitung**	**1**
2	**Internes und externes Rechnungswesen**	**7**
3	**Die Kosten- und Leistungsrechnung und ihre Begrifflichkeiten**	**13**
3.1	Stufe 1 zur Kostenartenrechnung: Einzahlung, Auszahlung	15
3.2	Stufe 2 zur Kostenartenrechnung: Einnahme, Ausgabe	15
3.3	Stufe 3 zur Kostenartenrechnung: Aufwand, Ertrag	17
3.4	Stufe 4 zur Kostenartenrechnung: Kosten, Leistungen	18
3.5	Allgemeine Kostenbegriffe und Kostenbetrachtungen	23
3.6	Sozialwirtschaftliches Spezifikum: Sonderposten zur Finanzierung des Sachanlagevermögens	33
4	**Teilrechnungen der Kosten- und Leistungsrechnung**	**39**
4.1	Kostenartenrechnung	39
4.1.1	Herkunft der Daten	42
4.1.2	Sachliche Abgrenzung	42
4.1.2.1	Sachliche Abgrenzung innerhalb der Betriebsbuchhaltung	43
4.1.2.2	Sachliche Abgrenzung außerhalb der Betriebsbuchhaltung	46
4.1.3	Gliederung der in einer Abrechnungsperiode angefallenen Kosten nach Art und Höhe	49
4.1.3.1	Verbrauchte Produktionsfaktoren	49
4.1.3.2	Art der betrieblichen Funktion	51
4.1.3.3	Art des kalkulatorischen Charakters	51
4.1.3.4	Abhängigkeiten von Kosteneinflussgrößen	52
4.1.4	Aufteilung der Kosten in Einzelkosten und Gemeinkosten	53
4.1.5	Aufteilung der Kosten in variable und fixe Kosten	53
4.1.5.1	Buchtechnische Methode	53
4.1.5.2	Grafische Methode	54
4.1.5.3	Mathematische Methode	54
4.1.6	Kostenkontrolle	56
4.2	Kostenstellenrechnung	56
4.2.1	Aufgaben der Kostenstellenrechnung	56
4.2.2	Kriterien der Kostenstellenbildung	58
4.2.2.1	Kostenstellenvorgaben in der Sozialwirtschaft	58
4.2.2.2	Grundsätze der Kostenstellenbildung	59
4.2.2.3	Kostenstellenbildung im Einzelnen	60
4.2.2.4	Arten von Kostenstellen	61
4.2.3	Durchführung der Kostenstellenrechnung	62

Inhaltsverzeichnis

4.2.3.1	Aufbau des Betriebsabrechnungsbogens (BAB)	63
4.2.3.2	Einstufiger Betriebsabrechnungsbogen	63
4.2.3.2.1	Primärkostenverrechnung	64
4.2.3.2.2	Ermittlung der Primärkosten je Kostenstelle und Abstimmung	67
4.2.3.2.3	Ermittlung der Kalkulationssätze/Gemeinkostenzuschlagssätze	67
4.2.3.2.4	Ermittlung von Kostenüber- und Kostenunterdeckungen	69
4.2.3.3	Mehrstufiger Betriebsabrechnungsbogen	71
4.2.3.3.1	Primärkostenverrechnung	72
4.2.3.3.2	Ermittlung der Primärkosten je Kostenstelle und Abstimmung	72
4.2.3.3.3	Innerbetriebliche Leistungsverrechnung	72
4.2.3.3.4	Ermittlung der primären und sekundären Gemeinkosten je Endkostenstelle	78
4.2.3.3.5	Ermittlung der Kalkulationssätze/Gemeinkostenzuschlagsätze	79
4.2.3.3.6	Ermittlung von Kostenüber-/Kostenunterdeckungen	79
4.3	Kostenträgerrechnung	81
4.3.1	Kostenträger	81
4.3.2	Aufgaben und Ausprägungsformen der Kostenträgerrechnung	82
4.3.3	Kalkulation	83
4.3.3.1	Divisionskalkulation	83
4.3.3.1.1	Einstufige Divisionskalkulation	83
4.3.3.1.2	Zweistufige Divisionskalkulation	85
4.3.3.1.3	Mehrstufige Divisionskalkulation	86
4.3.3.2	Äquivalenzziffernkalkulation	87
4.3.3.2.1	Einstufige Äquivalenzziffernrechnung	88
4.3.3.2.2	Zwei- und mehrstufige Äquivalenzziffernrechnung	89
4.3.3.3	Zuschlagskalkulation	91
4.3.3.3.1	Differenzierte Zuschlagskalkulation (progressiv)	92
4.3.3.3.2	Differenzierte Zuschlagskalkulation (retrograd)	93
4.3.3.3.3	Maschinenstundensatzkalkulation	94
4.3.3.4	Preiskalkulation	97
4.3.4	Kurzfristige Erfolgsrechnung	99
4.4	Teilkostenrechnungsbetrachtungen	107
4.4.1	Einstufige Deckungsbeitragsrechnung	110
4.4.2	Annahme Zusatzauftrag?	117
4.4.3	Preispolitische Entscheidungen	119
4.4.4	Innerbetriebliche Leistungen outsourcen	120
4.4.5	Bestimmung des optimalen Leistungsprogramms	122
4.4.6	Mehrstufige Deckungsbeitragsrechnung	127
5	**Moderne Verfahren der Kostenrechnung und des Kostenmanagements**	**131**
5.1	Plankostenrechnung	131
5.2	Prozesskostenrechnung	134

Inhaltsverzeichnis

Lösungen — 141

Übungsklausur mit Lösungen — 161

Literaturverzeichnis — 169

Stichwortverzeichnis — 171

Abkürzungsverzeichnis

Abs.	Absatz
abz.	abzüglich
AK	Anschaffungskosten
ao.	außerordentlich
AO	Abgabenordnung
Ansch.	Anschaffung
BAB	Betriebsabrechnungsbogen
BE	Betriebsergebnis
betriebsnotw.	betriebsnotwendig
bzw.	beziehungsweise
d. h.	das heißt
Ct.	Cent
DRG	Diagnosis Related Groups (Fallpauschalen)
E	Erlöse (entspricht Umsatz)
EK	Eigenkapital
Fibu	Finanzbuchhaltung
GoB	Grundsatz ordnungsgemäßer Buchführung
GKV	Gesamtkostenverfahren
GuV	Gewinn- und Verlustrechnung
H	Haben
h	Stunde (hour)
HGB	Handelsgesetzbuch
Hk	Herstellkosten
HkdU	Herstellkosten des Umsatzes
HkdE	Herstellkosten der Erzeugung
i. V. m.	in Verbindung mit
J.	Jahr(e)
kalk.	kalkulatorisch
KHBV	Krankenhausbuchführungsverordnung
kwh	Kilowattstunde
lt.	laut
lfd.	laufend
ND	Nutzungsdauer
o. g.	oben genannt
p. a.	per annum (pro Jahr)

Abkürzungsverzeichnis

PBV	Pflegebuchführungsverordnung
prop.	proportional
SEKF	Sondereinzelkosten der Fertigung
SEKV	Sondereinzelkosten des Vertriebs
SGB	Sozialgesetzbuch
S	Soll
sog.	sogenannt
Sopo	Sonderposten
ssfh	Stiftung St. Franziskus Heiligenbronn
U	Umsatz (entspricht Erlösen)
u.ä.	und ähnliche
UKV	Umsatzkostenverfahren
U-Lohn	Unternehmerlohn
usw.	und so weiter
Verbindlichkeiten a. L. L.	Verbindlichkeiten aus Lieferungen und Leistungen
VertK	Vertriebskosten
VerwK	Verwaltungskosten
Vk	Vertriebskosten
vgl.	Vergleiche
WBK	Wiederbeschaffungskosten
WfbM	Werkstatt für behinderte Menschen
WVO	Werkstättenverordnung
z. B.	zum Beispiel

1 Einleitung

Das Organisationshandeln in sozialwirtschaftlichen Organisationen ist traditionell von Werte- und Bedarfsorientierung geprägt. Dabei ist der (Hilfe-)bedarf anderer Menschen bzw. Klienten zu ermitteln und deren Lebenswirklichkeit in vielen Fällen mittels sozialer Fachlichkeit werteorientiert neu auszurichten. Was dabei als Ausgangspunkt oder Zielsetzung einer gewünschten »Normalität« als klientenbezogenes Sachziel im Einzelfall entspricht, bleibt vielfach unklar und wird selten als konkretes Ziel formuliert, da oft als »individuell« bezeichnet. Der gesellschaftliche Kontext und nicht zuletzt die Werte und Normen des jeweiligen Sozialarbeiters als beteiligte Person spielen dabei eine wichtige Rolle. In diesem multifaktoriellen Wirkungsgefüge von diffusen Bedürfnissen und Umweltbedingungen bezogen auf den einzelnen Klienten (Stichwort: Sozialraumorientierung, was umfasst das konkret!?) und seinem Sozialarbeiter in ihrem interaktiven Umfeld haben es die »konkreten« Formalziele der Betriebswirtschaftslehre schwer. Sie wirken oft einseitig in ihrer Perspektive, kalt, das heißt losgelöst vom jeweiligen menschlichen Schicksal und bedrohlich, indem sie die soziale Handlungsfreiheit scheinbar einschränken. Viele möchten im Alter die selbstbestimmte Individualbetreuung eines Hospizes (für 8.000 € – 10.000 € pro Monat) erfahren, ggf. ist es angenehm, über einen permanenten Schulbegleiter zu verfügen, der einen individuell bei den Hausaufgaben unterstützt. Und vielleicht würden wir uns über eine internationale erlebnispädagogische Maßnahme mit 24-Stunden-Begleitung durch einen Sozialpädagogen freuen, weil unsere Eltern doch nie Zeit für uns haben oder aus anderen Gründen nicht mehr zur Verfügung stehen. Hier kommt mit Blick auf die angenommene traditionell nicht vorhandene Messbarkeit des Sozialen ein Hang zu monetärer Hypertrophie zum Ausdruck, da nicht über Geld sondern ausschließlich den Menschen und seine sozialen Bedürfnisse gesprochen werden soll. Hinter der Notwendigkeit eines nachhaltigen Wachstumspfades für eine sozialwirtschaftliche Organisation steht jedoch immer die Tatsache der vorhandenen Begrenztheit von Ressourcen in einer Volkswirtschaft und deren Gesellschaft sowie deren begrenzter Bereitschaft – mit Blick auf die eigenen Bedürfnisse – zu Solidarität. So scheint es für die Politik im Gesundheitsbereich schwierig, der Bevölkerung zu vermitteln, mehr als 15 % ihres Bruttoeinkommens für eine entsprechende Gesundheitsversicherung auszugeben. Obgleich es eben nicht Profitlehre heißt, sondern die Wirtschaftlichkeitsbetrachtung eines Betriebes im Vordergrund steht, tut sich die soziale Fachlichkeit mit der bewussten Realitätsreduktion (beispielsweise auf Kennzahlen) und den daraus gewonnenen Erkenntnissen bzw. Klarheiten schwer. Schafft man es gerade noch, sich auf die Tatsache beschränkter Ressourcen einigen zu können, so sind jegliche Rentabilitäts- oder gar Gewinnbetrachtungen bei der Erreichung des Klientenwohls eben doch fremd.

1 Einleitung

Dabei vermittelt die empirische Sozialforschung regelmäßig, dass Menschen sich gruppenbetrachtet hochgradig statistisch, also planbar, verhalten. So kann ein kaufmännischer Krankenhausdirektor im Einzugsgebiet seiner Klinik davon ausgehen, dass bei vorliegenden 300 Blinddarmoperationen pro Jahr in der Folgeperiode zwischen 295 und 305 entsprechende Eingriffe zu tätigen sind. Spezifische Umwelt- und kulturelle Rahmenbedingungen und Verhaltenswesen sowie ethnische Voraussetzungen tragen zu dieser Tatsache bei. Es lassen sich also deutliche Muster herausarbeiten. Das Formulieren von Zielgrößen und die Messung ihrer Erreichung scheinen sinnvoll zu sein. Und es gilt die Maxime: Das gemessene Ergebnis ist nicht die Entscheidung! Es verdeutlicht lediglich eine bewusst gewählte Perspektive zur Entscheidungsfindung.

Nichts anderes versucht die Betriebswirtschaftslehre im Rahmen ihrer regelmäßigen Situationsanalyse interner und externer Rahmenbedingungen und ihrer Ziel- und Strategiefindung.

So formulierte eine christlich-soziale Komplexeinrichtung im Rahmen ihrer Finanzperspektive, dass die Innenfinanzierungskraft der Organisation ausgedrückt durch den Cashflow »die Abschreibungen und einen Deckungsbeitrag zur Zukunftssicherung im Kontext zu einer *angemessenen Begleitung, Erziehung und Pflege zu erwirtschaften*, einzuhalten hat.« (Siehe Auszug aus der Balanced Scorecard, (hier: Finanzwirtschaftliche Perspektive) der Komplexeinrichtung »stiftung st. franziskus heiligenbronn« (ssfh)). Als sinnvollen Wert zur Erreichung dieses Ziels sind über mehrjährige Vergangenheitsdaten drei Prozent vom Umsatz ermittelt worden. Hier besteht offensichtlich ein Bezug zwischen sozialem Sach- und betriebswirtschaftlichem Formalziel. Steuern bzw. operationalisieren lässt sich dieses Ziel jedoch nur, wenn man den gewünschten Cashflow mit einem Zielwert versieht (hier: 3 % vom Umsatz) und eine Person für seine Erreichung die Verantwortung übernimmt (hier: Vorstand). Nun muss regelmäßig gemessen werden, um zu überwachen, ob man dieses Ziel am Ende einer Periode erreichen wird (z. B. Soll-Ist-Betrachtung). Eventuell sind korrigierende Maßnahmen der verantwortlichen Person(en) zu ergreifen, die vorab für den Bedarfsfall gemeinsam festgelegt worden sind. Hierbei versteht es sich, dass die »positive« Maßnahmenwirkung überwacht werden muss. Gegebenenfalls ist über Alternativen nachzudenken. Die Operationalisierbarkeit des nachhaltigen betrieblichen Handelns im Sinne der angemessenen Begleitung der Klienten steht im Vordergrund, nicht wie vielfach befürchtet und beschrieben, die Kontrolle als solches. Und dies unter Berücksichtigung der offensichtlich begrenzten (finanziellen) Ressourcen.

Ziel, Methode und Vorgehen

Dieses einführende Lehrbuch richtet sich neben der Kerngruppe der Sozialwirte und Sozialmanager an Sozialpädagogen und Sozialarbeiter, Soziologen, Psychologen und Mediziner sowie Theologen zur Vermittlung eines Basiswissens in der Kosten- und Leistungsrechnung. Während die vorgestellten Methoden zumeist aus der klassischen Betriebswirtschaftslehre stammen, wurde bei den Anwendungs- und Übungsbeispielen auf den sozialen Bezug in seiner Vielfältigkeit der obigen Kernbereiche und ihrer individuellen Preisfindung bzw. Abrechnungslogik Wert gelegt.

Einleitung

Dieser Preis gilt zwischen den Verhandlungen als exogen vorgegeben und wird in »regelmäßigen« Abständen mit den Kostenträgern auf Basis differenzierter Kostenkalkulationen neu verhandelt. Dabei liegen dieser Verhandlung Preisbegriffe wie
- Entgelte,
- Zuweisung,
- Zuwendung,
- Pflegesatz (z. B. Basis von Pflegegrad 1–5 oder Hilfebedarfsgruppe 1–5),
- Persönliches Budget (Behindertenhilfe),
- Sozialraumbudget (Sozialraumorientierung in der Kinder-, Jugend- und Familienhilfe),
- Fallpauschale (z. B. Diagnosis Related Groups; DRG)

bis hin zu wirkungsbezogenen Honoraren im Rahmen der Diskussion um die Bestimmung von Wertschöpfung und Wirkungsorientierung in der sozialen Arbeit zugrunde. Nur vor dem Hintergrund der Kostendeckung und Zukunftsorientierung geht es um Input-/Outputrelationen mit den sozialen Dienstleistungsprozessen dazwischen. Bei den Sachzielen geht es zum Teil schwer messbar erstrangig um
- den Effect (messbares Ergebnis, z. B. Mehreinnahmen durch selbst gefertigtes Holzspielzeug in Behindertenwerkstätten),
- den Impact (erhöhte Lebensqualität der behinderten Menschen durch erfüllende (Arbeits-)aufgaben,
- den Outcome (Wirkung des Outputs als nachhaltige Kinderfreuden durch naturnahes Holzspielzeug).

Ausgangspunkt dieser Lehrbuchbetrachtung werden die beiden klassischen Rechnungskreise sein, das interne und das externe Rechnungswesen.

Neben dem gesetzesbasierten externen Rechnungswesen will das interne Rechnungswesen die Interaktion der Unternehmung mit der Umwelt im Sinne einer nachhaltigen Unternehmensführung und -entwicklung mit folgenden Funktionen möglichst realistisch abbilden:
- Kontrolle,
- Planung,
- Dokumentation.

Internes und externes Rechnungswesen

Betriebsbuchführung

Zum internen Rechnungswesen oder Betriebsbuchführung gehört der daraus zu entwickelnde Bereich der Finanz- und Investitionsrechnung.

In der Sozialwirtschaft spielen neben der Wirtschaftlichkeit die Preiskalkulation und Preisbeurteilung eine zunehmende Rolle. Die Verfahren der Voll- und Teilkostenrechnung und ihre Interpretation sind auch der sozialen Fachlichkeit zu vermitteln.

Dabei baut das interne Rechnungswesen auf Begrifflichkeiten auf, die vorab »eindeutig« geklärt werden müssen. Wir werden beispielsweise feststellen, dass nicht alle Aufwendungen Kosten darstellen und nicht alle Kosten gleichermaßen Aufwendungen sind.

1 Einleitung

Abb. 1.1

Das Rechnungswesen und seine Teilbereiche

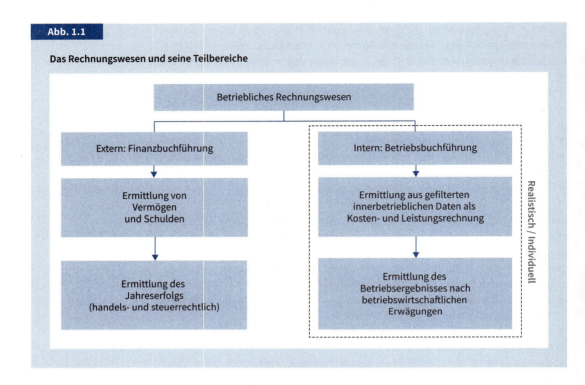

BEISPIEL Mietertrag und kalkulatorischer Unternehmerlohn

▶▶▶

Abb. 1.2

Gewinn- und Verlustrechnung

	S	Gewinn- und Verlustrechnung		H	
	Berichtsjahr	Vorjahr	Berichtsjahr	Vorjahr	
Materialaufwand	50.000 €	47.000 €	85.000 €	75.000 €	Umsatzerlöse
Personalaufwand	65.000 €	63.000 €	25.000 €	30.000 €	Zuwendungen u. Zuschlag der öffentlichen Hand
Abschreibungen	9.000 €	6.000 €	0 €	0 €	
Gewinn	16.000 €	14.000 €	30.000 €	25.000 €	s. betriebliche Erträge (Mieteinnahmen)
SUMME	140.000 €	130.000 €	140.000 €	130.000 €	

Einleitung

Bei der in Abbildung 1.2 dargestellten Gewinn- und Verlustrechnung aus der Finanzbuchhaltung der Senioren-WG, wo der *Personalaufwand sich auf Pflege- und Verwaltungskräfte* bezieht, ergibt sich ein Gewinn von zunächst 16.000 €. Sollte es sich dabei um ein Einzelunternehmergehalt handeln, welches marktüblich bei 45.000 € liegt, so wäre unter Berücksichtigung dieses sogenannten kalkulatorischen Unternehmerlohns ein Verlust von 29.000 € auszuweisen. *Die Mieteinnahmen von nicht genutzten Räumen* in Höhe von 30.000 € entsprechen nicht dem Unternehmenszweck dieser Senioren-Wohngemeinschaft und sind betriebsbedingt abzuziehen. Selbiges ist für die Nachhaltigkeit der Zuwendungen der öffentlichen Hand zu prüfen.

Ziehen wir diese Beträge komplett ab, so ergibt sich für das externe und interne Rechnungswesen die in Abbildung 1.3 dargestellte Situation.

Abb. 1.3

Gewinn Berichtsjahr

	Externes Rechnungswesen	Internes Rechnungswesen
Gewinn Berichtsjahr	16.000 €	− 84.000 (+ 16.000 − 45.000 − 25.000 − 30.000)
Erläuterung	Meine soziale Organisation erwirtschaftet einen Gewinn, der die Zukunftssicherung einbezieht.	Mit einem betriebsbedingten Verlust von 84.000 € im Berichtsjahr besteht akuter Handlungsbedarf!

Die Notwendigkeit für eine Finanz- und Betriebsbuchführung wird hier deutlich. Dabei wurde das *immer währende unternehmerische Risiko* in diesem Beispiel noch nicht berücksichtigt. ◀◀◀

Im weiteren Verlauf werden kostentheoretische Überlegungen angestellt, um die Kosten nach ihrem Verhalten bei Beschäftigungsgradänderungen in variable und fixe Kosten oder nach ihrer Zurechenbarkeit in Einzel- (z. B. Windelvorlage pro Klient) und Gemeinkosten (z. B. Energie, Verwaltung) einzuteilen.

Insbesondere die Trennung von variablen (Essen pro Klient) und fixen Kosten (z. B. Kosten Geschäftsführer), also die Kostenauflösung ist in sozialen Organisationen häufig schwer durchzuführen. Diesen Problembereich wollen wir uns theoretisch und durch praktische Beispiele erschließen.

Danach erfolgt die klassische Unterteilung der Kosten- und Leistungsrechnung in die drei Bereiche:

▸ Kostenartenrechnung: Welche (betriebsbedingten) Kosten entstehen?
▸ Kostenstellenrechnung: Wo sind die Kosten im Betrieb entstanden (und wer ist dafür verantwortlich)?
▸ Kostenträgerrechnung: Wofür entstehen die Kosten (Patient, Klient, Fallpauschale), auf deren Grundlage wir dann unsere Erlöse erwirtschaften?

Unterteilung der Kosten- und Leistungsrechnung

1 Einleitung

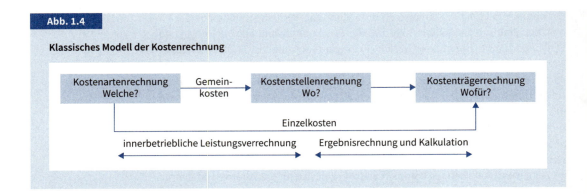

Abb. 1.4 Klassisches Modell der Kostenrechnung

Typische Fragen hierbei sind:
- Wie hoch müssen die Preise/dürfen die Kosten der einzelnen Kostenträger sein (Kostenträgerstückrechnung z. B. bei DRGs)?
- Wie haben sich die Kosten im Verhältnis zur Vorperiode verändert (Kostenträgerzeitrechnung z. B. bei Pflegesatzverhandlungen)?
- Welche Aufträge können angenommen werden (Deckungsbeitragsrechnung bei Produktion in einer Werkstatt für behinderte Menschen)?
- Mit welchen Kosten und Leistungen ist in Zukunft zu rechnen (Planungsrechnung bei anstehender Kapazitätsveränderung in einer Altenhilfeeinrichtung)?

Bei der Kostenträgerrechnung werden Methoden wie die Divisionskalkulation mit ihrer Unterform, der Äquivalenzrechnung und die Zuschlagskalkulation behandelt.

Im weiteren Verlauf setzt sich dieses Lehrbuch beispielhaft mit modernen Verfahren der Kostenrechnung und des Kostenmanagements auseinander. Systeme der Deckungsbeitragsrechnung (einstufig, mehrstufig), Plankostenrechnung (starr, flexibel) und die Prozesskostenrechnung (z. B. Kalkulation der Endoprothetik im Krankenhaus) bilden dann den Abschluss.

2 Internes und externes Rechnungswesen

Jede Unternehmung ist eingebettet in den Nominalgüter- und Realgüterkreislauf einer Volkswirtschaft, d. h. sie ist Teil des gesamtwirtschaftlichen Güter- und Geldkreislaufes einer Volkswirtschaft. Dazu zählt der Beschaffungsmarkt, in dem die betrieblichen Produktionsfaktoren beschafft werden, der Geld- und Kapitalmarkt für kurz- und mittel- sowie langfristige Kapitalbeschaffung, der Absatzmarkt, in dem Güter (Sachgüter, Dienstleistungen und Rechte) zum Verkauf angeboten werden und der Staat, der die Rahmenbedingungen für das wirtschaftliche Handeln aufstellt, Steuern erhebt und beispielsweise Subventionen bzw. Zuschüsse verausgabt. Auch innerhalb eines Unternehmens vollzieht sich ein Güter- und Geldkreislauf. Zu nennen sind hier

- die Investition als Umwandlung von Geldvermögen in Sachvermögen,
- der Leistungserstellungsprozess als Einsatz von Produktionsfaktoren zur Herstellung von Gütern,
- die Desinvestition als Umwandlung von Sachvermögen in Geldvermögen und
- die Verwendung von Zahlungsmitteln als Rückzahlung an die Fremdkapitalgeber oder Eigenkapitalgeber bzw. zur erneuten Investition.

Abb. 2.1

Leistungswirtschaftliche und finanzwirtschaftliche Dimensionen in einer Volkswirtschaft aus Unternehmenssicht

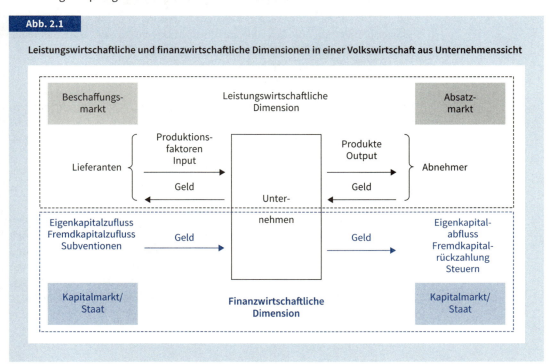

2 Internes und externes Rechnungswesen

Vor diesem Hintergrund ist es die Aufgabe des Managements, Informationen über das vergangene und künftige Wirtschaftsgeschehen zu beschaffen, auszuwerten und aufzubereiten. Diese Informationen dienen der Planung, Steuerung und Kontrolle des sich innerhalb des Unternehmens vollziehenden Güter- und Geldkreislaufes.

Betriebliches Rechnungswesen liefert Informationen

Die hierzu benötigten Informationen liefert das betriebliche Rechnungswesen, welches im weitesten Sinne als die systematische, regelmäßige Erfassung und Aufbereitung, Auswertung und Übermittlung der das Betriebsgeschehen betreffenden quantitativen Daten verstanden werden kann.

Eine eindeutige Gliederung des betrieblichen Rechnungswesens besteht in der Literatur und Praxis nicht. Nach Aufgabengebieten ließe sich das betriebliche Rechnungswesen wie folgt gliedern:
- Bilanzrechnung,
- Kosten- und Leistungsrechnung,
- Planungsrechnung,
- Statistik.

Welches dieser Teilgebiete in einer Unternehmung implementiert ist, hängt im Wesentlichen von den gesetzlichen Vorgaben und dem Informationsbedarf ab.

> **INFO**
>
> **GoB**
> Vgl. auch § 238, 1, HGB: Der Gedanke bei der PBV und KHBV in Anlehnung ist, dass »[die Buchführung] einem sachverständigen Dritten innerhalb angemessener Zeit einen Überblick über die Geschäftsvorfälle und über die Lage des Unternehmens vermitteln kann.« Daher sind in den Anlagen der obigen Verordnungen auch *vorgegebene Strukturen zur internen und externen Rechnungslegung* zu finden.

Bilanzrechnung

Nach §§ 238 und 242 HGB hat der Kaufmann die Plicht, eine Bilanzrechnung zu führen,
- eine Bilanz als stichtagsbezogene, ausgeglichene und geldliche Abrechnung einer Wirtschaftsperiode sowie
- eine Gewinn- und Verlustrechnung als Gegenüberstellung von Erträgen und Aufwendungen einer Wirtschaftsperiode.

Weitere Verpflichtungen zur Führung einer Bilanzrechnung ergeben sich aus den §§ 63, 140 und 141 AO. Unabhängig von der Rechtsform, Größe und Kaufmannseigenschaft müssen Unternehmen der Pflege bei der Bilanzrechnung gemäß §§ 1 und § 4 PBV sich an diese Vorschriften halten. Auch Krankenhäuser sind gemäß KHBV zur Erstellung einer Bilanzrechnung verpflichtet, obgleich diese Rechenwerke bereits aufgrund ihrer Größe nach den Vorschriften des HGB und der AO zur Bilanzrechnung obligatorisch sind.

Internes und externes Rechnungswesen

> **INFO**
>
> **PBV und KHBV**
>
> *PBV* (Stand: 21.12.2016): § 1 Anwendungsbereich im Sinne des Handelsgesetzbuches (HGB) unabhängig von der Rechtsform der Pflegeeinrichtung (Basis: SGB XI):
> (2) Pflegeeinrichtungen im Sinne dieser Verordnung sind
> 1. ambulante Pflegeeinrichtungen (Pflegedienste),
> 2. teilstationäre und vollstationäre Pflegeeinrichtungen (Pflegeheime),
>
> mit denen ein Versorgungsvertrag nach dem Elften Buch Sozialgesetzbuch besteht (zugelassene Pflegeeinrichtungen).
> § 7 Kosten- und Leistungsrechnung: Die zugelassenen Pflegeeinrichtungen *haben eine Kosten- und Leistungsrechnung zu führen,* die eine betriebsinterne Steuerung sowie eine *Beurteilung der Wirtschaftlichkeit und Leistungsfähigkeit* ermöglicht.
> *KHBV* (Stand: 21.12.2016): § 1 Anwendungsbereich entsprechend für Krankenhäuser im Sinne des HGB.
> § 8 Kosten- und Leistungsrechnung: Das Krankenhaus *hat eine Kosten- und Leistungsrechnung zu führen* (insbesondere *pflegesatzfähige Kosten* ermitteln); ansonsten wie PBV.

Die Bilanzrechnung dient vor allem der Information von außerhalb des Unternehmens stehenden, externen Adressaten bzw. Stakeholdern:
- Eigenkapital- und Fremdkapitalgebern,
- Geschäftsfreunden, insbesondere Lieferanten und Kunden,
- der öffentlichen Hand (z. B. Finanzbehörden).

Der Hintergrund hierfür ist im Informationsgehalt der Bilanzrechnung zu suchen. Die Bilanzrechnung ist das Ergebnis der Finanzbuchführung und deren vorgelagerten Rechnungssystemen. In der Finanzbuchführung werden, grundsätzlich für einen Zeitabschnitt von einem Jahr alle Real- und Nominalgüterströme zwischen dem Unternehmen und ihrer Umwelt aufgezeichnet sowie interne Vorgänge dokumentiert. In der Bilanz wird das Ergebnis dieser Dokumentation vermögensseitig dargestellt. Sie gibt einen Einblick über den Wert der zum Bilanzstichtag vorhandenen Vermögenswerte und Schulden sowie den Wert des Eigenkapitals. Das Eigenkapital als Restgröße gleicht den Unterschiedsbetrag zwischen Vermögenswerten und Schulden nach dem Funktionsprinzip einer Balkenwaage aus. Dabei ist die Bilanz nur eine stichtagsbezogene Momentaufnahme dieser Werte, denn veränderte unternehmerische Rahmenbedingungen können das Bild der Bilanz kurz nach dem Bilanzstichtag wesentlich verändern. Die Gewinn- und Verlustrechnung stellt das Ergebnis der Finanzbuchführung ertragsseitig dar. Sie gibt einen Einblick über die im vergangenen Geschäftsjahr getätigten Aufwendungen und erzielten Erlöse sowie den erwirtschafteten Gewinn.

Aus der Bilanz sowie der Gewinn- und Verlustrechnung ziehen die externen Adressaten unterschiedliche Informationen, die beispielhaft dargestellt sind:
- die Eigenkapitalgeber – zur Höhe des Auszahlungsanspruchs,
- die Fremdkapitalgeber – zur Kreditwürdigkeit,

Informationen für externe Adressaten

2 Internes und externes Rechnungswesen

- Geschäftsfreunde – Aufbau bzw. Abbruch von Kundenbeziehungen,
- öffentliche Hand – Höhe des Steueranspruchs, Subventionsbedarf.

Externes Rechnungswesen

Die Bilanzrechnung zählt aufgrund ihrer Stakeholderadressierung zum *externen Rechnungswesen*.

Das Führen einer Kosten- und Leistungsrechnung ist nur für Unternehmen der Pflege § 7 PBV, Krankenhäuser § 8 KHBV und für Werkstätten für Menschen mit Behinderung § 12 WVO gesetzlich vorgeschrieben. Für alle anderen Unternehmen ist sie eine mehr oder weniger freiwillig geführte Rechnung. Sie dient vor allem der Information von innerhalb des Unternehmens stehenden, internen Adressaten:

- Geschäftsführung,
- Abteilungsleiter,
- Projektleiter u. Ä.

Der Hintergrund hierfür ist ebenfalls im Informationsgehalt der Kosten- und Leistungsrechnung zu suchen. In der Kosten- und Leistungsrechnung werden die betriebsbedingten Stromgrößen Kosten und Leistungen erfasst und diese je nach Informationsbedarf unterschiedlich aufbereitet. Die internen Adressaten ziehen hieraus unterschiedliche Informationen, die beispielhaft dargestellt sind:

- Geschäftsführung – gegenwärtiges und zukünftiges Betriebsergebnis,
- Abteilungsleiter – durch seine Abteilung verursachten Kosten,
- Projektleiter – die durch sein Projekt verursachten Kosten.

Hierbei handelt es sich um zumeist sensible Informationen, schließlich soll ein Kunde nicht wissen, wie viel Geld mit ihm verdient wird. Doch wie passt dann die Pflicht nach § 7 PBV, § 8 KHBV und § 12 WVO ins Bild? Das Führen einer Kosten- und Leistungsrechnung ist aus Gründen der Vergleichbarkeit von sozialen Einrichtungen vorgeschrieben und aus Datenschutzgründen dürfen die Daten der Kosten- und Leistungsrechnung auch nur für diesen Vergleich von den erhebenden Stellen verwendet werden.

Internes Rechnungswesen

Die Kosten- und Leistungsrechnung zählt aufgrund ihrer Adressierung zum *internen Rechnungswesen*.

Die Planungsrechnung beinhaltet u. a. die Investitionsrechnung – auch unter dem Begriff Vorteilsrechnung bekannt – und ermittelt mögliche Investitionsvorteile mit Hilfe der statischen und/oder dynamischen Methoden. Die Finanzrechnung ermittelt einen Liquiditätssaldo, mithilfe dessen die jederzeitige Zahlungsfähigkeit sichergestellt wird. Planungsrechnungen sind gesetzlich nicht vorgeschrieben, wobei aus Gründen der Insolvenzerkennung und Beantragung eine Planungsrechnung in der Mindestform einer Finanzplanung geführt werden sollte. Auch die Planungsrechnung dient vor allem dem Informationsbedarf der Geschäftsführung und des Managements, wobei auch Fremdkapitalgeber in Abhängigkeit vom Verschuldungsgrad oft einen Einblick in die Planungsrechnung verlangen. Gleichwohl wird die Planungsrechnung dem internen Rechnungswesen zugeordnet.

Die Statistik sammelt aus allen Unternehmensbereichen Daten, bereitet diese auf und stellt diese spezifisch dar (z. B. Teil des Berichtswesens). Sie leitet beispiels-

Internes und externes Rechnungswesen

weise aus Ist-Daten und vergangenheitsbezogenen Daten ggf. zukünftige Szenarien und Prognosen her. Statistiken sind gesetzlich nicht vorgeschrieben. Sie werden auch nicht für den laufenden Geschäftsbetrieb benötigt, gleichwohl stellen sie vor allem in größeren Unternehmen für das Management ein wichtiges Hilfsmittel zur Steuerung dar. Aufgrund ihrer betriebsinternen Adressierung wird die Statistik ebenfalls dem internen Rechnungswesen zugeordnet.

AUFGABEN ZU KAPITEL 2

1. Warum wird bei der Bilanz von einer Momentaufnahme gesprochen und oftmals die Bilanz als Waage dargestellt?
2. Worin unterscheiden sich Bilanzrechnung sowie die Kosten- und Leistungsrechnung?
3. Ist es möglich, durch die Kosten- und Leistungsrechnung die Vermögenssituation einer Unternehmung darzustellen?

3 Die Kosten- und Leistungsrechnung und ihre Begrifflichkeiten

Die Kosten- und Leistungsrechnung gehört wie die Betriebsstatistik und die Planungsrechnung zum internen Rechnungswesen und ist ausschließlich auf die wirtschaftlichen Prozesse eines Unternehmens ausgerichtet (vgl. Kapitel 2). Sie kommt aus diversen betrieblichen Gründen zum Einsatz, die im Sinne einer Finanzbuchhaltung zwar ein gesetzeskonformes, aber für ihren Zweck ein zu pauschales und unpräzises Ergebnis liefern:

1. Preiskalkulation und Preisbeurteilung bzw. Kalkulationsgrundlagen zur Verhandlung von Entgelten, Pflegesätzen etc.: Hier geht es beispielsweise um den Ansatz von Verwaltungs-, Investitions- und anteiligen Ausbildungspauschalen, die ja so in der Regel nicht verbucht wurden.
2. Wirtschaftlichkeitskontrolle: Die Preisverhandlungen mit den Kostenträgern erfolgen in der Regel sehr restriktiv und für vorgegebene Laufzeiten (z. B. Alten- und Behindertenhilfe pro Pflegegrad bzw. pro Hilfebedarfsgruppe) und Auslastungsgrade sind teilweise exogen vorgegeben (z. B. Altenhilfe: 97 % bei Pflegegradmix von ca. 3 bei vorgegebenen Personalschlüsseln). Regelmäßige Margenrechnungen sind hier unabdingbar. Instrumente sind hier IST-Kostenvergleiche über die Zeit, Soll/Ist-Vergleiche, Einbindung von Kostenstellenverantwortlichen (Maßnahmenentwicklung, -kontrolle und -durchsetzung).
3. Entscheidungsgrundlage: Hier geht es um die Wahl des Fertigungsverfahrens (Eigen- oder Fremdfertigung), Bildung von Einkaufsgenossenschaften (z. B. Lebensmittel), die Programmplanung (ambulant und/oder stationär), Soll-/Istvergleiche, Kostenstellenzuordnungen und -verantwortlichkeiten ggf. zur direkten dezentralen Beeinflussung.
4. Bestandsbewertung (Stille Reserven?)
5. Bewertung von selbst erstellten Anlagen (Stille Reserven?)
6. Erfolgsbewertung: Die GuV ist gemäß Abbildung 3.1 oftmals zu undifferenziert. So wird zwar ein Gewinn von 4.400 € ausgewiesen, Produkt B, allein betrachtet, produziert jedoch Verluste von 1.594 €. Hier besteht ggf. Handlungsbedarf oder man entscheidet sich als Systemanbieter bewusst dafür, für ein Produkt Verluste in Kauf zu nehmen.

Um eine klare Begriffsabgrenzung zwischen Finanzbuchhaltung sowie Kosten- und Leistungsrechnung zu gewährleiten, ist eine Unterscheidung zwischen *Bestands- und Stromgrößen* vorzunehmen.

So ist es in einer Altenhilfeeinrichtung von Bedeutung, die Anzahl der Windelvorlagen auf Lager als *Bestandsgröße* zu kennen, gleichzeitig aber auch zu wissen, inwieweit sich dieser Bestand in der Folgewoche verändert hat um ggf. rechtzeitig Neubestellungen auszulösen. Diese Bestandsveränderungen werden als Stromgrö-

Bestandsgröße und Stromgröße

3 Die Kosten- und Leistungsrechnung und ihre Begrifflichkeiten

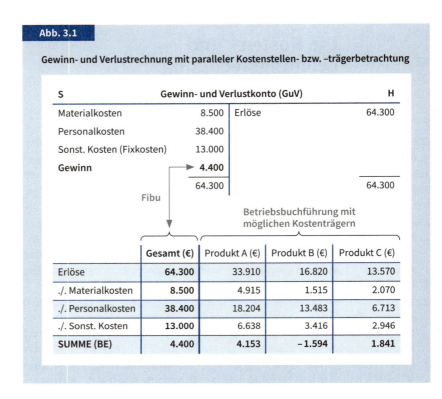

Abb. 3.1

Gewinn- und Verlustrechnung mit paralleler Kostenstellen- bzw. -trägerbetrachtung

S	Gewinn- und Verlustkonto (GuV)		H
Materialkosten	8.500	Erlöse	64.300
Personalkosten	38.400		
Sonst. Kosten (Fixkosten)	13.000		
Gewinn	**4.400**		
	64.300		64.300

Fibu

Betriebsbuchführung mit möglichen Kostenträgern

	Gesamt (€)	Produkt A (€)	Produkt B (€)	Produkt C (€)
Erlöse	**64.300**	33.910	16.820	13.570
./. Materialkosten	**8.500**	4.915	1.515	2.070
./. Personalkosten	**38.400**	18.204	13.483	6.713
./. Sonst. Kosten	**13.000**	6.638	3.416	2.946
SUMME (BE)	**4.400**	**4.153**	**−1.594**	**1.841**

ßen bezogen auf einen bestimmten Zeitraum bezeichnet. Somit ist die *Differenz zwischen zwei Bestandsgrößen eine Stromgröße.*

Abb. 3.2

Bestands- und Stromgrößen sowie ihre Abgrenzung

Bestandsgröße	Beschreibung	Stromgröße		Verwendung
		+	−	
Zahlungsmittel-bestand	Liquide Mittel	Einzahlung	Auszahlung	Finanzbuchhaltung
Netto-Geld-vermögen	Liquide Mittel + Forderungen − Verbindlichkeiten	Einnahme	Ausgabe	
Reinvermögen (EK)	Netto-Geld-vermögen + Sachvermögen	GuV		
		Ertrag	Aufwand	
Betriebs-notwendiges Vermögen	Reinvermögen − nicht betriebsnot-wendiges Vermögen	Betriebsergebnisrechnung		Kosten- und Leistungsrechnung/ Betriebsbuchführung
		Leistung	Kosten	

3.1 Stufe 1 zur Kostenartenrechnung: Einzahlung, Auszahlung

Sobald sich der Anteil an Bargeld in der Kasse der Organisation oder das Buchgeld als Veränderung des Kontostandes unseres laufenden Geschäftskontos sich verändern, finden Ein- und Auszahlungen statt und mehren bzw. mindern den sogenannten Zahlungsmittelbestand.

BEISPIEL **Einzahlung und Auszahlung in einer Behinderteneinrichtung/ Arztpraxis**

▶▶▶ Eine Behinderteneinrichtung erhält eine Spende in bar von 100 €. Der Kassenbestand steigt um diesen Betrag und führt zu einer Mehrung des Zahlungsmittelbestandes. Es wird von einer Barspende als *Einzahlung* gesprochen.
   In einer Arztpraxis wurde ein Diagnosegerät angeschafft. Der Betrag von 1.100 € wird 7 Tage später vom Geschäftskonto überwiesen. Es findet eine *Auszahlung* statt, die Liquidität auf dem laufenden Konto sinkt. ◀◀◀

Ein- und Auszahlungen führen also über tatsächliche Zahlungsmittelab- und -zuflüsse zu einer Veränderung der Liquiditätslage. Die Gewährleistung der Liquidität fristgerecht ist eine unabdingbare unternehmerische Nebenbedingung. Zahlungsunfähigkeit und Überschuldung sind gemäß Insolvenzordnung Gründe zur Eröffnung eines Insolvenzverfahrens.

Einzahlungen und Auszahlungen

3.2 Stufe 2 zur Kostenartenrechnung: Einnahme, Ausgabe

Einnahmen und Ausgaben stellen die Zu- oder Abgänge von Gütern oder Dienstleistungen dar (Veränderung der Finanzlage). Die Finanzlage lässt sich durch Subtraktion der Schulden vom Geldvermögen (Summe aus liquiden Mitteln und Forderungen) ermitteln. Der Überhang ist das sogenannte Nettogeldvermögen (Liquide Mittel + Forderungen – Schulden).
   Ausgaben = Auszahlungen + Forderungsabgänge + Schuldenzugänge als Wert aller zugegangenen Güter- und Dienstleistungen (= Beschaffungswert)
   Einnahmen = Einzahlungen + Forderungszugänge + Schuldenabgänge als Wert aller veräußerten *Leistungen* (= Umsatzerlöse)

Einnahmen und Ausgaben

BEISPIEL **Veränderung des Zahlungsmittelbestandes in einer Arztpraxis**

▶▶▶ In einer Arztpraxis wurde ein Diagnosegerät soeben für 1.100 € angeschafft. Die Bezahlung findet jedoch erst in 7 Tagen statt (Zahlungsziel). Die Verbindlichkei-

3.2 Die Kosten- und Leistungsrechnung und ihre Begrifflichkeiten
Stufe 2 zur Kostenartenrechnung: Einnahme, Ausgabe

ten aus Lieferungen und Leistungen haben zugenommen. Das Diagnosegerät wurde bereits als Gut in das Anlagevermögen aufgenommen. Die *Ausgaben* sind gestiegen, die Auszahlung erfolgt erst in der Zukunft, also hier *keine* Auszahlung. ◀◀◀

Oft werden Auszahlungen und Ausgaben usw. gleichgesetzt, was fatale Folgen haben kann:

Ein Unternehmen plant einen Einnahmeüberschuss von 10 Mio. € pro Jahr. Durch die schlechte Zahlungsmoral sind bislang kaum Einzahlungen erfolgt. Der Zahlungsmittelbestand (Liquidität) hat abgenommen (Auszahlungen > Einzahlungen).

Die starken Forderungszunahmen führen zu den gewünschten Einnahmeüberschüssen, die Zahlungsfähigkeit ist jedoch in Frage gestellt, wenn die Forderungen nicht rechtzeitig in liquide Mittel (z. B. Kasse) umgewandelt werden können. Es droht Insolvenz!

Bei der Prüfung der Bonität einer Organisation, also der Fähigkeit, jetzigen und zukünftigen Verpflichtungen aus Krediten in Form von Zins- und Tilgungszahlungen nachzukommen, prüfen Banken als Kreditgeber gerne den Forderungsbestand und den Bestand an Verbindlichkeiten aus Lieferungen und Leistungen, worunter man Einnahmen und Ausgaben versteht. Eine Forderung ist als Überweisung noch nicht angewiesen worden und je älter die Rechnung ist, die sich dahinter verbirgt, desto höher das Risiko, dass ein Zahlungseingang, also eine Erhöhung der Liquidität, nie erfolgt. Hier stellt sich für einen Kreditsachbearbeiter gleich die nächste Frage, ob die Organisation über ein leistungsfähiges Mahnwesen verfügt bzw. Abschreibungsbedarf besteht. Bei den Verbindlichkeiten aus Lieferungen und Leistungen stellt sich ebenfalls die Fragen nach dem Alter dieser Zahlungsverpflichtungen. Beide Buchungskonten tangieren die Liquidität und damit die Zahlungsfähigkeit und letztendlich die vorhandene bzw. notwendige Bonität, d. h. die Kreditfähigkeit.

AUFGABEN ZU KAPITEL 3.2

Weisen Sie den nachfolgenden Aufgaben die Vorgänge Einzahlung, Auszahlung bzw. Einnahme zu.
Achtung: Manchmal können auch zwei Vorgänge zugewiesen werden.

1. Die Einrichtung »Lebenshilfe« erhält vom Sozialleistungsträger den Rechnungsbetrag von 15.000 € per Überweisung.
2. Ein Rotarier spendet auf dem Lebenshilfestand 20 € in bar.
3. Eine WfbM erhält eine Telefonrechnung über 150 €, die sie später überweist.
4. Ihr Arbeitgeber, ein Wohlfahrtsverband, erhält eine Rechnung von 5.000 € und überweist die erste Rate nach sieben Tagen für Ihren berufsbegleitenden Master.

3.3 Stufe 3 zur Kostenartenrechnung: Aufwand, Ertrag

Entscheidend für die innerbetriebliche Betrachtungsweise und die nachhaltige (positive) Entwicklung der Organisation ist die dritte Stufe gemäß Abbildung 3.2 mit Aufwendungen und Erträgen als periodisierte Erfolgsgrößen der Finanzbuchhaltung. Diese sind in der Gewinn- und Verlustrechnung des Jahresabschlusses zu finden. Neben dem Geldvermögen wird hier noch die Veränderung des Sachvermögens berücksichtigt, welche zusammen das sogenannte Reinvermögen ergeben und anteilig dem Eigenkapital zuzurechnen sind.

Während *Aufwendungen* den periodisierten Werteverzehr für Güter und Dienstleistungen darstellen, handelt es sich bei *Erträgen* um den periodisierten Wertzuwachs durch erstellte Güter und Dienstleistungen.

Aufwendungen und Erträge

BEISPIEL Aufwand und Ertrag in einer stationären Einrichtung

▶▶▶   Die Preise für Windelvorlagen sind wegen drastischer Rohstoffpreiserhöhungen nachhaltig um 20 % gestiegen. Bei dem vorhandenen Warenbestand von 800 € wird eine entsprechende Zuschreibung auf 960 € vorgenommen. Das Sachvermögen steigt, das Geldvermögen bleibt unverändert. Wir sprechen hier von einem *Ertrag* von 160 €.

Die Großkücheneinrichtung von 200.000 € wird um 10 % abgeschrieben. Das Sachvermögen sinkt um 20.000 €, das Geldvermögen wird nicht tangiert. Es handelt sich um einen *Aufwand*. ◀◀◀

AUFGABEN ZU KAPITEL 3.3

Weisen Sie den nachfolgenden Aufgaben die Vorgänge Aufwand, Ertrag bzw. Einnahme, Ausgabe zu.
Achtung: Manchmal können auch zwei Vorgänge zugewiesen werden.

1. Ein modulbezogener Lehrauftrag für einen Lehrbeauftragten in Höhe von 1.500 € wird überwiesen.
2. Wir betrachten die Barspende des Rotariers von 20 € aus Beispiel 2 hier weiter (Bedeutung bei Jahresabschluss).
3. Die Immobilie einer Altenhilfeeinrichtung erfährt wegen der nachhaltig steigenden Immobilienpreise eine Zuschreibung von 500.000 € auf 600.000 €.
4. Eine Versicherung stellt einer ambulanten Pflegeeinrichtung ihren ausrangierten, 3 Jahre alten Computer im Wert von 100 € als Spende zur Verfügung.
5. Die Organisation zahlt Gehälter in Höhe von 15.000 €.

3.4 Stufe 4 zur Kostenartenrechnung: Kosten, Leistungen

Eigentlicher Betriebszweck

Die Gewinn- und Verlustrechnung verbucht sämtliche Vorgänge auf Grundlage des Handels- und Steuerrechtes. Für die Nachhaltigkeit des Unternehmens und sich daraus ergebende Entscheidungen des Unternehmers ist es jedoch wichtig zu wissen, inwieweit diese Vorgänge aus dem *eigentlichen Betriebszweck* hervorgegangen sind und beabsichtigte oder unbeabsichtigte »Subventionierungen« den Unternehmensverlauf mit Blick auf Gewinn und Verlust beeinflusst haben (vgl. Beispiel Einleitung).

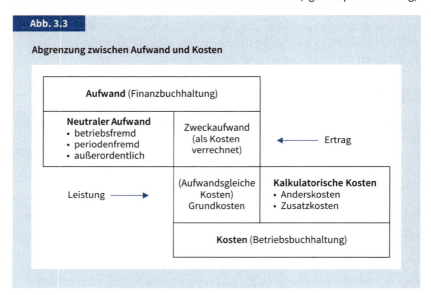

Abb. 3.3 Abgrenzung zwischen Aufwand und Kosten

Neutraler Aufwand

Der in der Finanzbuchhaltung beleghaft gebuchte *neutrale Aufwand* wird als nicht betriebsbedingt (neutral) betrachtet und daher für innerbetriebliche Analysen vorab bereinigt. Er wird in drei Bereiche unterteilt:

- betriebsfremd (Vermietung von nichtgenutzten Räumlichkeiten und Garagen, Kursverluste aus Wertpapierspekulationen, Verkauf von Maschinen unter Buchwert). Die Vorgänge entsprechen nicht dem ureigenen Betriebszweck. Ein Makler verkauft und vermietet Immobilien, eine Altenhilfeeinrichtung nutzt Immobilien um Senioren zu pflegen, nicht um diese zu vermieten.
- periodenfremd (Steuernachzahlungen, Gehaltsnachzahlungen). Hier stammen die zugrunde liegenden Aufwendungen und Erträge ursprünglich aus anderen Perioden und sind daher zu bereinigen.
- außerordentlich (Brand im Gemeinschaftsraum einer Pflegeeinrichtung, Überflutung des Küchenbereichs). Hierbei handelt es sich um Vorkommnisse, die einen untypischen, unregelmäßigen oder unvorhersehbaren Charakter haben, also alle 100 Jahre einmal vorkommen und somit nicht betriebsbedingt sind. Hier existiert ein Ermessensspielraum.

3.4 Stufe 4 zur Kostenartenrechnung: Kosten, Leistungen

Als nächstes schauen wir uns gemäß Abbildung 3.3 den betriebsbedingten Zweckaufwand und die aufwandsgleichen Grundkosten an, die extern wie intern deckungsgleich betrachtet werden. Beispielsweise steht sicherlich außer Frage, dass der Personalaufwand für die Pflegefach- und Pflegehilfskräfte in einer Pflegeeinrichtung eindeutig betrieblich zu betrachten sind, ebenso eingesetzte Windelvorlagen für die Pflegebedürftigen betriebsbedingten Sachaufwand darstellen.

Zuletzt betrachtet die Betriebsbuchführung intern, welche Kosten und auch Leistungen betriebsbedingt hätten gebucht werden müssen, um dem Betriebszweck nachhaltig zu dienen. Da diese Betrachtung als *realistisch angenommen* gilt, sprechen wir von kalkulatorischen, also nicht realen Kosten:

> Kosten und Leistungen

- Anderskosten: Einige Aufwandsarten aus der Finanzbuchhaltung vermitteln nicht den realen Werteverzehr. So sind, steuerlich betrachtet, in Deutschland seit 2011 nur noch lineare Abschreibungen von Anlagegütern zulässig. Ein Kraftfahrzeug verliert im ersten Nutzungsjahr mit 30 % oder mehr den größten periodenbezogenen Wert. Die offiziellen Abschreibungstabellen schreiben für Pkws eine Nutzungsdauer von 5 Jahren vor, somit einen Abschreibungssatz von 20 % pro Jahr. Eine kalkulatorische Abschreibung von 30 % im ersten Jahr als Anderskosten könnte hier somit intern ein realistischeres Kostenbild ergeben.

> Anderskosten und Zusatzkosten

- Zusatzkosten: Darunter werden oftmals Opportunitätskosten verstanden, weil man sich hier mit Alternativen zur gewählten Lösung befasst, die nunmehr ausgeschlossen sind. Beispiele hierfür sind Kostenarten wie kalkulatorischer Unternehmerlohn, kalkulatorische Miete (s. Beispiel Einleitung), kalkulatorische Zinsen, kalkulatorisches Wagnis.

Entsprechend wird bei der Kostenartenrechnung eine Differenzierung zwischen Erträgen und Leistungen vorgenommen.

Hinsichtlich der *neutralen Erträge* ist es zweifelhaft, Spendenerträge in Sozialunternehmen in die Kosten- und Leistungsrechnung zu übernehmen, da die laufenden Leistungen in der Regel nicht über Spenden finanziert werden. Dafür ist ihre Regelmäßigkeit zu wenig gesichert. Vielmehr werden mit Hilfe von Spenden zumeist Zusatzleistungen finanziert, die den Versorgungsstandard verbessern sollen (z. B. Anschaffung von Tablets für Internet- und E-Book-Nutzung in Altenhilfeeinrichtungen). Anders sieht es bei sozialwirtschaftlichen Organisationen aus, die sich ausschließlich über Spenden finanzieren. Für diese sind Spenden gleichzeitig Erträge und Leistungen, da grundlegend betriebsbedingt.

> Neutrale Erträge

Darüber hinaus werden Mieteinnahmen für nicht benötigte Räumlichkeiten in sozialen Organisationen zumeist einen neutralen Charakter haben, insbesondere, wenn sie periodenfremd bezahlt werden und damit keinerlei betriebsbedingten Leistungscharakter in der jeweiligen Periode mehr besitzen. Entsprechendes gilt bei der Veräußerung von Sachanlagen über Buchwert, denen man einen außerordentlichen Charakter zuschreiben kann und die daher keine betriebliche Leistung darstellen.

Andersleistungen unterliegen in der Leistungsrechnung einer abweichenden Bewertung im Vergleich zu den gleich lautenden Erträgen, die aufgrund bilanzieller Bewertungsansätze eher vorsichtig angesetzt werden. Beispielsweise können Be-

> Andersleistungen und Zusatzleistungen

3.4 Die Kosten- und Leistungsrechnung und ihre Begrifflichkeiten
Aufgaben zu Kapitel 3.4

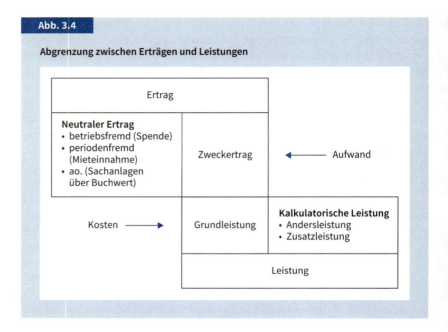

standserhöhungen anstelle des Wertansatzes der Gewinn- und Verlustrechnung (Herstellkosten) in der Leistungsrechnung mit (höheren) Verrechnungspreisen bewertet werden, somit keine gebuchten Erträge. *Zusatzleistungen* haben kein Pendant auf der Ertragsseite. Ein Beispiel hierfür ist die selbst entwickelte Pflegegradsoftware für die Verwaltung in der Altenhilfe.

Kostenbegriff: pagatorischer und wertmäßiger

Abschließend kann man hier noch den *pagatorischen* und wertmäßigen Kostenbegriff unterscheiden. Ersterer orientiert sich an Auszahlungsvorgängen und arbeitet mit vergangenheitsorientierten Werten, Letzterer bildet den tatsächlichen Werteverzehr in der Kostenrechnung ab und umfasst insofern neben den tatsächlich gezahlten Faktorpreisen auch Planpreise oder kalkulatorische Werte.

AUFGABEN ZU KAPITEL 3.4

Weisen Sie den nachfolgenden Aufgaben zu: Aufwand, Ertrag bzw. Kosten, Leistungen.
Achtung: Manchmal können auch zwei Vorgänge (Zweckaufwand und Grundkosten) zugewiesen werden.
Zudem weisen Sie den nachfolgenden Aufgaben zu: betriebsfremd, periodenfremd, außerordentlich, Anderskosten, Zusatzkosten.

1. Lohnzahlung 2.500 € mittels Überweisung
2. Verlust aus Wertpapierverkauf von 5.000 €
3. Abschreibung auf ein nicht betriebsnotwendiges Mietshaus von 25.000 €
4. Hoher Forderungsausfall durch Insolvenz eines Kunden

Aufgaben zu Kapitel 3.4

5. Abschreibungen auf Sachanlagen
6. Zinsaufwendungen
7. Mietzahlung für pflegebezogenes Gebäude
8. Soziale Abgaben
9. Erlöse aus Entgelten
10. Rückerstattung zu viel entrichteter Betriebssteuern für vergangene Perioden durch das Finanzamt
11. Selbsterstellte Maschine für die Verwendung in der eigenen Einrichtung
12. Erträge aus der Auflösung von Prozessrückstellungen
13. Eigenverbrauch
14. Hausmeister, der für das unter 12. beschriebene Miethaus zuständig ist.
15. Die Abbrecherquote des berufsbegleitenden Sozialmanagementmaster für 12.000 € liegt im ersten Fachsemester bei 20 %. 2.000 € bei Abbruch berechnet. Die Kohorte liegt bei jeweils 20 Studierenden. Studiendauer: 2 Fachsemester. Mögliche Kosten?
16. Private Räume von 50 qm werden für Masterseminare genutzt. Der ortsübliche Mietzins beträgt 9 €/qm.
17. Einordnen von Kosten in die richtige Kostenkategorie.

Kosten	Grundkosten	Anderskosten	Zusatzkosten
Bereitschaftsdienst			
Kalkulatorischer Unternehmerlohn			
Gehälter			
Warenverbrauch			
Kalkulatorische Miete			
Büromaterial			
Kalkulatorische Abschreibung			
Kalkulatorisches Wagnis			

18. Ein ambulanter Pflegedienst plant die Anschaffung eines Transporters für 40.000 €. Die übliche Abschreibungsdauer bei linearer Abschreibung liegt bei 5 Jahren. Der Transporter wird zu 50 % fremdfinanziert. Die Bank verlangt für den erforderlichen Kredit 5 % Zinsen. Der Steuersatz des Leiters liegt bei 20 %.

    Vergleichen Sie Aufwand und Kosten, wenn der Pflegedienstleiter einen kalkulatorischen Unternehmerlohn von 30.000 € pro Jahr ansetzt, von 10 % Eigenkapitalrendite und von Wiederbeschaffungskosten für den Transporter von 50.000 € ausgeht. Ermitteln Sie Aufwand und Kosten.

3.4 Die Kosten- und Leistungsrechnung und ihre Begrifflichkeiten
Aufgaben zu Kapitel 3.4

> **INFO**
>
> **WACC**
> Der WACC stellt unter anderem eine Methode dar, die Mindestrendite bzw. eine marktgerechte Verzinsung von Investitionsprojekten, also einen kalkulatorischen Zinssatz, zu bestimmen. Dabei wird das gewichtete arithmetische Mittel der Eigen- und Fremdkapitalkostensätze bestimmt.

Formel zum kalkulatorischen Zinssatz (z. B. hier über Weighted Average Capital Cost, WACC):

$$(FK_{verzinslich}/Gesamtkapital) \times r_{FK} \times (1-s) + (EK/Gesamtkapital) \times r_{EK}$$

$FK_{verzinslich}$	=	verzinsliches Fremdkapital
EK	=	Eigenkapital
Gesamtkapital	=	verzinsliches und unverzinsliches Fremdkapital + Eigenkapital
r_{FK}	=	durchschnittlicher Fremdkapitalzins
r_{EK}	=	kalkulatorischer Eigenkapitalzinssatz
s	=	Steuersatz

19.

Anschaffung einer Maschine für	50.000 €
Abschreibungszeitraum	5 Jahre
Tatsächliche Nutzungsdauer	10 Jahre
Wiederbeschaffungspreis nach 5 Jahren	70.000 €

Wie hoch ist die kalkulatorische lineare Abschreibung?

3.5 Allgemeine Kostenbegriffe und Kostenbetrachtungen

Kosten lassen sich in verschiedene Kategorien unterteilen nach
- ihrem Verhalten bei Beschäftigungs- (Kapazitäts-)-schwankungen,
- ihrer Zurechenbarkeit zu bestimmten Kalkulationsobjekten,
- ihrem zeitlichen Bezug,
- dem Umfang ihrer Verrechnung,
- der Verwendung des Fixkostenpotenzials,
- der Abrechnungsfolge.

Kosten – Kategorien

Zur Planung der produzierten Leistungseinheiten sind Kenntnisse über den Kostenverlauf zu produzierten Stückzahlen erforderlich. Dabei betrachten wir insbesondere *fixe Kosten*, die sich innerhalb bestimmter Beschäftigungsintervalle bzw. Kapazitäten konstant (z. B. Gehälter, Gebäudeabschreibungen) verhalten. *Variable Kosten* wiederum sinken und steigen proportional (teilweise progressiv oder degressiv, vgl. Abbildung 3.5) zur Senkung und Steigerung der Ausbringungsmenge (z. B. Verbrauch von Lebensmitteln in Abhängigkeit von der Anzahl der Pflegebedürftigen). In der dienstleistungsbezogenen Sozialwirtschaft ist die Differenzierung, d. h. Zuordnung zu den variablen oder fixen Kosten, schwer. Bei einem Personalkostenanteil von oftmals 70 % oder mehr stellen die Gehälter der Verwaltungskräfte Fixkosten dar. Die Personalkosten des Pflegepersonals stellen je nach Anstellungsvertrag mit festen oder flexiblen Arbeitszeiten und je nach Auslastung variable oder fixe Kosten dar.

Variable und fixe Kosten

Sollte das Pflegepersonal innerhalb von Bereitschaftszeiten unterbeschäftigt sein, hängen diese Kosten mit der unternehmerischen Entscheidung oder gesetzlichen Vorgabe zusammen, bestimmte Kapazitäten vorzuhalten. Die Bereitschaftskosten sind somit kurzfristig nicht änderbar, was sie zu fixen Kosten macht. So sind die Personalkosten einer Notaufnahme in einem Krankenhaus den fixen Kosten zuzuordnen, genauso wie die Bereitstellung eines Rettungshubschraubers, der ggf. tagelang nicht zum Einsatz, gleichwohl aber hohe laufende Personal- und Sachkosten verursacht. Bereitschaftskosten entstehen für das Vorhalten von Grundstücken, Räumlichkeiten, technischen Anlagen, Personal und anderer unternehmerischer Potenziale. Der Abbau von Bereitschaftskosten erfolgt zumeist sprunghaft, wenn sich beispielsweise die gesetzliche Vorgabe zur Besetzung der Notaufnahme ändert und diese nur noch mit zwei Ärzten statt wie bisher mit drei Ärzten besetzt sein muss.

Grundsätzlich gilt, je genauer der Betriebszweck definiert umgesetzt wird, desto klarer die Kostenzuordnung, woran viele Sozialunternehmen oft auch zwangsweise arbeiten (z. B. Erfordernis über die Pflegebuchführungsverordnung). Dabei sind progressive, proportionale, degressive, absolut fixe oder sprungfixe Kostenverläufe denkbar.

Darüber hinaus wird in der Kosten- und Leistungsrechnung sehr häufig eine Differenzierung der Einzelkosten und Gemeinkosten vorgenommen. Die Einzelkosten können dem Produkt oder der Dienstleistung verursachungsgerecht zugeordnet werden bzw. dem sogenannten Kostenträger verbrauchsgerecht zugerechnet wer-

Einzelkosten und Gemeinkosten

3.5 Die Kosten- und Leistungsrechnung und ihre Begrifflichkeiten
Allgemeine Kostenbegriffe und Kostenbetrachtungen

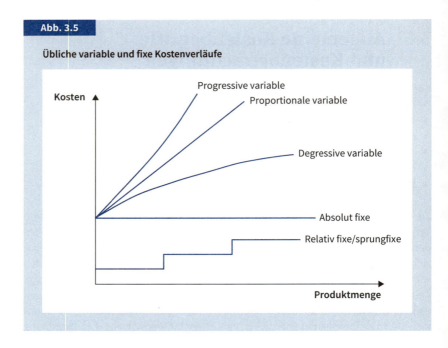

Abb. 3.5 Übliche variable und fixe Kostenverläufe

den. Gemeinkosten oder indirekte Kosten dagegen lassen sich nicht direkt zuordnen, da sie von allen Beteiligten gleichermaßen genutzt oder verbraucht werden (Hausmeister, Vorstand, Pflegedienstleitung, Energie). Diese Kosten müssen nach sinnvollen Verteilungsschlüsseln auf die Verursacher umgelegt werden (z. B. Raumgröße, prozentual). Verursacherprinzip, Tragfähigkeitsprinzip, Durchschnittsprinzip sind die häufigsten Ansätze der Kostenverteilung.

BEISPIEL **Einzel- und Gemeinkostenzuordnung und ihre Verteilung**

▶▶▶ In einem Unternehmen werden drei Artikel mit jeweils einem Stück zu folgenden Einstandspreisen erworben:

A: 200 €; B: 240 €; C 400 €

Die Lagermiete in der betrachteten Periode beträgt 30 €, sonstige Kosten (Personal, Technische Einrichtungen, etc.) 90 €. Der Verkaufspreis aller Produkte beträgt 400€.
  Einzelkosten sind hierbei die Einstandskosten der drei Produkte A, B und C, insgesamt 840 €. Lagermiete und sonstige Kosten betragen insgesamt 120 €. Nun könnte man jedes Produkt mit durchschnittlich 40 € Gemeinkosten belasten. Nach dem Tragfähigkeitsprinzip könnte insbesondere Produkt A alle Kosten am besten tragen. Verursachungsgerecht bezogen auf den Einstandspreis könnte Produkt A 28,57 € tragen, B 34,29 € und C 57,14 €. Wahrscheinlich würde man sich hier für das Tragfähigkeitsprinzip entscheiden. Die Entscheidung zur Kostenverteilung erfolgt nicht selten auch strategisch! ◀◀◀

3.5 Allgemeine Kostenbegriffe und Kostenbetrachtungen

Systematisch im Sinne der einheitlichen Darstellung erfasst man Kosten häufig nach Zeit- und Sachumfang als reale Ist-Kosten, geglättete Normalkosten und zukunftsorientierte Plankosten.

Ist-Kosten, Normalkosten, Plankosten

BEISPIEL **Ist, Normal- und Plankosten**

▶▶▶ A. Ein Drogenberater führte letztes Jahr 900 Beratungsgespräche durch. Seine Personalkosten betragen 36.000 €. Die Ist-Kosten pro Beratungsgespräch betragen 36.000 €/900 Gespräche = **40 €.**

B. Selbiger Drogenberater führte in den letzten 4 Jahren folgende Beratungsgespräche bei folgendem Gehalt durch:

	Gespräche p.a	Gehalt p. a.
Jahr 1	600	33.000 €
Jahr 2	650	34.000 €
Jahr 3	750	35.000 €
Jahr 4	900	36.000 €

Die (durchschnittlichen) Normalkosten für ein Beratungsgespräch betragen: 34.500 €/725 Gespräche p. a. = **47,59 €.**

C. Unser Drogenberater soll in einer befreundeten Einrichtung ab nächstem Jahr 300 Beratungsgespräche p. a. durchführen. Es wird von insgesamt 900 Beratungsgesprächen pro Jahr ausgegangen. Wegen einer leistungsbezogenen Gehaltsvorstufung wird das Jahresgehalt mit 38.500 € angenommen. Wir wollen der befreundeten Einrichtung ein Angebot zuzüglich eines Aufschlages von 20 % unterbreiten. Die Plankosten errechnen sich wie folgt:
38.500 €/900 Gespräche = **42,78 €** pro Gespräch;
42,78 € × 300 Gespräche × 120 % = **15.400,80 €** würden wir der befreundeten Einrichtung hierfür gemäß Angebot berechnen wollen. ◀◀◀

Bei Einzelkosten handelt es sich häufig um variable Kosten, während Gemeinkosten häufig mit Fixkosten übereinstimmen.

Üblicherweise sind wir daran interessiert, alle variablen und fixen Kosten zuzüglich einer Investitions- und Instandhaltungsmarge nebst Zukunftsorientierung zu decken. Dieses setzt eine eindeutige Kostenzuordnung voraus und die Tatsache, dass die sich daraus ergebenden Preise frei kalkuliert und festgelegt werden können. In diesem Zusammenhang wird von der sogenannten *Vollkostenrechnung* gesprochen, die alle Kosten auf die jeweilige Leistungseinheit verrechnet und zum Betriebsergebnis führt. Wettbewerbssituationen bzw. marktbedingte Preisvorgaben und exogen vorgegebene Preise durch Kostenträger (z. B. Krankenversicherungen, Pflegekassen) beispielsweise im Gesundheitsbereich über Fallpauschalen (DRGs) oder festgelegte pflegegradbezogene Pflegesätze in der Altenhilfe usw. zwin-

Vollkostenrechnung

3.5 Die Kosten- und Leistungsrechnung und ihre Begrifflichkeiten
Allgemeine Kostenbegriffe und Kostenbetrachtungen

gen die Leistungserbringer, akzeptable Vergütungskorridore für Preisverhandlungen zu ermitteln, die unabdingbare, oftmals kurzfristige, Preisuntergrenzen ermitteln lassen.

Teilkostenrechnung

Hierzu dient die *Teilkostenrechnung*, die den erzielten Erlösen zunächst die variablen Kosten nach dem Kostenverursachungsprinzip zuordnet und in einem Zwischenschritt den Deckungsbeitrag ermittelt. Von diesem Deckungsbeitrag werden die Fixkosten als Block abgezogen und es ergibt sich erneut das Betriebsergebnis. Solange der Deckungsbeitrag positiv ist, kann es sich kurz- bis mittelfristig lohnen, die Leistung mit sich daraus ergebendem Angebotspreis durchzuführen, da zumindest ein Teil der Fixkosten gedeckt wird. Langfristig müssen natürlich alle Kosten gedeckt werden.

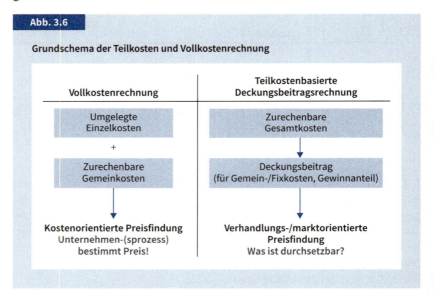

Abb. 3.6 Grundschema der Teilkosten und Vollkostenrechnung

BEISPIEL **Teilkosten- und Vollkostenrechnung**

▶▶▶ Eine ICH-AG betreibt eine T-Shirt-Beflockung (Betrachtung ohne Personalkosten und sonstige Sachkosten)

Netto-Verkaufspreis (abz. aller Boni und Rabatte):	15 €/Stück (lt. Finanzbuchhaltung)
Produktion	500 Stück/Monat
Beflockung erfolgt auf gemietetem Gerät	1.700 €/Monat
Kosten je unbeflocktem Shirt	10 €/Stück

Lohnt sich das? Wo liegt die Preisuntergrenze?

Allgemeine Kostenbegriffe und Kostenbetrachtungen 3.5

A. Vollkostenrechnung (produktbezogene Betrachtung):

Leistung/Preis (T-Shirt)	**15 €**
./. Kosten (T-Shirt)	**10 €**
./. Mietkosten/Stück	3,40 €
Gewinn vor Steuern bzw. *Betriebsergebnis*	1,60 €

B. Teilkostenrechnung (produktbezogene Betrachtung):

Markt-Leistung/Preis (T-Shirt)	15 €
./. Variable Kosten (T-Shirt)	10 €
Bruttoergebnis bzw. Deckungsbeitrag*	5 €
./. Fixkosten (produktionsunabhängige Kosten)	3,40 €
Gewinn vor Steuern bzw. Betriebsergebnis	1,60 €

In beiden Fällen lohnt sich die T-Shirt-Beflockung, da jeweils ein Betriebsergebnis pro Stück von 1,60 € erwirtschaftet wird. Bis zu einem T-Shirt-Preis > 10 Euro könnte sich die T-Shirtbeflockung noch lohnen, da dann immer noch anteilig Fixkosten durch den Verkauf gedeckt würden. Die kurz- bis mittelfristige Preisuntergrenze liegt bei jedem Angebotspreis größer 10 €. ◀◀◀

AUFGABEN ZU KAPITEL 3.5
(VOLLKOSTENRECHNUNG, TEILKOSTENRECHNUNG)

1. Wie sieht die Entscheidung im obigen Beispiel bei Mietkosten für das Beflockungsgerät in Höhe von 2.600 € aus?

2. Ein ambulanter Pflegedienst liefert aus der Finanzbuchhaltung folgende Zahlen:

Erlöse SGB XII (kein Pflegegrad)	90.000 €
Erlöse Pflegebedürftige	40.000 €
Personalkosten Pflegefachkräfte	66.000 €
Personalkosten Pflegekräfte	52.500 €
Personal Verwaltung, Pflegedienst, Reinigung etc.	14.400 €
Sachkosten	24.000 €

Die direkten Pflegekosten seien variabel, die übrigen Kosten sind fix.

A. Erwirtschaftet der Pflegedienst Überschüsse?

Kostenverteilung nach Untersuchung:

	SGB XII	Privat
Pflegezeit Pflegefachkräfte	54,55 %	45,45 %
Pflegezeit – Pflegekräfte	57,14 %	42,86 %
übrige Kosten	56,25 %	43,75 %

3.5 Die Kosten- und Leistungsrechnung und ihre Begrifflichkeiten
Allgemeine Kostenbegriffe und Kostenbetrachtungen

B. Bitte führen Sie eine Vollkostenrechnung und dann eine Teilkostenrechnung differenziert nach Sozialhilfe und Privatleistungen durch. Bitte erläutern Sie die Situation und machen Sie Vorschläge für notwendige Maßnahmen.

Nunmehr kann man sich mit relevanten Kosten befassen, über die noch entschieden werden kann, wie eine unternehmerische Entscheidung für eine Investition (Opportunitätskosten) oder irrelevante Kosten, welche bereits getätigt wurden oder vertraglich fixiert sind, sogenannte Sunk Costs. Hierzu gehört eine durchgeführte Werbekampagne für eine neue ambulante Pflegeleistung, die von den Kunden nicht angenommen wird oder ein unkündbarer Mitarbeiter in diesem Bereich, der zu anderen Tätigkeiten nicht bereit ist.

AUFGABE ZU KAPITEL 3.5 (IRRELEVANTE KOSTEN)

3. Im Rahmen eines geplanten Dorffestes wurden zu einem festen Termin vertragsgebunden Musikgruppen nebst Technik für 10.000 € eingeladen. Zeltmieten und gemietete Schankanlagen etc. betragen 8.000 €. Leider wurde dabei übersehen, dass im Nachbarort das traditionelle Passionsfest im 5-Jahresrhythmus parallel stattfindet. Von den ursprünglich erwarteten 10.000 Gästen werden voraussichtlich nur 2.000 Gäste kommen. Es wird über eine Verlegung nachgedacht. Erfahrungsgemäß werden pro Gast 10 € umgesetzt. Der Wareneinsatz beträgt 3 €, das Schankpersonal steht ehrenamtlich zur Verfügung.

Für das Drucken der Plakate und Flyer entstehen weitere Kosten von 2.000 €.

Bitte kalkulieren Sie im Rahmen der Teilkostenrechnung. Soll das Dorffest Ihres Erachtens durchgeführt werden?

Kostenbestimmungsfaktoren lassen sich in Kostenfunktionen darstellen und beziehen sich in der Regel auf die Ausbringungsmenge und die entstehenden variablen

Abb. 3.7

Symbole der Kostenfunktion

Begriff	Symbol	Begriffsbestimmung	Dimension
Gesamtkosten	K	Gesamtkosten eines Betriebs für die Erstellung der betrieblichen Leistung in einer Periode	€/Periode
Variable Kosten	K_v	Kosten, die mit steigender Produktion steigen und mit fallender Produktion fallen	€/Periode
Fixe Kosten	K_f	Kosten der Betriebsbereitschaft, die mit einer Änderung der Ausbringungsmenge konstant bleiben	€/Periode
Stückkosten (Durchschnittskosten)	k	K = Gesamtkosten/Produktionsmenge = K/x	€/Stück
Variable Stückkosten	k_v	k_v = variable Kosten/Produktionsmenge = K_v/x	€/Stück
Fixe Stückkosten	k_f	k_f = Fixkosten/Produktionsmenge = K_f/x	€/Stück

3.5 Allgemeine Kostenbegriffe und Kostenbetrachtungen

und fixen Kosten. Die weiteren Ausführungen beziehen sich auf *lineare* und nicht auf dynamische Kostenverläufe. Hinsichtlich der Kostenfunktionen werden folgende Symbole wiederkehrend verwendet:

Kostenfunktion: $K = K_{fix} + (k_{var} \times x)$

BEISPIELE Kostenberechnung nebst grafischer Darstellung

▶▶▶ Angenommen, die Fixkosten betragen 1.000 €, der Preis pro Produkt 2 € und die Ausbringungsmenge 500 Stück:

$K = 1.000\ € + (2\ € \times 500\ Stück) = 2.000\ €$

Die grafische Darstellung dieses Beispiels zeigt Abbildung 3.8.

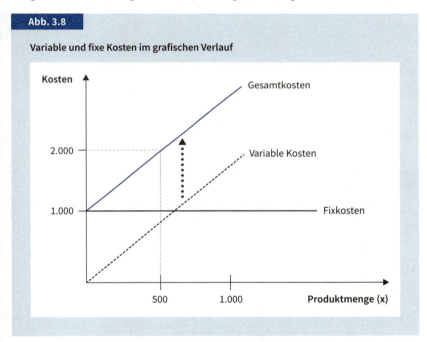

Abb. 3.8 Variable und fixe Kosten im grafischen Verlauf

Im Bildungshaus AWO betragen die Fixkosten (Leitung, Verwaltung) 500.000 € p. a. Die Kursgebühren betragen 2.000 € (jeweils Referentenhonorare für 40 Stunden). Jährlich werden 500 Kurse durchgeführt. Berechnung der Gesamtkosten:

$K = 500.000\ € + (2.000 \times 500) = \mathbf{1.500.000\ €}$

Kosten pro Kurs:

$k = K/x$
$k = 1.500.000/500 = \mathbf{3.000\ €}$ ◀◀◀

3.5 Die Kosten- und Leistungsrechnung und ihre Begrifflichkeiten
Allgemeine Kostenbegriffe und Kostenbetrachtungen

Grenzkosten

Grenzkosten sind die Kosten für eine zusätzliche Einheit. Bei linearem Kostenverlauf sind die Grenzkosten gleich den *variablen Kosten*. Bei nicht linearen Kostenverläufen lassen sich die Grenzkosten aus der aus der ersten Ableitung K' (Steigung des Grafs) der ersten Kostenfunktion ermitteln. Bei progressiven Kostenverläufen steigen die Kosten überproportional, bei degressiven Kostenverläufen sinken die Grenzkosten mit steigender Ausbringungsmenge. Im Rahmen dieses Lehrbuchs beschränken sich die weiteren Ausführungen auf lineare Kostenverläufe.

Break-even-Analyse

Eine weitere wichtige Kostenbestimmungsgröße zur Gewinnplanung und Gewinnkontrolle ist die *Break-even-Analyse*. Hierbei entspricht der Break-even-Punkt der Beschäftigungsmenge, bei der die gesamten Kosten den Erlösen entsprechen: Gewinn = 0. Darüber hinaus entsteht Gewinn, darunter Verlust.
Formeln:

Umsatz U = Kosten K oder $p \times x = k_{var} \times x + K_{fix}$

p = Preis
x = Menge

Alternativ:

Break-even-Umsatz = $K_{fix}/[1-(k_{var}/p)]$ bzw. Break-even-Menge = $K_{fix}/(p-k_{var})$

Der Break-even-Punkt (hier: Menge) und sein Umfeld sind in Abbildung 3.9 dargestellt.

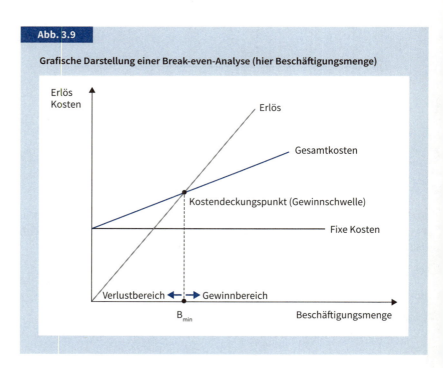

Abb. 3.9

Grafische Darstellung einer Break-even-Analyse (hier Beschäftigungsmenge)

3.5 Allgemeine Kostenbegriffe und Kostenbetrachtungen

BEISPIELE **Break-even-Analyse**

▶▶▶ Die Fixkosten betragen 20.000 €. Ein Produkt, dessen Marktpreis 50 € beträgt, verursacht variable Stückkosten in Höhe von 40 €. Bestimmen Sie den Break-even-Umsatz und die Break-even-Menge.

Break-even-Umsatz = 20.000 €/1-(40 €/50€) = **100.000 €**
Break-even-Menge = 20.000 €/50 € – 40 € = **2.000 Stück**
oder

$p \times x = k_{var} \times x + K_{fix}$

50 x = 40 x + 20.000 €, d. h. x = **2.000 Stück** (Break-even-Menge)
Umsatz = 40 € × 2.000 Stück + 20.000 € = **100.000 €** (Break-even-Umsatz) ◀◀◀

AUFGABEN ZU KAPITEL 3.5
(ALLGEMEINE KOSTENVERLÄUFE WIE GRENZKOSTEN, DURCHSCHNITTSKOSTEN, BREAK-EVEN-PUNKT)

4. Ein Jugendheim hatte im Jahr 2015 bei 70 genehmigten Plätzen eine Auslastung von 90 % (20.367 Tage) und im Jahr 2016 bei 70 Plätzen eine Auslastung von 97 % (21.951 Tage). Die Gesamtkosten betrugen 2015 3,6 Mio. € und 2016 3,8 Mio €.

   Wie lautet die Kostenfunktion des Jugendheims?

5. Zeichnerische Aufgabe: In einem Unternehmen liegen folgende Kosteninformationen vor:

Menge Stück/Periode	0	10	20	30	40	50
Kosten (Euro/Periode	1.000	1.500	2.000	2.500	3.000	3.500

Jede Produkteinheit erzielt einen Verkaufserlös von 100 €/Stück. Die Kapazitätsgrenze des Unternehmens liegt bei 50 Stück.

Zeichnen Sie in ein Umsatz- und Kostendiagramm:

– die Gesamtkosten K

– die variablen Kosten K_{var}

– die Fixkosten $K_{fix,}$

– den Umsatz U

– den Gewinn G

– die Gewinnschwelle

– das Gewinnmaximum.

3.5 Die Kosten- und Leistungsrechnung und ihre Begrifflichkeiten
Allgemeine Kostenbegriffe und Kostenbetrachtungen

6. Rechnerische Aufgabe: In einem Unternehmen liegen folgende Kosteninformationen vor:

   Jede Produkteinheit erzielt einen Verkaufserlös von 100 €/Stück.

   Die Kapazitätsgrenze des Unternehmens liegt bei 50 Stück.

   Bitte bestimmen Sie rechnerisch:

   Gewinnschwelle, Stückkosten bei einer Menge von 50 Stück (Durchschnittskosten), variable Stückkosten bei einer Menge von 30 Stück, fixe Stückkosten bei einer Menge von 10 Stück.

7. Im Bildungshaus AWO werden regelmäßig Dienstfahrten zu den Bildungsstätten durchgeführt. Es entsteht dabei die Frage, ob die Fahrten pauschal mit dem Privat-Kfz zu 0,30 € vergütet werden sollen oder sich die Anschaffung von Dienstfahrzeugen lohnt.

Anschaffung Dienstwagen	15.000 €
Lebensdauer	10 Jahre oder 200.000 km
Wartungs- und Versicherungskosten o. Abschreibung	1.500 € p. a.
Kilometerabhängige Kosten	0,10 €
Jahresleistung	20.000 km

   a. Ermitteln Sie die Kosten pro Kilometer.

   b. Welche Variante ist günstiger?

   c. Ein Referent übernimmt eine Sonderfortbildung in die Türkei per Dienstwagen (6.000 km). Wie hoch sind die Kosten für diese Fahrt?

   d. Wie würden Sie die Kosten der einmaligen Türkeifahrt alternativ zu anderen Verkehrsmitteln berechnen (z. B. Flugkosten: 649 €)? Bitte betrachten Sie die Lösung kritisch.

8. In einem Altenheim betragen die Investitionskosten pro Bett 150.000 €. Die Investitionen werden über 20 Jahre abgeschrieben. Die jährlichen Personalkosten pro Bett betragen 20.000 €. Die variablen Kosten pro Belegungstag betragen 10 €. Das Heim ist voll ausgelastet. Bitte ermitteln Sie die

   a. jährlichen Gesamtkosten pro Bettenplatz,

   b. Durchschnittskosten pro Belegungstag,

   c. Grenzkosten pro Belegungstag,

   d. Durchschnittskosten pro Belegungstag bei 90 % Auslastung.

   Annahmen:
   - Abschreibung bei 150.000 €/20 Jahre = 7.500 € p. a.
   - 100 % Auslastung bedeuten 365 Tage Belegung pro Platz.

3.6 Sozialwirtschaftliches Spezifikum: Sonderposten zur Finanzierung des Sachanlagevermögens

Hintergrund dieses sozialwirtschaftlichen Finanzierungsspezifikums im Sozial- und Gesundheitsbereich ist die Tatsache, dass Bauten von Krankenhäusern sowie Alten- und Behindertenheimen in der Regel durch Zuschüsse Dritter (Kostenträger wie z. B. ein Bundesland) zweckgebunden finanziert werden. Dabei geht der Zuschussempfänger mit Blick auf den geförderten Zweck eine Verbindlichkeit für einen bestimmten Zeitraum ein. Werden die Bedingungen des Zuwendungsgebers nicht erfüllt, kann er den Zuschuss ganz oder teilweise zuzüglich Zinsen zurückfordern. Dabei wird der gültige Kapitalmarktzins zuzüglich derzeit ca. 5 % angesetzt.

BEISPIEL Bau eines Mehrgenerationenhauses

▶▶▶ Das Mehrgenerationenhaus wird durch einen Drittmittelgeber mit der Maßgabe mit 100.000 € kofinanziert, dass dieses 10 Jahre zweckgebunden genutzt wird. Da sich die Organisation nach 8 Jahren aus dieser Region zurückzieht wird das Haus geschlossen. Der Drittmittelgeber fordert 2/10 des Zuschusses, also 20.000 € zuzüglich Zinsen zurück. ◀◀◀

Buchhalterisch werden Investitionszuschüsse nach zwei verschiedenen Methoden erfasst:
- Darstellung des erhaltenen Zuschusses,
- Kürzung der Anschaffungskosten.

Darstellung des erhaltenen Zuschusses als Sonderposten

Zum einen wurde der Zuschuss dauerhaft wie hier für das Mehrgenerationenhaus bereitgestellt, andererseits gibt es Rückforderungsmöglichkeiten des Fördermittelgebers, wenn der Zuschuss nicht zweckgemäß über den vereinbarten Zeitraum eingesetzt wird. Dieses geschieht über die Darstellung als Sonderposten eigenkapitalnah auf der Passivseite, der über die vereinbarte Nutzungsdauer sukzessive aufgelöst wird. Wie bei einer Abschreibung erfolgt dies in der GuV-Rechnung als »Ertrag aus der Auflösung von Sonderposten« und verringert dann entsprechend die Position auf der Passivseite. Geregelt ist dies verpflichtend über den § 5, 2 Pflegebuchführungsverordnung und Krankenhausbuchführungsverordnung. In der Regel wird eine Abschreibungsdauer oder Nutzungsverpflichtung mit dem Zuschussgeber vereinbart.

Der Sonderposten beschreibt dem Grunde nach eine Eventualverbindlichkeit, die aus der Wahrscheinlichkeit einer Rückforderung erwächst.

Eventualverbindlichkeit – Rückforderung

Ein weiterer Grund für die Bildung eines Sonderpostens ist die Auszahlung des Zuschusses vor der Investition. Da in diesem Fall keine Anschaffungskosten vorlie-

3.6 Die Kosten- und Leistungsrechnung und ihre Begrifflichkeiten
Sozialwirtschaftliches Spezifikum

gen, von denen der Zuschussbetrag abgezogen werden könnte, kann dieser Vorgang nur über diesen gebildeten Sonderposten erfasst werden.

In manchen Fällen verzögert sich die Zuschussauszahlung trotz vorliegendem Bewilligungsbescheid, der jedoch regelmäßig nicht einklagbar ist, sodass Zahlungsverzögerungen akzeptiert werden müssen. In diesen Fällen war die Anschaffung bereits erfolgt, die planmäßige Abschreibung gegebenenfalls schon gebucht, sodass die Erfassung des Zuschusses als Sonderposten ein probates Mittel darstellt.

Bei Bonitätsbewertungen durch Banken wird der Sonderposten in der Regel zu 50 % dem Eigenkapital zugerechnet (z. B. Ligabank). Andere Banken nehmen diese Position aus Risikogesichtspunkten komplett heraus, was die Bonität, also Kreditrückzahlungsfähigkeit der Organisation, deutlich verschlechtern kann.

BEISPIEL Kauf eines geförderten Transportes für eine Jugendhilfeeinrichtung

▶▶▶ Beispiel in Anlehnung an Schellberg, K. et. Al. (2017), Seite 43–44.

Der Transporter kostet 50.000 €. Die Organisation hat 40.000 € Eigenkapital, 10.000 € stammen von dem Fördermittelgeber, Abschreibungsdauer 5 Jahre.

Variante 1: Der Sonderposten wird nicht saldiert.

▶▶▶ Die Jugendhilfeeinrichtung hat 40.000 €.

Aktivseite		Passivseite		S	G u V		H
Bank	40.000 €	40.000 €	EK		0 €	0 €	

Der Zuschuss von 10.000 € geht ein.

Aktivseite		Passivseite		S	G u V		H
Bank	50.000 €	40.000 €	EK		0 €	0 €	
		10.000 €	Sopo f. Inv.-zuschüsse				

Der Transporter wird angeschafft.

Aktivseite		Passivseite		S	G u V		H
Kfz.	50.000 €	40.000 €	EK		0 €	0 €	
Bank	0 €	10.000 €	Sopo f. Inv.-zuschüsse				

Abschreibung des Transporters über 5 Jahre.

Aktivseite		Passivseite		S	G u V		H
Kfz.	40.000 €	40.000 €	EK	AfA	10.000 €	10.000 €	Verlust
Bank	0 €	−10.000 €	Verlust				
		10.000 €	Sopo für Inv.-zuschüsse				

3.6 Sozialwirtschaftliches Spezifikum

Zeitanteilige Auflösung des Sonderpostens über 5 Jahre zu je 2.000 €.

Aktivseite		Passivseite		S	G u	V	H
Kfz.	40.000 €	40.000 €	EK	AfA	10.000 €	2.000 €	Aufl. SoPo für Inv.-zu-schüsse
Bank	0 €	−8.000 €	Verlust			8.000 €	Verlust
		8.000 €	Sopo für Inv.-zu-schüsse				

Die Jugendhilfeeinrichtung schreibt 10.000 € ab, was die vorsichtigere übliche Variante ist. ◄◄◄

Kürzung der Anschaffungskosten

Der erhaltene Zuschuss mindert die Anschaffungskosten, sodass die planmäßige Abschreibung von den gekürzten Anschaffungskosten berechnet wird. Nach dieser Methode ist nicht ersichtlich, ob die Betriebsmittel durch Zuschüsse finanziert wurden und inwieweit eventuelle Rückforderungsverbindlichkeiten erwachsen können.

BEISPIEL **Kauf eines geförderten Transporters für eine Jugendhilfeeinrichtung**

►►► Beispiel in Anlehnung an Schellberg, K. et. Al. (2017), Seite 43–44.
Der Transporter kostet 50.000 €. Die Organisation hat 40.000 € Eigenkapital, 10.000 € stammen von dem Fördermittelgeber, Abschreibungsdauer 5 Jahre.

Variante 2: Der Sonderposten wird saldiert

Die Jugendhilfeeinrichtung hat 40.000 €.

Aktivseite		Passivseite		S	G u	V	H
Bank	40.000 €	40.000 €	EK		0 €	0 €	

Der Zuschuss von 10.000 € geht ein.

Aktivseite		Passivseite		S	G u	V	H
Bank	50.000 €	40.000 €	EK		0 €	0 €	
		10.000 €	Sopo				

Der Transporter wird angeschafft.

Aktivseite		Passivseite		S	G u	V	H
Kfz.	50.000 €	40.000 €	EK		0 €	0 €	
Bank	0 €	10.000 €	Sopo				

3.6 Die Kosten- und Leistungsrechnung und ihre Begrifflichkeiten
Sozialwirtschaftliches Spezifikum

Sonderposten wird mit den Anschaffungskosten des Transporters saldiert.

Aktivseite		Passivseite		S	G u	V	H
Kfz.	40.000 €	40.000 €	EK		0 €	0 €	
Bank	0 €	0 €	Sopo				

Abschreibung des Transporters über 5 Jahre.

Aktivseite		Passivseite		S	G u	V	H
Kfz.	40.000 €	40.000 €	EK	AfA	8.000 €		
Bank	0 €	−8.000 €	Verlust			8.000 €	Verlust
		0 €	Sopo				

Die Jugendhilfeeinrichtung schreibt letztendlich richtigerweise nur den Anteil aus dem eigenen Kapital, also 40.000 € auf 5 Jahre gleich 8.000 € pro Jahr ab. ◂◂◂

Zuschussbehandlung

Hier stellt sich folgende Frage: Welche Auswirkung hat diese unterschiedliche Zuschussbehandlung in der Finanzbuchhaltung auf die Kosten- und Leistungsrechnung?

Die Beantwortung dieser Frage hängt im Wesentlichen von der Kostenverrechnung ab, d. h. ob mit

1. kalkulatorischen Abschreibungen gerechnet wird oder
2. tatsächlichen Abschreibungen.

Im 1. Fall sind die gebuchten Abschreibungen keine Kosten und der Ertrag aus der Auflösung der Sonderposten keine Leistungen. Die gebuchten Abschreibungen werden durch die kalkulatorischen Abschreibungen ersetzt, deren Berechnungsgrundlage die Wiederbeschaffungskosten sind. Daher reduziert sich das Problem auf die Frage: Kann auch in Zukunft mit Zuschüssen im Rahmen einer Ersatzinvestition gerechnet werden? Sollte dies der Fall sein, ist es denkbar, die Wiederbeschaffungskosten als Bemessungsgrundlage für die kalkulatorische Abschreibung um den erwarteten Zuschuss zu kürzen. Dadurch verringert sich die Höhe der kalkulatorischen Abschreibung und in Folge die Selbstkosten der Leistung. Der auf diesen geringeren Selbstkosten kalkulierte Preis stellt den unteren Grenzpreis dar, da über die Nutzungsdauer des Betriebsmittels seine Anschaffungskosten nicht über die Abschreibungsrückflüsse verdient werden. Aus Sicht der Risikovermeidung sollten die Wiederbeschaffungskosten daher nicht um zukünftig wahrscheinliche Zuschüsse gekürzt werden.

Im 2. Fall sollten nur die um den Ertrag aus Auflösung des Sonderpostens gekürzten Abschreibungen in die Kostenrechnung übernommen werden, d. h. bei Buchung der Abschreibung von den ungekürzten Anschaffungskosten sollte die Abschreibung mit dem Ertrag aus der Auflösung des Sonderpostens saldiert werden. Anderenfalls würden die beiden Buchungsmethoden kostenseitig zu unterschiedlichen Betriebsergebnissen führen, da in dem einen Fall von den ungekürzten Anschaffungskosten die Abschreibungen berechnet werden und in dem anderen Fall

3.6 Sozialwirtschaftliches Spezifikum

von der um den Zuschuss gekürzten. Der Ertrag aus der Auflösung des Sonderpostens stellt keine Leistung dar! Die Verrechnung der tatsächlichen Abschreibung führt allerdings wieder dazu, dass die vollen Anschaffungskosten über die Nutzungsdauer des Vermögensgegenstandes nicht verdient werden.

4 Teilrechnungen der Kosten- und Leistungsrechnung

Nachdem die Begrifflichkeiten wie Aufwand und Kosten sowie Ertrag und Leistungen sowie die Kostendimensionen in ihren unterschiedlichen Verläufen und Betrachtungen nunmehr hergeleitet sind und auch gesetzlich erforderliche, aber auch betrieblich notwendige Darstellungserfordernisse vermittelt wurden, steht jetzt die letztgenannte interne Betriebssicht mit ihren Kosten und Leistungen im Vordergrund. Gesetzlich erforderliche, z. B. gemäß PBV, wie auch betrieblich notwendige Darstellungen vermitteln dem fachkundigen Betrachter unterschiedliche Realitäten auf Grundlage verschiedener Informations- und ggf. Entscheidungsbedürfnisse. Während der externe Interessent eine *definierte* Übersicht mit Blick auf Vermögenssicherung und Besteuerungsgrundlage haben möchte, stehen bei Unternehmer, Manager und vielen Mitarbeitern eine *entscheidungsorientierte* Darstellung mit Blick auf die nachhaltige Unternehmensentwicklung und -sicherung im Vordergrund.

Im ersten Schritt wird das »reine« Betriebsergebnis gemäß Unternehmenszweck als Kostenartenrechnung herausgearbeitet.

Danach vermittelt die Kostenstellenrechnung, wo Kosten und Leistungen entstanden sind und wer diese in seiner Teilverantwortung mit welchen Maßnahmen beeinflussen kann.

Im Anschluss zeigt die Kostenträgerrechnung auf, wofür produkt- bzw. dienstleistungsbedingt Kosten und Leistungen aufgetreten sind und wo notwendige Änderungen erfolgen müssen/sollten.

Das Ziel der beiden letztgenannten Rechnungen ist eine entscheidungsorientierte Darstellung für das zuständige Management.

4.1 Kostenartenrechnung

Die Kostenartenrechnung ist mit Blick auf die Kostenstellenrechnung oder Kostenträgerrechnung Ausgangspunkt für jede Art von Kostenrechnung und legt ihren Fokus auf den betriebsbedingten Leistungserstellungsprozess und seine Wirtschaftlichkeit. Sie wird auch als die erste Stufe der Kostenrechnung bezeichnet. Fehler in der Kostenartenrechnung wirken sich folglich auf die Aussagekraft der nachfolgenden Rechnungen/Kalkulationen aus.

Die Aufgaben der Kostenartenrechnung sind sehr vielfältig:

Aufgaben der Kostenartenrechnung

▸ Sachliche Abgrenzung, d. h. Trennung der Kosten von den Aufwendungen und der Leistungen von den Erträgen,

4.1 Teilrechnungen der Kosten- und Leistungsrechnung
Kostenartenrechnung

- Gliederung der in einer Abrechnungsperiode angefallenen Kosten nach Art und Höhe,
- Aufteilung der Kosten in Einzelkosten und Gemeinkosten,
- Aufteilung der Kosten in variable und fixe Kosten,
- Kostenkontrolle.

Die Hintergründe und Vorgehensweise der Kostentrennung durch Abgrenzung der neutralen Aufwendungen und die Aufnahme von Anderskosten und das Hinzufügen von Zusatzkosten wurden bereits im Kapitel 3 erläutert. Gleiches gilt für die Trennung der Leistungen von den Erträgen.

Für die Durchführung der Kostenartenrechnung, gibt es im Gegensatz zur Kostenstellenrechnung mit teilweise vorgegebenen Kostenstellenplänen, keine gesetzlichen Vorgaben. Gleichwohl haben sich einige Prinzipien herausgebildet, die auch als »Grundsätze ordnungsgemäßer Kosten- und Leistungsrechnung« bekannt sind.

Grundsätze ordnungsgemäßer Kosten- und Leistungsrechnung

- Prinzip der Vollständigkeit, d. h. es sind alle Kosten einer Abrechnungsperiode zu erfassen. Das bewusste oder unbewusste Weglassen von Kosten und Leistungen führt zu ungenauen Informationen. Das Risiko unternehmerischer Fehlentscheidungen steigt.

BEISPIEL **Prinzip der Vollständigkeit**

▶▶▶ Im Rahmen des Quartalsabschlusses einer Kurzzeitpflegeeinrichtung stellt der Bilanzbuchhalter fest, dass der Bereich Tagespflege im abgelaufenen Quartal defizitär war. Um ein positives Ergebnis darzustellen, bucht er erhaltene Mietzahlungen für ein fremdvermietetes Grundstück als Leistung um und erfasst laufende Instandhaltungskosten für die betriebsnotwendigen Fahrzeuge als neutralen Aufwand.

Diese Umbuchungen haben keine Auswirkung auf das Ergebnis des externen Rechnungswesens.

Im internen Rechnungswesen führen diese Umbuchungen zu einer verschleierten Quersubventionierung, da die den neutralen Erträgen zuzurechnenden Mieterträge dem operativen Bereich und die dem operativen Bereich zuzurechnenden Instandhaltungskosten dem neutralen Bereich zugeordnet wurden. Sie sind nicht betriebsbedingt! Dies führt dazu, dass die Geschäftsleitung ggf. die Notwendigkeit einer Preisanpassung nicht erkennt. ◀◀◀

- Prinzip der Aktualität, d. h. Kosten sollen fortlaufend am Tag ihrer Entstehung mit einem Verweis auf den Ort ihrer Entstehung festgehalten werden. Dies setzt ein qualifiziertes Belegwesen voraus.

Kostenartenrechnung 4.1

> **BEISPIEL** **Aktuelle Kostenerfassung**
>
> ▶▶▶ In einer Kurzzeitpflegeeinrichtung wird eine Pflegerin in der Tagespflege für zwei unterschiedliche Abteilungen tätig.
> Anhand von geführten Stundenaufzeichnungen können die entstandenen Personalkosten einschließlich der Personalnebenkosten und sonstigen Personalkosten auf die Abteilungen verursachungsgerecht aufgeteilt werden. ◀◀◀

▸ Kosten, die für mehrere Rechnungsperioden in einem Betrag anfallen, sind ähnlich eines Rechnungsabgrenzungspostens, zeitlich abzugrenzen, d. h. auf die Rechnungsperioden aufzuteilen.

> **BEISPIEL** **Kostenaufteilung auf mehrere Rechnungsperioden**
>
> ▶▶▶ Eine Kurzzeitpflegeeinrichtung hat im eigenen Haustarifvertrag die Zahlung von 600 € Weihnachtsgeld geregelt. Dieses wird mit der Zahlung des Dezemberlohnes mit ausgezahlt, wenn der Beschäftigte bereits seit dem 01. Januar des Jahres im Unternehmen war.
> Durch die Zahlung des Weihnachtsgeldes ist in der Finanzbuchhaltung nichts zu veranlassen, da es sich um laufende Aufwendungen des Geschäftsjahres handelt.
> In der Kostenartenrechnung wird festgestellt, dass die Personalkosten im Monat Dezember exorbitant gestiegen sind. Dies lässt sich im ersten Schritt natürlich mit der Zahlung des Weihnachtsgeldes erklären. Doch im Anschluss daran reift die Erkenntnis, dass das Weihnachtsgeld in den Monaten Januar bis November nicht Bestandteil der Kosten war und damit nicht über den Preis verdient wurde. Dies hätte erreicht werden können, wenn jeden Monat ein Betrag von 50 € (1/12 des Weihnachtsgeldes) je Beschäftigten als Kosten erfasst worden wäre.
> Ähnliche Problematiken ergeben sich auch bei den Abschreibungen. Diese werden in der Finanzbuchhaltung im Rahmen der Jahresabschlussarbeiten gebucht. Ohne eine Verteilung dieser durch die ganzjährige Nutzung der Betriebsmittel entstandenen Kosten auf die einzelnen Monate ist das Betriebsergebnis im Dezember zu niedrig bzw. in den Monaten Januar bis November zu hoch! ◀◀◀

▸ Prinzip der Kontinuität, d. h. soll eine Kostenkontrolle möglich sein, muss die Kostenartenrechnung in den zu vergleichenden Rechnungsperioden in gleicher Weise durchgeführt werden.

> **BEISPIEL** **Prinzip der Kontinuität**
>
> ▶▶▶ In einem Pflegeheim wurde keine Regelung darüber getroffen, wie das Gehalt des Hausmeisters zu erfassen ist. So wird es mal in den Personalkosten und ein anderes Mal bei den Instandhaltungskosten/Reparaturkosten berücksichtigt. Im Mai

4.1 Teilrechnungen der Kosten- und Leistungsrechnung
Kostenartenrechnung

und Oktober wird es zumeist bei den laufenden Fahrzeugkosten berücksichtigt, da der Hausmeister mit Reifenwechseln beschäftigt ist.

Diese unterschiedliche Kostenerfassung schränkt die Aussagekraft sowohl des horizontalen als auch des vertikalen Kostenvergleichs stark ein, da Personal-, Instandhaltungs- und laufende Fahrzeugkosten jeweils zu einer anderen Kostenart gehören. ◀◀◀

4.1.1 Herkunft der Daten

Die Kostenartenrechnung basiert im Wesentlichen auf den Daten der Finanzbuchhaltung und einer Reihe der Finanzbuchhaltung vorgelagerter Rechnungssysteme. Da wären zu nennen:

- Materialbuchhaltung, hier erfolgt die Art-, Mengen- und wertmäßige Erfassung des Zu- und Abgangs sowie der Materialbestände.
- Anlagebuchhaltung, hier erfolgt die Erfassung der Bestände, des Zu- und Abgangs des Anlagevermögens (Betriebsmittel) sowie der buchhalterischen Abschreibung.
- Lohnbuchhaltung, hier erfolgt die Erfassung, Abrechnung und Verrechnung von Personalkosten.

Materialbuchhaltung, Anlagebuchhaltung, Lohnbuchhaltung

Aus diesen Daten werden abgeleitet (vgl. auch Kap. 3.4):

- Grundkosten bzw. Grundleistung, die von der Finanzbuchhaltung und anderen vorgelagerten Rechnungssystemen in die Kostenartenrechnung unverändert übernommen werden, da die Aufwendungen betrieblich veranlasst, periodenrichtig und gewöhnlich sind.
- Anderskosten, die von der Finanzbuchhaltung und anderen vorgelagerten Rechnungssystemen in die Kostenartenrechnung verändert übernommen werden, da die Aufwendungen den betrieblichen Werteverzehr nicht abbilden, z. B. kalkulatorische Zinsen auf das Gesamtkapital, kalkulatorische Miete, kalkulatorische Abschreibungen.
- Zusatzkosten, die in der Finanzbuchhaltung und anderen vorgelagerten Rechnungssystemen aufgrund gesetzlicher Vorgaben nicht abgebildet werden konnten, für das Abbild des betrieblichen Werteverzehrs jedoch notwendig sind, z. B. kalkulatorischer Unternehmerlohn, kalkulatorische Zinsen auf das Eigenkapital, kalkulatorische Miete bei im Eigentum stehenden Grundstücken.

4.1.2 Sachliche Abgrenzung

Die in der Finanzbuchhaltung und ihrer vorgelagerten Rechnungssysteme erfassten Werte können nur soweit es sich um Grundkosten handelt in die Kostenartenrechnung übernommen werden. Die Anderskosten und Zusatzkosten sind daher sachlich abzugrenzen. Diese Abgrenzung kann auf zweierlei Arten durchgeführt werden:

- innerhalb der Betriebsbuchhaltung im sogenannten *Einkreissystem*,
- außerhalb der Betriebsbuchhaltung im sogenannten *Zweikreissystem*.

4.1 Kostenartenrechnung

4.1.2.1 Sachliche Abgrenzung innerhalb der Betriebsbuchhaltung

Wird die sachliche Abgrenzung innerhalb der Betriebsbuchhaltung vollzogen, werden die Anderskosten oder Zusatzkosten auf Konten gebucht. Neben den Konten der Finanzbuchhaltung werden daher noch zusätzliche Konten der Kostenrechnung benötigt.

Der grundsätzliche Buchungssatz zur Erfassung von Anderskosten und Zusatzkosten lautet:

Kalkulatorische Kosten an verrechnete kalkulatorische Kosten

Dabei werden für unterschiedliche Anders- und Zusatzkosten unterschiedliche Konten geführt, es erfolgt demzufolge eine Unterscheidung nach sachlichen Ordnungskriterien.

Anderskosten und Zusatzkosten: Konten

Die Konten »kalkulatorische Kosten« werden über das »Betriebsergebniskonto« und die Konten »Verrechnete kalkulatorische Kosten« über das »neutrale Ergebniskonto« abgeschlossen. Sowohl das »Betriebsergebniskonto« als auch das »neutrale Ergebniskonto« werden über das Gewinn- und Verlustkonto abgeschlossen. Hierdurch wird erreicht, dass das »Betriebsergebniskonto« das Betriebsergebnis ausweist, also das Ergebnis der originären betrieblichen Tätigkeit, und das Gewinn- und Verlustkonto den handels- oder steuerlichen Gewinn. Diese Buchungssystematik soll nachfolgend anhand von Zusatzkosten und Anderskosten dargestellt werden, wobei auf die Kontennummerierung verzichtet wird.

BEISPIELE Buchungssystematik

Buchungssystematik kalkulatorische Zusatzkosten

▶▶▶ In einer Tagespflegeeinrichtung sollen als kalkulatorischer Unternehmerlohn 5.000 € angesetzt werden.

Es ist zu buchen:
1. Kalkulatorischer Unternehmerlohn an verrechneter kalkulatorischer Unternehmerlohn 5.000 €

Es ergibt sich folgende Kontenentwicklung:

S	Kalkulatorischer Unternehmerlohn	H	S	Verrechneter kalkulatorischer Unternehmerlohn	H
1.	5.000			1.	5.000

Anschließend werden die Konten abgeschlossen und wie folgt gebucht:
2. Betriebsergebniskonto an kalkulatorischer Unternehmerlohn 5.000 €
3. Verrechneter kalkulatorischer Unternehmerlohn an Neutrales Ergebniskonto 5.000 €

4.1 Teilrechnungen der Kosten- und Leistungsrechnung
Kostenartenrechnung

Es ergibt sich folgende Kontenentwicklung:

S	Kalkulatorischer Unternehmerlohn	H		S	Verrechneter kalkulatorischer Unternehmerlohn	H
1.	5.000	2. 5.000		3.	5.000	1. 5.000

S	Betriebsergebnis-konto	H		S	Neutr. Ergebniskonto	H
2.	5.000					3. 5.000

An dieser Stelle kann abgelesen werden, dass das Betriebsergebnis –5.000 € beträgt.

Anschließend sind beide Konten über das GuV-Konto abzuschließen.
4. GuV-Konto an Betriebsergebniskonto 5.000 €
5. Neutrales Ergebniskonto an GuV-Konto 5.000 €

Es ergibt sich folgende Kontenentwicklung:

S	Betriebsergebnis-konto	H		S	Neutrales Ergebniskonto	H
2.	5.000	4. 5.000		5.	5.000	3. 5.000

S	GuV-Konto	H
4.	5.000	5. 5.000

Auf dem GuV-Konto heben sich die gebuchten kalkulatorischen Zusatzkosten betragsmäßig auf. Dies ist auch folgerichtig, da diese Kosten in der Gewinn- und Verlustrechnung keinen Aufwand darstellen dürfen.

Buchungssystematik kalkulatorische Anderskosten

In einer Behindertenwerkstatt sollen statt der gebuchten Zinsaufwendungen von 2.500 € kalkulatorische Zinsen für das Gesamtkapital in Höhe von 3.750 € berücksichtigt werden.

In der Finanzbuchhaltung wurde gebucht:
1. Zinsaufwendungen an Bank 2.500 €

Es ergibt sich zunächst folgende Kontenentwicklung:

S	Bank	H		S	Zinsaufwendungen	H
		1. 2.500		1.	2.500	

Aufgrund des kostenrechnerischen Ansatzes der Anderskosten ist wie folgt zu buchen:
2. Kalkulatorische Zinsen an verrechnete kalkulatorische Zinsen 3.750 €

Es ergibt sich folgende Kontenentwicklung:

4.1 Kostenartenrechnung

S	Bank	H		S	Zinsaufwendungen	H
	1.	2.500		1.	2.500	

S	Kalkulatorische Zinsen	H		S	Verrechnete kalkulatorische Zinsen	H
2.	3.750				2.	3.750

Anschließend sind die Erfolgskonten abzuschließen, wobei das Konto Zinsaufwendungen zunächst über das »Neutrale Ergebniskonto« und nicht gleich über das GuV-Konto abgeschlossen wird. Es ist wie folgt zu buchen:

3. Neutrales Ergebniskonto an Zinsaufwendungen 2.500 €
4. Betriebsergebniskonto an kalkulatorische Zinsen 3.750 €
5. Verrechnete kalkulatorische Zinsen an neutrales Ergebniskonto 3.750 €

Es ergibt sich folgende Kontenentwicklung

S	Bank	H		S	Zinsaufwendungen	H	
	1.	2.500		1.	2.500	3.	2.500

S	Kalkulatorische Zinsen	H		S	Verrechnete kalkulatorische Zinsen	H
2.	3.750	4.	3.750	5.	3.750	2.	3.750

S	Betriebsergebniskonto	H		S	Neutrales Ergebniskonto	H
4.	3.750			3.	2.500	5.	3.750

Das Betriebsergebnis ist in Höhe der gebuchten kalkulatorischen Zinsen in Höhe von 3.750 € negativ.

Anschließend sind die Salden des Betriebsergebnis- und Neutralen Ergebniskontos über das GuV-Konto abzuschließen.

6. GuV-Konto an Betriebsergebniskonto 3.750 €
7. Neutrales Ergebniskonto an GuV-Konto 1.250 €

Es ergibt sich folgende Kontenentwicklung:

S	Betriebsergebniskonto	H		S	Neutrales Ergebniskonto	H
4.	3.750	6.	3.750	3.	2.500	5.	3.750
				7.	1.250		

S	GuV-Konto	H
6.	3.750	7.	1.250
		Saldo	2.500

Der Saldo des GuV-Kontos entspricht dem handels- und steuerrechtlich auszuweisenden Zinsaufwand für Fremdkapital in Höhe von 2.500 €. ◄◄◄

4.1 Teilrechnungen der Kosten- und Leistungsrechnung
Kostenartenrechnung

AUFGABE ZU KAPITEL 4.1.2.1
(SACHLICHE ABGRENZUNG INNERHALB DER BETRIEBSBUCHHALTUNG)

Folgende Kosten wurden bisher in der Finanzbuchhaltung erfasst:

Umsatzerlöse	10.000 €
Erträge aus Auflösung Sonderposten	500 €
Instandhaltungskosten	4.000 €
Abschreibungen	2.000 €

In den Instandhaltungskosten sind 1.500 € für eine Schadensreparatur enthalten, die als außergewöhnlich einzustufen ist. In der Kostenrechnung sollen kalkulatorische Abschreibungen in Höhe von 2.700 € berücksichtigt werden.
Führen Sie die Abgrenzungsrechnung innerhalb der Buchführung durch Bildung der Buchungssätze und Kontenentwicklung durch und ermitteln Sie das Betriebsergebnis, das neutrale Ergebnis sowie das handelsrechtliche Ergebnis.

4.1.2.2 Sachliche Abgrenzung außerhalb der Betriebsbuchhaltung

Wird die sachliche Abgrenzung außerhalb der Betriebsbuchhaltung vollzogen, wird überwiegend die Ergebnistabelle aus Abbildung 4.1 verwendet.

Abb. 4.1

Ergebnistabelle

Ergebnistabelle								
Rechnungskreis I			Rechnungskreis II					
Externes Rechnungswesen			Internes Rechnungswesen					
			Abgrenzungsrechnung				Kosten- und Leistungsrechnung	
			Unternehmensbezogene Abgrenzung		Kostenrechnerische Korrekturen		Interner Erfolg	
Konten	Aufwand	Ertrag	Neutraler Aufwand	Neutraler Ertrag	Aufwand laut FiBu	Verrechnete Kosten	Kosten	Leistungen
	Externer Gesamterfolg		Neutraler Erfolg		Ergebnis kostenrechnerischer Korrekturen		Betriebsergebnis	

Kostenartenrechnung

Ergebnistabelle

Die Ergebnistabelle ist in den Rechnungskreis I und II gegliedert, daher der Name »Zweikreissystem«. Der Rechnungskreis I beinhaltet das externe Rechnungswesen. Er ist demzufolge eine Abschrift der Gewinn- und Verlustkonten. Der externe Gesamterfolg entspricht somit dem handelsrechtlich oder steuerrechtlich ausgewiesenen Gewinn oder Verlust.

Der Rechnungskreis II beinhaltet das interne Rechnungswesen, mit den Unterteilungen Abgrenzungsrechnung sowie Kosten- und Leistungsrechnung, wobei sich die Abgrenzungsrechnung wiederum in die »unternehmensbezogene Abgrenzung« und »kostenrechnerische Korrekturen« untergliedert.

Unter den Spalten »unternehmensbezogene Abgrenzung« werden die betriebs- und periodenfremden sowie außerordentlichen Erfolgsbeiträge ausgesondert. Die Grundkosten und Grundleistungen passieren diesen Filter ohne Veränderung. Der neutrale Erfolg, die Differenz zwischen neutralem Ertrag und neutralem Aufwand, gibt an, welchen Anteil die unternehmensbezogene Abgrenzung am Gesamterfolg der Unternehmung hat. Üblicherweise werden die Spalten »neutraler Aufwand« und »neutraler Ertrag« in der Praxis je nach Bedarf noch weiter unterteilt, um beispielsweise feststellen zu können, welchen Wertbeitrag die betriebsfremde Vermietungstätigkeit am neutralen Erfolg hat.

Unter den Spalten »kostenrechnerische Korrekturen« werden unter Aufwand laut Finanzbuchhaltung (FiBu) die bereinigten Aufwendungen, d. h. Aufwand laut Rechnungskreis I abzüglich des neutralen Aufwands, erfasst. Die Spalte »verrechnete Kosten« entspricht dem Wesen nach dem Konto »verrechnete Kosten« im Einkreissystem, d. h. in dieser Spalte werden die Anders- sowie die Zusatzkosten erfasst, die dann in betragsmäßig gleicher Höhe in die Spalte Kosten übertragen werden. Das Ergebnis der kostenrechnerischen Korrekturen, die Differenz zwischen den verrechneten Kosten und dem Aufwand laut FiBu, gibt an, ob die Anders- und Zusatzkosten mit einem höheren oder niedrigeren Betrag in die Kostenrechnung übernommen wurden als der Zweckaufwand bzw. Zweckertrag aus dem Rechnungskreis I.

Unter den Spalten »Kosten- und Leistungsrechnung« werden die Kosten und Leistungen erfasst, die in Höhe der Differenz das Betriebsergebnis ausweisen. Aufgrund der Möglichkeit, das Betriebsergebnis zu ermitteln, wird die Kostenartenrechnung auch als *kurzfristige Erfolgsrechnung* bezeichnet.

Kurzfristige Erfolgsrechnung

BEISPIEL Ergebnistabelle

▶▶▶ Im vorherigen Beispiel in der Behindertenwerkstatt wurden bisher folgende Aufwendungen und Erträge für den Monat Januar in der Finanzbuchhaltung erfasst:

S	Finanzbuchhaltung		H
10 Löhne	4.000 €	80 Umsatzerlöse	14.000 €
20 Gehälter	2.300 €	85 Mieterträge	350 €
30 Gesetzlich sozialer Aufwand	1.260 €		
40 Abschreibungen	880 €		
50 Zinsaufwendungen	2.500 €		

4.1 Teilrechnungen der Kosten- und Leistungsrechnung
Kostenartenrechnung

Folgende Feststellungen sind bei der Überprüfung der Aufwendungen zu berücksichtigen: Von den Gehältern entfallen 300 € auf eine Gehaltsnachzahlung für vergangene Abrechnungsperioden. Von den Abschreibungen entfallen 80 € auf ein fremdvermietetes Nebengebäude? Statt der gebuchten Abschreibung sind kalkulatorische Abschreibungen für die Betriebsmittel in Höhe von 870 € zu berücksichtigen und statt des gebuchten Zinsaufwandes sollen 3.750 € kalkulatorische Zinsen für das betriebsnotwendige Kapital berücksichtigt werden. Kalkulatorischer Unternehmerlohn ist in Höhe von 5.000 € zu verrechnen.

Abb. 4.2

Beispiel – Ergebnistabelle

Ergebnistabelle								
Rechnungskreis I			Rechnungskreis II					
Externes Rechnungswesen			**Internes Rechnungswesen**					
			Abgrenzungsrechnung				Kosten- und Leistungsrechnung	
			Unternehmensbezogene Abgrenzung		Kostenrechnerische Korrekturen		Interner Erfolg	
Konten	Aufwand	Ertrag	Neutraler Aufwand	Neutraler Ertrag	Aufwand laut FB	Verrechnete Kosten	Kosten	Leistungen
80		14.000 €						14.000 €
85		350 €		350 €				0 €
10	4.000 €						4.000 €	
20	2.300 €		300 €				2.000 €	
30	1.260 €		60 €				1.200 €	
40	880 €		80 €		800 €	870 €	870 €	
50	2.500 €				2.500 €	3.750 €	3.750 €	
U-Lohn						5.000 €	5.000 €	
	Externer Gesamterfolg		Neutraler Erfolg		Ergebnis kostenrechnerischer Korrekturen		Betriebs-Ergebnis	
	3.410 €		−90 €		6.320 €		−2.820 €	

Analyse

Im Rechnungskreis I wird ein Gewinn in Höhe von 3.410 € ausgewiesen. An dieser Stelle kann nur festgestellt werden: Es handelt sich um ein positives Ergebnis, welches jedoch aufgrund mangelnder Kenntnis über das eingesetzte Kapital nicht gewertet werden kann.

In der unternehmensbezogenen Abgrenzung ergibt sich ein Verlust in Höhe von 90 €. Dieser setzt sich aus einem periodenfremden Verlust von 420 € zusammen (300 € Gehaltsnachzahlung zzgl. 60 € gesetzlich sozialer Aufwand – 20 Prozent der Gehaltsnachzahlung) und einem Gewinn aus der Vermietung von 270 € (350 € Mie-

4.1 Kostenartenrechnung

terträge abzüglich 80 € Abschreibung). Die *Vermietung subventioniert* den *laufenden Geschäftsbetrieb quer*.

Das Ergebnis der kostenrechnerischen Korrekturen ist mit 6.320 € positiv, d. h. es wurden in diesem Umfang mehr Kosten verrechnet.

Das Betriebsergebnis weist einen Verlust von 2.820 € aus, d. h. die kalkulatorischen Abschreibungen, kalkulatorischen Zinsen und der kalkulatorische Unternehmerlohn konnten nicht vollumfänglich verdient werden. Wird in diesem Zusammenhang nur das Betriebsergebnis und der kalkulatorische Unternehmerlohn gegenübergestellt, so hat der Unternehmer im Monat für nur 2.180 € gearbeitet (5.000 € – 2.820 €). ◄◄◄

AUFGABE ZU KAPITEL 4.1.2.2
(SACHLICHE ABGRENZUNG AUSSERHALB DER BETRIEBSBUCHHALTUNG)

Führen Sie unter Verwendung der Angaben aus der Aufgabe zu Kapitel 4.1.2.1 die Abgrenzungsrechnung außerhalb der Buchführung durch.

Auch wenn das ermittelte Betriebsergebnis eine größere Aussagekraft verglichen mit dem externen Erfolg hat, bietet es jedoch nur sehr eingeschränkte Möglichkeiten, unternehmerische Entscheidungen zu treffen. So können beispielsweise Aussagen zum Anteil eines Produktes oder Produktgruppe am Betriebsergebnis, Preisuntergrenzen u.Ä. an dieser Stelle noch nicht getroffen werden. Hierzu ist eine weitere Gliederung der Kosten notwendig.

4.1.3 Gliederung der in einer Abrechnungsperiode angefallenen Kosten nach Art und Höhe

Die Gliederung der Kosten kann unter verschiedenen Gesichtspunkten erfolgen. Als wesentliche Gliederungsmerkmale sollen hier näher beschrieben werden:
- verbrauchte Produktionsfaktoren,
- Art der betrieblichen Funktion,
- Art des kalkulatorischen Charakters,
- Abhängigkeiten von Kosteneinflussgrößen.

4.1.3.1 Verbrauchte Produktionsfaktoren

Die im Rahmen des betrieblichen Leistungserstellungsprozesses eingesetzten Faktoren werden als Produktionsfaktoren bezeichnet.

In der klassischen Betriebswirtschaftslehre wird in Personalkosten, Betriebsmittel und Materialkosten unterschieden.

Auch im sozialen Dienstleistungssektor kann diese Untergliederung weitestgehend übernommen werden. Nur die Materialkosten, die im Dienstleistungssektor zu vernachlässigen sind, sollten durch Fremdleistungskosten ersetzt werden.

4.1 Teilrechnungen der Kosten- und Leistungsrechnung
Kostenartenrechnung

Personalkosten

Personalkosten einer Unternehmung sind die Gesamtheit der Kosten, die durch den Einsatz des Produktionsfaktors Arbeit entstehen. Sie machen im Dienstleistungssektor den größten Kostenanteil aus. Die Personalkosten setzen sich aus dem Bruttoarbeitsentgelt (Lohn- und Gehaltskosten), den Personalzusatzkosten und sonstigen Personalkosten zusammen. Folgende Lohn- und Gehaltsformen sind hierbei denkbar:

Löhne	Gehälter
Fertigungslöhne	Tarifgehalt/Grundgehalt
Zeitlohn	Leistungsprämien
Akkordlohn	Zulagen
Prämienlohn	Zuschläge (Leistung/Mehrarbeit)
Zusatzlohn	Tantiemen
Hilfslohn	Provisionen

Löhne entstehen für tatsächlich geleistete Arbeit. Sie werden auf der Basis Euro/Stunde vereinbart. Daher kann die Lohnzahlung am Monatsende variieren.

Soweit Lohnkosten für Arbeitsleistungen entstehen, die unmittelbar der Erbringung von Dienstleistungen dienen, handelt es sich um Einzelkosten. Dies könnten in einer Behindertenwerkstatt die Löhne für Dreher, Schlosser oder Ähnliches sein.

Hilfslöhne

Hilfslöhne entstehen für nur mittelbar am Leistungserstellungsprozess anfallende Arbeitsleistungen. Daher können sie zumeist nur als Gemeinkosten verrechnet werden. Dies könnten in einer Behindertenwerkstatt die Löhne für den Betriebselektriker oder Lagerarbeiter sein.

Gehälter

Gehälter sind fest vereinbarte, von den geleisteten Stunden unabhängige Vergütungen, die für eine bestimmte Zeit zumeist monatlich fest vereinbart und ausgezahlt werden. Sie werden auf der Basis €/Monat vereinbart. Daher ist die Gehaltszahlung am Monatsende grundsätzlich gleich.

Bei Personalzusatzkosten handelt es sich um tarifliche, gesetzliche oder freiwillige Zahlungen. Dazu zählen die Beiträge zur sozialen Vorsorge sowie die Beträge zu den Zusatzversorgungskassen, aber auch Urlaubs- und Feiertagslöhne, das Weihnachtsgeld sowie die betriebliche Altersversorgung. Die Art der Verrechnung der Personalzusatzkosten als Einzelkosten oder Gemeinkosten richtet sich nach der Behandlung des Bruttoarbeitsentgeltes. Wird das Bruttoarbeitsentgelt als Gemeinkosten verrechnet, sind auch die dazugehörigen Personalzusatzkosten als Gemeinkosten zu verrechnen.

Zu den sonstigen Personalkosten zählen alle übrigen Aufwendungen einer Unternehmung, die mit der Arbeitsleistung in Zusammenhang stehen:
- Essen- und Fahrkostenzuschüsse,
- Kantinenleistungen die verbilligt abgegeben werden,
- Vorstellungskosten und Akquisitionskosten,
- Kosten für Arbeitskleidung,
- Beihilfen,
- Betriebssporteinrichtungen u.Ä.

Die sonstigen Personalkosten werden als Gemeinkosten verrechnet.

Kostenartenrechnung 4.1

Betriebsmittelkosten

Zu den Betriebsmittelkosten zählen die Kosten, die durch die Inanspruchnahme der Betriebsmittel verursacht werden. Die Betriebsmittel bewirken eine Zustandsveränderung des Produktes oder ermöglichen Analysen, werden aber nicht Bestandteil des Produktes.

Zu den Betriebsmittelkosten zählen die Abschreibung und Instandhaltungskosten (Instandsetzungs-, Überhol- und Wartungskosten). Betriebsmittelkosten werden als Gemeinkosten verrechnet.

Fremdleistungskosten

Fremdleistungskosten sind Kosten, die durch in Anspruch genommene Dienste entstehen, wobei die Leistung von Dritten erbracht wird. Zu den wichtigsten Fremdleistungskosten zählen:
- Kosten der Versorgungsträger,
- Versicherungskosten,
- Kommunikationskosten,
- Rechts- und Beratungskosten,
- Werbekosten,
- Bewirtungskosten.

4.1.3.2 Art der betrieblichen Funktion

Unter betrieblicher Funktion sind einzelne abgrenzbare und für sich selbstständige Verantwortungsbereiche zu verstehen. Eine Untergliederung der Kosten unter diesen Gesichtspunkten ist sinnvoll, um bei gleichartigen Funktionen einen Kostenvergleich vornehmen zu können oder um daran anknüpfend, Kostenstellen zu bilden.

Im sozialen Dienstleistungssektor könnten solche Funktionen beispielsweise sein:
- Behandlungsstationen,
- Weiterbildungskurse,
- Hilfsangebote etc.

4.1.3.3 Art des kalkulatorischen Charakters

Hier werden die Kosten danach unterschieden, ob sie pagatorisch oder kalkulatorisch sind.

Pagatorische und kalkulatorische Kosten

Pagatorische Kosten sind auszahlungswirksame Kosten, d. h. das Barvermögen oder Geldvermögen hat sich durch sie verringert.

Kalkulatorische Kosten führen nur zur Änderung des Sachvermögens also zu einer Verringerung des Netto- oder Reinvermögens und somit zu einer Gewinnminderung oder soweit es sich um Anders- oder Zusatzkosten handelt, zu einer Verringerung des Betriebsergebnisses. Zu den kalkulatorischen Kosten zählen die bilanzielle Abschreibung und alle kalkulatorischen Anders- und Zusatzkosten. Bei kalkulatorischen Kosten, die einen zahlungswirksamen und nicht zahlungswirksamen Bestandteil haben, ist eine Trennung vorzunehmen.

4.1 Teilrechnungen der Kosten- und Leistungsrechnung
Kostenartenrechnung

TRENNUNG PAGATORISCHE KOSTEN

▶▶▶ Im Beispiel »Buchungssystematik kalkulatorische Anderskosten« betrugen die zahlungswirksamen Zinsaufwendungen 2.500 €. In die Kostenrechnung wurde jedoch ein Betrag von 3.750 € als Anderskosten verrechnet.

Tatsächlich betragen die zahlungswirksamen Zinsaufwendungen jedoch weiterhin 2.500 € und stellen somit pagatorische Kosten dar.

In Höhe von 1.250 € (3.750 € abzgl. 2.500 €) liegen nicht zahlungswirksame kalkulatorische Kosten vor. ◀◀◀

Mittelfristige Preisuntergrenze

Die Unterscheidung in zahlungswirksame und nicht zahlungswirksame Kosten ist für die Bestimmung der *mittelfristigen Preisuntergrenze* unverzichtbar.

Durch die mittelfristige Preisuntergrenze wird der Preis bestimmt, der alle auszahlungswirksamen Kosten deckt. Dies ist von Bedeutung, da die Zahlungsunfähigkeit, den laufenden Zahlungsverpflichtungen nicht mehr nachkommen zu können, der Hauptgrund für die Insolvenzantragsstellung ist.

4.1.3.4 Abhängigkeiten von Kosteneinflussgrößen

Kosteneinflussgrößen bestimmen im Wesentlichen die Leistungserstellungskosten. Als Hauptkosteneinflussgrößen, d. h. Größen, die Kosten unmittelbar beeinflussen, zählen:
- Beschäftigung, d. h. die Nutzung der quantitativen Kapazität. Diese wird durch den Beschäftigungsgrad ausgedrückt, in dem die tatsächliche Beschäftigung (Ist) ins Verhältnis zur möglichen Beschäftigung (Kann) gesetzt wird.
- Faktorpreise, d. h. Preise für verbrauchte oder in Anspruch genommene Produktionsfaktoren; diese Preise stehen in Abhängigkeit von den Faktorqualitäten, worunter die qualitativen Eigenschaften der in Anspruch genommenen Produktionsfaktoren zu verstehen sind.

Indirekt werden die Kosten auch durch die Unternehmensgröße und durch das Leistungsprogramm beeinflusst. Bei einer Änderung des Leistungsprogramms hängt der Kostenverlauf von der Elastizität der Betriebsmittel ab, wobei die Elastizität die Anpassungsfähigkeit der vorhandenen Betriebsmittel beschreibt.

Dem Beschäftigungsgrad bzw. der Auslastung kommt eine besondere Bedeutung zu, denn die Kosten werden nach ihrem Verhalten bei Beschäftigungsgradschwankungen in variable und fixe Kosten eingeteilt. Die Unterschiede zwischen den variablen und fixen Kosten wurden bereits im Kapitel 3.5 erläutert und ihre Bedeutung für die Teilkostenrechnung dargestellt. Die Problematik der Kostenauflösung wird in Kapitel 4.1.5 erläutert.

4.1.4 Aufteilung der Kosten in Einzelkosten und Gemeinkosten

Die korrekte Aufteilung der Kosten in Einzelkosten, Gemeinkosten und Sondereinzelkosten ist für die Verrechnung der Kosten auf den Kostenträger, die kostenverursachende Leistungseinheit, entscheidend.

Einzelkosten sind direkte Kosten, die einer Leistungseinheit direkt verursachungsgerecht zugerechnet werden können. Dies wären beispielsweise Kosten für Medikamente, Implantate, Hilfsmittel, Blutersatzstoffe u.Ä.

Gemeinkosten sind indirekte Kosten, die den Leistungseinheiten nur über eine Schlüsselung zugerechnet werden können, soweit sie nicht über einen Maschinenstundensatz verrechnet werden. Dies wären beispielsweise Gehälter, Personalneben- und -zusatzkosten, Reinigungskosten, Instandhaltungskosten, kalkulatorische Abschreibungen, kalkulatorische Zinsen u.Ä.

Sondereinzelkosten entstehen durch besondere Leistungen, die dem Leistungsempfänger direkt zugerechnet werden können. Zu nennen wären hier beispielsweise Krankentransportkosten mit Krankenwagen oder Hubschrauber, besondere Behandlungs- oder Unterbringungskosten u.Ä.

Sondereinzelkosten

4.1.5 Aufteilung der Kosten in variable und fixe Kosten

Nachfolgend soll die Problematik der Kostenauflösung, d. h. die Trennung von variablen und fixen Kosten erläutert werden. Die Problematik fixe und variable Kosten stellt sich dem Grunde nach nur aufgrund der kurz- bzw. mittelfristigen Betrachtungsweise der Kostenrechnung, denn langfristig sind alle Kosten abbaubar und somit variabel.

Unproblematisch ist die Trennung bei Kosten, die ihrer Art nach ausschließlich fix oder variabel sind. Einzelkosten sind überwiegend variable Kosten. Bei einem Teil der Gemeinkosten handelt es sich um fixe Kosten, wie beispielsweise Gehälter und damit in Zusammenhang stehende Personalnebenkosten, oder kalkulatorische Kosten. Für diese Kosten stellt sich das Problem der Kostenauflösung nicht.

Bei einem anderen Teil der Gemeinkosten handelt es sich jedoch um sogenannte Mischkosten, denen ein variabler und fixer Kostenbestandteil innewohnt. Diese Kosten sind im Rahmen der Kostenauflösung (sog. Fixkostenanalyse) zu trennen. Hierzu stehen drei unterschiedliche Methoden zur Verfügung:

Mischkosten

- ▸ buchtechnische Methode,
- ▸ grafische Methode,
- ▸ mathematische Methode.

4.1.5.1 Buchtechnische Methode

Bei der buchtechnischen Methode wird jede Kostenveränderung einer Kostenart in Zusammenhang mit einer Beschäftigungsgradänderung betrachtet. Dabei sind Kostenveränderungen durch Preissteigerungen herauszurechnen. Auch Änderungen in den Verbrauchsgewohnheiten oder Fehlnutzungen sind zu eliminieren.

4.1 Teilrechnungen der Kosten- und Leistungsrechnung
Kostenartenrechnung

> **BEISPIEL** **Kostenauflösung buchtechnische Methode**
>
> ▶▶▶ Die Energiekosten haben sich im Betrachtungszeitraum um 8 Prozent erhöht, bei einem gleichzeitigen Beschäftigungsgradanstieg von 10 Prozent.
>
> Bei den Energiekosten handelt es sich zu 80 Prozent um variable Kosten und zu 20 Prozent um fixe Kosten.
>
> Sollte im Rahmen der Kostenanalyse festgestellt werden, dass der Energiekostenanstieg zu 1 Prozent auf einer Preissteigerung beruht und zu 0,5 Prozent aufgrund einer ständig eingeschalteter Hofbeleuchtung, beträgt der auf Beschäftigungserhöhung zurückzuführende Preisanstieg lediglich 6,5 Prozent, sodass nur 65 Prozent der Energiekosten variabel und 35 Prozent der Energiekosten fix sind. ◀◀◀

In der (sozialwirtschaftlichen) Dienstleistungsbranche sind die überwiegenden Kosten fix. Teilweise wird sich in der Praxis damit beholfen, dass auch Gehaltsempfänger, welche direkt an einem Auftrag bzw. Projekt arbeiten, als variabel eingestuft werden, da dieser Kostenblock auftragsabhängig und daher mittelfristig variabel ist.

4.1.5.2 Grafische Methode

Bei der grafischen Methode werden Ist-Kosten vergangener Abrechnungsperioden mit ihrer dazugehörigen Beschäftigung in ein Koordinatensystem eingetragen, die Kosten auf der Y-Achse und die Beschäftigung auf der X-Achse. In das sich hierdurch ergebende Punktediagramm wird eine Regressionsgerade eingezeichnet, deren Anstieg den variablen Kosten entspricht. Wird die Methode jeweils für eine Mischkostenart angewendet, werden sehr genaue Ergebnisse erzielt.

4.1.5.3 Mathematische Methode

Die mathematische Methode entspricht bei einem linearen Kostenverlauf dem Differenzen-Quotienten-Verfahren und wurde von *Schmalenbach* entwickelt (siehe Heinen, E., 1992).

Hierzu werden zwei Beschäftigungsgrade x_1 und x_2 ausgewählt, die möglichst weit auseinander liegen. Es sollte darauf geachtet werden, dass die ausgewählten Beschäftigungsgrade selbst keine atypischen Kostenpunkte repräsentieren. Atypische Kostenpunkte fallen nicht während des gewöhnlichen Geschäftsbetriebs an, sondern z. B. bei einer starken Über- oder Unterbeschäftigung.

Zu den o. g. Beschäftigungsgraden müssen anschließend die zugehörigen Kostengrößen K_1 und K_2 ermittelt werden.

Nach Schmalenbach (vgl. Heinen, E., 1992) entsprechen die variablen Stückkosten den Grenzkosten und werden durch den Differenzen-Quotienten aus Kosten- und Beschäftigungsdifferenz ermittelt.

Es gilt die Formel (Formelzeichen siehe Kapitel 3.5):

$$k_v = \frac{K_2 - K_1}{x_2 - x_2} = \frac{\Delta K}{\Delta x}$$

4.1 Kostenartenrechnung

Anschließend können die Fixkosten durch Umstellung der Kostenfunktion berechnet werden:

$K_1 = k_v \times x_1 - K_f$ in $K_f = K_1 - k_v \times x_1$

Die Fixkosten können auch durch Verwendung von K_2 und x_2 berechnet werden.

BEISPIEL **Kostenauflösung mathematische Methode**

▶▶▶ In einer Tagespflegeeinrichtung mit Hol- und Bringe-Dienst werden die Kosten für diesen Dienst separat erfasst.

Monat	Kosten in €	Fahrleistung in km
Januar	14.400	4.500
Februar	14.600	4.850
März	14.480	4.638
April	14.700	5.020
Mai	14.690	5.003
Juni	14.900	5.386

Aus diesen Kosten- und Fahrleistungsangaben lassen sich die variablen und fixen Kosten ermitteln.

Ermittlung der variablen und fixen Kosten

Dabei sind zunächst die niedrigste und die höchste Fahrleistung zu ermitteln:
- niedrigste 4.500 km = x_1
höchste 5.386 km = x_2 Dazu gehören die Kosten:
- K_1 = 14.400 €
K_2 = 14.900 €

Durch Einsetzen in die Formel errechnen sich die k_v wie folgt:

$$k_v = \frac{K_2 - K_1}{x_2 - x_1} = \frac{14.900\,€ - 14.400\,€}{5.386\,km - 4.500\,km} = 0{,}564\,€/km$$

Anschließend werden die K_f berechnet:

K_f = 14.400 € – 0,564 €/km × 4.500 km = 11.862,00 €

Es ergibt sich folgende Kostenfunktion:

$K_{(x)}$ = 0,564 × x + 11.862,00 €   ◀◀◀

AUFGABE ZU KAPITEL 4.1.5 (KOSTENAUFTEILUNG VARIABEL, FIX)

In einer Kinderbetreuungseinrichtung wurden im Januar 200 Kinder unterschiedlichen Alters in gemischten Gruppen betreut. Dabei entstanden Kosten in Höhe von 100.000 €. Im Monat März erhöhte sich die Zahl der betreuten Kinder auf 220, wobei die zusätzlichen Kinder auf die bisherigen Gruppen aufgeteilt werden konnten. Insgesamt fielen im März Kosten in Höhe von 203.700 € an. Von diesen Kosten entfielen 700 € auf Gruppenfahrten, die im Januar nicht durchgeführt wurden.
Wie hoch sind die variablen Kosten der Einrichtung und je Kind?

4.1.6 Kostenkontrolle

Vertikaler und horizontaler Kostenvergleich

Die Kostenkontrolle kann als *vertikaler Kostenvergleich* und als *horizontaler Kostenvergleich* vorgenommen werden.

Beim vertikalen Kostenvergleich wird die Entwicklung der absoluten Höhe getrennter Kostenarten im Zeitvergleich durch Gegenüberstellung der Kosten mehrerer Abrechnungsperioden betrachtet. Die sich hierdurch ergebende Kostenentwicklung kann grafisch dargestellt werden, um beispielsweise die Personalkostenentwicklung im Unternehmen mit der Branche zu vergleichen.

Beim horizontalen Kostenvergleich wird der relative Anteil einzelner Kostenarten untereinander bzw. auf Basis der Gesamtkosten oder Leistungen betrachtet. Hierdurch kann beispielsweise ermittelt werden, welche Kostenart die Gesamtkostenerhöhung verursacht hat.

4.2 Kostenstellenrechnung

Im ersten Schritt wurden betriebliche Kosten nach Kostenarten erfasst und gegliedert. Das Betriebsergebnis aus der originären betrieblichen Tätigkeit konnte berechnet werden. Zu diesem Zweck wurden die neutralen Aufwendungen und Erträge »ausgesondert« sowie kalkulatorische Kosten und kalkulatorische Leistungen zum Ansatz gebracht. Durch Trennung der Kosten in variable und fixe Kosten konnten die Leerkosten und der Break-even-Punkt ermittelt werden.

Wie kann jetzt eine weiterführende Steuerung des Unternehmens erfolgen? Die Antwort hierauf liefert die Kostenstellenrechnung.

4.2.1 Aufgaben der Kostenstellenrechnung

Die zentrale Aufgabe der Kostenstellenrechnung ist die *verursachungsgerechte* Erfassung der Kosten an dem Ort ihrer Entstehung. Im Rahmen der Kostenstellenrechnung wird analysiert, in welchen Unternehmensbereichen die Kosten angefallen sind. Verdeutlichen wir uns an folgendem Beispiel die Wichtigkeit dieser Kenntnis.

BEISPIEL **Wichtigkeit Kostenstellenrechnung**

▶▶▶ Die Seniorenresidenz Harzblick weist in der Gewinn- und Verlustrechnung Erlöse in Höhe von 1.450.000 € und Aufwendungen von 1.435.000 € aus, erwirtschaftet also einen Gewinn von 15.000 €.

Die anfallende Wäsche wird in der hauseigenen Wäscherei gereinigt. Die Aufwendungen von 1.435.000 € wurden entsprechend der Vorgaben des HGB nach sachlichen Ordnungskriterien gebucht, d. h. die in der Wäschereinigung angefallenen Kosten wie beispielsweise Wasser- und Abwasserkosten, Energiekosten, Wartungskosten, Personalkosten, Verbrauchskosten, Abschreibungen wurden nicht getrennt von den anderen Aufwendungen erfasst.

4.2 Kostenstellenrechnung

Eine Analyse dieser Kosten hätte ergeben, dass die Wäscherei Kosten in Höhe von 90.000 € verursacht. Bei durchschnittlich 10.000 Wäschestücken im Jahr entstehen somit Kosten von 9 €/Stück (90.000 €/10.000 Stück).

Eine benachbarte Wäscherei würde das Stück Wäsche durchschnittlich für 7,50€/Stück reinigen.

Damit ließen sich 1,50 €/Stück (9,00 €/Stück – 7,50/Stück) einsparen, also insgesamt 15.000 € (1,50 €/Stück × 10.000 Stück) und sich damit der Gewinn von bisher 15.000 € auf 30.000 € (bisheriger Gewinn 15.000 € + gesamte Kosteneinsparung 15.000 €) verdoppeln. ◄◄◄

Zudem übernimmt die Kostenstellenrechnung folgende Aufgaben:

Weitere Aufgaben der Kostenstellenrechnung

- Bindeglied zwischen der Kostenarten- und der Kostenträgerrechnung: Die Gemeinkosten (aus der Kostenartenrechnung kommend) werden in der Kostenstellenrechnung erfasst. Die in der Kostenstellenrechnung ermittelten Zuschlagssätze dienen im Rahmen der Zuschlagskalkulation (Kostenträgerrechnung) zur Ermittlung der Selbstkosten je Leistungseinheit.
- Ermittlung von Zuschlagssätzen: Die Zuschlagssätze drücken aus, im welchen Umfang Gemeinkosten je Euro Einzelkosten angefallen sind.
- Angebotskalkulation: Die im Rahmen der Zuschlagskalkulation ermittelten Selbstkosten bilden die Grundlage für Preisverhandlungen (Krankenkassen, Pflegekassen) oder auch für das Erstellen eines Angebotes.
- Darstellung von Leistungsbeziehungen zwischen Betriebseinheiten/Organisationseinheiten.

BEISPIEL **Leistungsbeziehung zwischen Organisationseinheiten**

►►► Im welchen Umfang wird der Hausmeister (eigenständige Organisationseinheit), der am betrieblichen Leistungsprozess nicht direkt teilnimmt, von den anderen Betriebs-/Organisationseinheiten in Anspruch genommen?

Von welchen leistungserstellenden Betriebseinheiten wird der Fuhrpark (eigenständige Organisationseinheit) in Anspruch genommen? ◄◄◄

- Planungszwecke: Sind die Kosten verursachungsgerecht je Betriebs- und Organisationseinheit erfasst, kann mit einer Budgetplanung oder auch Kostenvorgabe (Soll) gearbeitet werden. Die Planung des Solls bildet die Grundlage für den späteren Ist-Abgleich, also den Vergleich mit den tatsächlich angefallenen Auszahlungen bzw. Kosten.
- Kontrolle der Wirtschaftlichkeit der Betriebs- und Organisationseinheiten: Das geplante Soll kann periodisch mit den tatsächlichen Auszahlungen oder Ist-Kosten abgeglichen werden.
  An diesen Abgleich schließt sich sodann die Ursachenforschung bei vorliegenden Abweichungen an.

4.2 Teilrechnungen der Kosten- und Leistungsrechnung
Kostenstellenrechnung

4.2.2 Kriterien der Kostenstellenbildung

Die Kostenstellenbildung kann in Abhängigkeit von den betrieblichen Gegebenheiten und Erfordernissen nach verschiedenen Kriterien erfolgen. Denkbar sind hier betriebliche Funktionen wie Arbeitsbereiche, Verwaltung und Werkstatt oder Hauptkostenstellen, die am betrieblichen Leistungserstellungsprozess direkt beteiligt sind, sowie Hilfskostenstellen wie der obige Hausmeister, die den Leistungserstellungsprozess unterstützen.

4.2.2.1 Kostenstellenvorgaben in der Sozialwirtschaft

Nur in der Pflegebuchführungsverordnung und Krankenhausbuchführungsverordnung findet sich ein Kostenstellenplan, der mindestens vorhanden sein muss. Die Abbildung 4.3 stellt beispielhaft einen Auszug aus dem Kostenstellenplan nach der Pflegebuchverordnung (Anlage 5 zur PBV) dar.

Abb. 4.3

Beispiel Kostellenplan aus der Pflegebuchverordnung

Kostenstellenbereich	Kostenstellenplan
1. Allgemeiner Bereich	90 Allgemeine Kostenstelle • 900 Gebäude einschließlich Grundstücke • 901 Außenanlagen • 902 Leitung und Verwaltung der Pflegeeinrichtung • 903 Hilfs- und Nebenbetriebe
2. Versorgung	91 Versorgungseinrichtungen • 910 Wäscherei • 911 Küche • 912 Hol- und Bringdienst
3. Häusliche Pflege	92 Häusliche Pflegehilfe • 920 Pflegebereich – Pflegegrad 1 • 921 Pflegebereich – Pflegegrad 2 • 922 Pflegebereich – Pflegegrad 3 • 923 Pflegebereich – Pflegegrad 4 • 924 Pflegebereich – Pflegegrad 5
4. Teilstationäre Pflege	93 Tagespflege
5. Teilstationäre Pflege	94 Nachtpflege
6. Vollstationäre Pflege	95 Vollstationäre Pflege
7. Kurzzeitpflege	96 Kurzzeitpflege

Quelle: Pflegebuchführungsverordnung, Anlage 5

Hintergrund hierfür ist die Notwendigkeit, den Pflege- und Krankenkassen einen für sie vergleichbaren Kostenanfall nachzuweisen. Beispielsweise ist es den Pflegekassen so möglich, die Kosten für den Hol- und Bringdienst (Kostenstelle 912) der Pflegeeinrichtung A mit den Kosten der Pflegeeinrichtung B zu vergleichen.

Über den vorgegebenen Kostenstellenplan hinaus besteht jedoch immer die Möglichkeit, je nach Bedarf weitere Kostenstellen zu bilden. Ist dies geschehen, müssen die zusätzlichen Kostenstellen zur Abrechnung mit den Pflege- und Krankenkassen in den vorgegebenen Kostenstellenplan überführt werden. Hierzu dient das Anbau- bzw. Stufenleiterverfahren im Rahmen der innerbetrieblichen Leistungsverrechnung.

4.2.2.2 Grundsätze der Kostenstellenbildung

Grundsatz der Eindeutigkeit
Die Kostenstellen sollen klar voneinander abgegrenzt sein. Dies ermöglicht eine eindeutige und zweifelsfreie verursachungsgerechte Zuordnung der Kosten. Überschneidungen sind zu vermeiden.

Grundsatz der Wirtschaftlichkeit
Die Aussagekraft einer Kostenstellenrechnung erhöht sich mit der Anzahl der verwendeten Kostenstellen, jedoch nicht proportional, d. h. der Nutzenzuwachs nimmt mit steigender Kostenstellenzahl ab (1. Gossensches Gesetz – abnehmender Grenznutzen).

BEISPIEL **Wirtschaftlichkeit**

▶▶▶ In der Seniorenresidenz Harzblick waren bisher nur die laut Kostenstellenplan vorgegebenen Kostenstellen im Allgemeinen Bereich eingerichtet. Die Kosten der Leitung und Verwaltung der Pflegeeinrichtung wurden insgesamt auf der obigen Kostenstelle 902 erfasst.
Die Einrichtung von zwei weiteren Kostenstellen, beispielsweise »Geschäftsführung« und »Allgemeine Verwaltung« bringt einen großen Zuwachs an Aussagekraft.
Bei der nochmaligen Untergliederung der Kostenstelle »Geschäftsführung« in »Geschäftsführer« und »Bürokosten« fällt der Zuwachs an Aussagekraft schon geringer aus.
Eine weitere Untergliederung der Kostenstelle »Bürokosten« in »Vorzimmerkosten« und »Besprechungsraumkosten« führt zu einem noch geringeren Zuwachs an Aussagekraft.
Fazit: Die Tiefe der Kostenstellenbildung und damit auch deren Übersichtlichkeit müssen sich am Zugewinn der Aussagekraft orientieren. ◀◀◀

Weiterhin ist zu bedenken, dass sich mit zunehmender Kostenstellenanzahl die Kostenstellenverwaltungskosten erhöhen, denn die Kostenstelleneinzelkosten (die von der Kostenstelle allein verursachten Kosten) sind auf die jeweilige Kostenstelle zu buchen und dieser Buchungsaufwand erhöht sich mit zunehmender Anzahl der Kostenstellen. Die Kostenstellendifferenzierung muss unter Beachtung der Kostenstellenverwaltungskosten in Relation mit der gewonnenen Aussagekraft erfolgen.

4.2 Teilrechnungen der Kosten- und Leistungsrechnung
Kostenstellenrechnung

Grundsatz der Identität

Jede Kostenstelle soll ein eigener Verantwortungsbereich sein, dem *ein* Kostenstellenverantwortlicher zugeteilt ist. Nur so ist eine wirksame Kostenkontrolle durch Übertragung von Verantwortung und der Pflicht zu Rechenschaft möglich.

Es besteht natürlich die Möglichkeit, dass ein Verantwortlicher für mehrere Kostenstellen verantwortlich ist.

4.2.2.3 Kostenstellenbildung im Einzelnen

Kriterien für die Kostenstellenbildung

Die Bildung von Kostenstellen kann nach verschiedenen Kriterien oder auch über die Kombination von Kriterien erfolgen.

Bildung nach Kostenträgergesichtspunkten

Die Kostenstellenbildung nach der abgegebenen Leistung (Kostenträger) ist nur möglich, soweit die Kostenstelle nur von *einer* Leistung in Anspruch genommen wird. Hierzu zählen beispielsweise die obigen Kostenstellenbereiche 92 bis 96 der PBV.

Bildung nach räumlichen Gesichtspunkten

Die Kostenstellenbildung erfolgt nach räumlichen Gesichtspunkten mit räumlich abgrenzbaren Leistungsbereichen. Als Beispiel lassen sich hier Bettenhaus 1 und Bettenhaus 2 eines Krankenhauses anführen oder auch unterschiedliche Häuser bei einer größeren Pflegeeinrichtung. Diese Kostenstellengliederung erfolgt oftmals in Ergänzung zur Kostenstellenbildung nach anderen Kriterien.

Bildung nach Funktionsbereichen

Bei dieser Art der Kostenstellenbildung werden betriebliche Funktionsbereiche mit annähernd gleichen Arbeitsgängen zu einer Kostenstelle zusammengefasst. Es können die in Abbildung 4.4 aufgeführten Gruppen von Kostenstellen unterschieden werden.

Abb. 4.4

Beispiel – Gruppen von Kostenstellen

Funktionsbereiche	Kostenstellen
Allgemeine Kostenstellen	Gebäude, Energieerzeugung, Fuhrpark u.Ä. Kantine, Hausmeister u.Ä.
Besondere Kostenstellen	Instandhaltung für einen speziellen Bereich, Arbeitsvorbereitung u.Ä.
Materialkostenstellen	Materialeinkauf, Materialprüfung, Lager u.Ä.
Fertigungskostenstellen	Kostenstellen die ihre Leistungen an den Endkunden abgeben
Verwaltungskostenstellen	Geschäftsleitung, Personalabteilung, EDV-Abteilung, Buchhaltung u.Ä.
Vertriebskostenstelle	Verkaufsabteilung, Marketingabteilung u.Ä.
Forschungs- und Entwicklungskostenstellen	Laborabteilung, Analyseabteilung, Dokumentation, Forschung u.Ä.

Bildung nach Verantwortungsbereichen

Einzelne klar abgrenzbare Verantwortungsbereiche werden als einzelne Kostenstelle geführt. Dies ist sinnvoll, wenn beispielsweise die Einhaltung von gesetzlichen Vorgaben zur Hygiene, die Genesung von Patienten oder wirtschaftliche Betrachtungen in der Kontrolle eines Verantwortlichen liegen.

4.2.2.4 Arten von Kostenstellen

Auch die Gruppierung der Kostenstellen stellt ein weiteres Problem in der Kostenstellenrechnung dar. Dabei lassen sich die Kostenstellen in zwei Kategorien einteilen:
- Art der Leistungserstellung,
- Art der Weiterverrechnung.

Nach Art der Leistungserstellung können die Kostenstellen wie folgt gegliedert werden.

Art der Leistungserstellung

Hauptkostenstellen

Diese Kostenstellen sind unmittelbar am Leistungserstellungsprozess beteiligt. Sie erbringen die Leistung direkt für den Kostenträger und nicht an andere Kostenstellen. Die Kosten der Hauptkostenstellen werden direkt auf die Kostenträger verrechnet. Diese Verrechnung erfolgt über sogenannte Kalkulationssätze oder auch Gemeinkostenzuschlagssätze.

Zu den Hauptkostenstellen gehören:
- Material-, Fertigungs-, Verwaltungs- und Vertriebskostenstellen,
- Kostenstellen des Kostenbereichs 92 bis 96 der PBV.

> **INFO**
>
> **Hinweis zu Forschungs- und Entwicklungskostenstellen**
> Sollten die Forschungs- und Entwicklungskostenstellen Leistungen erbringen, die über den Kostenträger (Patient) weiterverrechnet werden können, ist es zweckmäßig, die Forschungs- und Entwicklungskostenstellen als Hauptkostenstellen zu führen. Anderenfalls sollten die Forschungs- und Entwicklungskostenstellen als Hilfskostenstellen geführt werden.

Hilfskostenstellen

Diese Kostenstellen sind nur mittelbar am Leistungserstellungsprozess beteiligt, sie erbringen die Leistungen nicht direkt für den Kostenträger, sondern für andere Hilfskosten- und/oder Hauptkostenstellen. Von diesen Kostenstellen werden nur innerbetriebliche Leistungen verrechnet. Demzufolge verrechnen Hilfskostenstellen ihre Kosten an andere Kostenstellen, sind nach der Verrechnung kostenmäßig entlastet. Daher können für Hilfskostenstellen keine Kalkulationssätze oder auch Gemeinkostenzuschlagssätze gebildet werden.

4.2 Teilrechnungen der Kosten- und Leistungsrechnung
Kostenstellenrechnung

Arten von Hilfskostenstellen

Hilfskostenstellen werden unterschieden in:
- Allgemeine Hilfskostenstellen: Allgemeine Hilfskostenstellen erbringen ihre Leistungen für die ganze Unternehmung. Sie sind anderen Hilfs- und Hauptkostenstellen vorgelagert und verrechnen ihre Kosten an die nachgelagerten Kostenstellen.
  Beispielhaft können hier die Kostenstellen »Energieerzeugung« oder »Gebäude einschließlich Grundstücke« genannt werden.
- Besondere Hilfskostenstellen: Besondere Hilfskostenstellen erbringen ihre Leistungen für bestimmte Hauptkostenstellen. Sie sind einer bestimmten Hauptkostenstelle vorgelagert und verrechnen ihre Kosten an diese nachgelagerte Hauptkostenstelle.
  Beispielhaft können hier die Kostenstellen »Labor«, »Analyseabteilung« oder »Arbeitsvorbereitung« genannt werden.

Art der Weiterverrechnung

Nach Art der Weiterverrechnung sind die Kostenstellen in Vorkostenstellen und Endkostenstellen zu gliedern.

Vorkostenstellen
Vorkostenstellen erbringen ihre Leistungen sowohl für andere Vorkostenstellen als auch für Endkostenstellen und verrechnen ihre Kosten an diese nachgelagerten Kostenstellen im Rahmen der innerbetrieblichen Leistungsverrechnung. Nach der Verrechnung sind die Vorkostenstellen kostenmäßig entlastet. Daher können für Vorkostenstellen keine Kalkulationssätze oder auch Gemeinkostenzuschlagssätze gebildet werden.

Zu den Vorkostenstellen rechnen die allgemeinen und besonderen Hilfskostenstellen.

Endkostenstellen
Die Kosten der Endkostenstellen werden direkt auf die Kostenträger gebucht. Daher werden für die Endkostenstellen Kalkulationssätze oder auch Gemeinkostenzuschlagssätze gebildet.

Hauptkostenstellen sind stets Endkostenstellen.

4.2.3 Durchführung der Kostenstellenrechnung

Im Rahmen der Kostenstellenrechnung werden nur die angefallenen Gemeinkosten, sogenannte Ist-Gemeinkosten, verrechnet.

Diese Gemeinkostenverrechnung kann in Anlehnung an die doppelte Buchführung kontenmäßig abgewickelt werden, d. h. für jede Kostenstelle wird ein Konto mit Soll und Haben geführt, wobei die Kostenstelle im Soll mit Kosten belastet wird (Kosten werden der Kostenstelle verursachungsgerecht zugeordnet) und im Haben entlastet wird (Kosten werden auf eine andere Kostenstelle umgebucht bzw. die Hilfskostenstelle wird kostenmäßig im Rahmen der innerbetrieblichen Leistungsverrechnung entlastet). Oftmals wird hierzu bereits in der Finanzbuchhaltung bei jeder Buchung, neben den eigentlichen Buchungskosten, ein Kostenstellenkonto angesprochen.

Eine weitere Möglichkeit der Gemeinkostenverrechnung bietet die statistisch-tabellarische Kostenstellenrechnung. Organisatorisches Hilfsmittel hierfür ist der Betriebsabrechnungsbogen (kurz BAB), der nachfolgend betrachtet werden soll.

4.2.3.1 Aufbau des Betriebsabrechnungsbogens (BAB)

Der Betriebsabrechnungsbogen ist als einfache Tabelle aufgebaut. Die Kostenstellen sind horizontal und die Gemeinkostenarten sind vertikal angeordnet (siehe Abbildung 4.5.).

Abb. 4.5

Betriebsabrechnungsbogen

BAB	Kostenstellen	Vorkostenstellen			Endkostenstellen		
		Allgemeine Hilfskostenstellen		Hilfskostenstelle	Hauptkostenstellen		
Gemeinkosten	Gesamtbetrag	Hausmeister	Fuhrpark	Labor	HS 1	HS 2	Verwaltung
Reinigungskosten	5.000 €						
Kalkulatorische Zinsen	1.200 €						

Die ersten beiden Spalten geben Auskunft über die Kostenart und über die Höhe der von der Kostenartenrechnung übernommenen Gemeinkosten.

Die übrigen Spalten sind zunächst in Vor- und Endkostenstellen und anschließend in allgemeine Hilfskostenstellen, Hilfskostenstellen und Hauptkostenstellen gegliedert. Schließlich wird jede einzelne Kostenstelle genau bezeichnet.

Der Umfang des Betriebsabrechnungsbogens wird im Wesentlichen durch die Anzahl der im Unternehmen eingerichteten Kostenstellen bestimmt. Nach den eingerichteten Kostenstellen bestimmt sich auch ob der BAB als einstufiger oder mehrstufiger BAB geführt werden kann.

4.2.3.2 Einstufiger Betriebsabrechnungsbogen

Der einstufige Betriebsabrechnungsbogen wird überwiegend in Kleinst- und Kleinunternehmen geführt, bei denen nur Hauptkostenstellen also Endkostenstellen eingerichtet wurden. Nach der Abbildung 4.5 wären das nur die Hauptkostenstellen Haus 1, Haus 2 und Verwaltung.

Aufgrund des ausschließlichen Vorhandenseins von Hauptkostenstellen entfällt die innerbetriebliche Leistungsverrechnung.

4.2 Teilrechnungen der Kosten- und Leistungsrechnung
Kostenstellenrechnung

Arbeitsschritte der Kostenstellenrechnung

Die Durchführung der Kostenstellenrechnung beim einstufigen BAB erfolgt in vier Arbeitsschritten:
- Primärkostenverrechnung,
- Ermittlung der Primärkosten je Kostenstelle und Abstimmung,
- Ermittlung der Kalkulationssätze/Gemeinkostenzuschlagssätze,
- Ermittlung von Kostenüber- und Kostenunterdeckungen.

4.2.3.2.1 Primärkostenverrechnung

Bei diesem Arbeitsschritt erfolgt die Verteilung der aus der Kostenartenrechnung übernommenen Gemeinkosten (daher auch primäre Gemeinkosten) auf die Kostenstellen. Diese Verteilung erfolgt nach dem *Verursachungsprinzip*. Dabei können die Gemeinkosten einmal direkt der Kostenstelle zugerechnet werden, insoweit handelt es sich um *Kostenstelleneinzelkosten* oder nur über einen Verteilungsschlüssel der Kostenstelle zugerechnet werden, insoweit handelt es sich um *Kostenstellengemeinkosten*.

Kostenstelleneinzelkosten

Voraussetzungen für die direkte, d. h. unmittelbare Zurechnung der Gemeinkosten auf eine Kostenstelle sind Aufzeichnungen oder Messungen im Rahmen der betrieblichen Leistungserstellung. Die Gemeinkosten werden dabei nur von dieser Kostenstelle verursacht.

BEISPIEL Kostenstelleneinzelkosten

▶▶▶
- Abschreibung – soweit der Vermögensgegenstand nur von dieser Kostenstelle genutzt wird, zumeist ist bereits in der Anlagebuchhaltung die zu nutzende Kostenstelle hinterlegt.
- Gehälter – die Zurechnung lässt sich zumeist aus der Tätigkeitsbeschreibung ableiten, insbesondere das Geschäftsführergehalt ist im Hinblick auf die oftmals vielfältigen Aufgaben zu prüfen.
- Fremdinstandhaltungskosten – die Zurechnung lässt sich aus der Eingangsrechnung der Fremdfirma ableiten. Bei mehreren abgerechneten Instandhaltungsleistungen in einer Rechnung sollte die Fremdfirma eine Rechnung mit Angabe von Einzelpositionen stellen, um die direkte Zurechenbarkeit zu ermöglichen. ◀◀◀

Hinweis: Vielfach lässt sich bereits bei der Auftragserteilung an Fremdfirmen bestimmen, ob es sich um Kostenstelleneinzelkosten oder Kostenstellengemeinkosten handeln wird. Werden beispielsweise Reinigungsleistungen je Kostenstelle in Auftrag gegeben und abgerechnet, handelt es sich um Kostenstelleneinzelkosten. Wird die gleiche Reinigungsleistung für das gesamte Unternehmen einheitlich in Auftrag gegeben und abgerechnet, handelt es sich um Kostenstellengemeinkosten.

4.2 Kostenstellenrechnung

Kostenstellengemeinkosten

Merkmal der Kostenstellengemeinkosten ist, dass ihre Entstehung im Rahmen des betrieblichen Leistungserstellungsprozesses von mehreren Kostenstellen gemeinsam verursacht wurde. Daher lassen sie sich nur näherungsweise einer Kostenstelle zurechnen, d. h. indirekt zurechnen. Diese indirekte Zurechnung erfolgt nach Verteilungsschlüsseln, die annähernd für die Kostenverursachung stehen. Die Abbildung 4.6 gibt einen Überblick über häufig verwendete Verteilungsschlüssel.

Die Verteilung erfolgt nach einem einfachen Prinzip unabhängig von den verwendeten Mengen- oder Werteschlüsseln. Zunächst wird die Summe der Verteilungsgrundlage je Gemeinkostenart gebildet, anschließend der auf eine Einheit der Verteilungsgrundlage entfallende Eurobetrag ermittelt und zuletzt wird dieser Betrag mit dem Verteilungsschlüssel der Kostenstelle multipliziert. Dieser Vorgang ist entsprechend der vorliegenden Anzahl von Gemeinkostenarten zu wiederholen.

Verteilungsschlüssel: Mengen- und Werteschlüssel

- Mengenschlüssel: Verbrauchsstunden, Verbrauchsmengen, Flächen u. a.
- Werteschlüssel: in Euro lautende Verteilungsgrundlagen wie Umsatz, Versicherungswerte, Wiederbeschaffungskosten

Abb. 4.6

Kostenarten und Kostenstellenverteilung

Kostenart	Verteilung auf die Kostenstellen
Betriebsstoffe	Verbrauch lt. Kostenstelle und Beleg
Energiekosten	Verbrauch lt. Kostenstelle nach Anschlusswerten
Hilfslöhne	Lohnlisten, Beschäftigte pro Kostenstelle
Gehälter	Gehaltslisten, Beschäftigte pro Kostenstelle
Soziale Abgaben	Lohn- und Gehaltslisten
Abschreibungen	Werte lt. Anlagenkartei
Sachversicherungen	Werte lt. Anlagenkartei
Betriebssteuern	steuerliche Bemessungsgrundlage
Miete	qm je Kostenstelle
Heizung	cbm Rauminhalt pro Kostenstelle
Kalkulatorische Abschreibungen	Wiederbeschaffungswert
Kalkulatorische Wagnisse	Schadenfälle pro Kostenstelle oder Umsatzvolumen
Kalkulatorische Zinsen	Verteilung nach AK je Kostenstelle
Kalkulatorischer Unternehmerlohn	Verteilung nach Leistungsbeträgen
Versicherungskosten	Verteilung nach der Versicherungssumme je Kostenstelle
Allgemeine Verwaltungskosten	Erfahrungswerte

4.2 Teilrechnungen der Kosten- und Leistungsrechnung
Kostenstellenrechnung

BEISPIEL **Primärkostenrechnung einfacher BAB**

▶▶▶ In einem Unternehmen wurden die Hauptkostenstellen Haus 1, Haus 2 und Verwaltung eingerichtet.

BAB	Kostenstellen	Endkostenstellen		
		Hauptkostenstellen		
Gemeinkosten	Gesamtbetrag	Haus 1	Haus 2	Verwaltung
Reinigungskosten	5.000 €			
Verteilungsgrundlage qm		600 qm	500 qm	150 qm
Kalkulatorische Zinsen	1.200 €			
Verteilungsgrundlage Ak		550.000 €	450.000 €	200.000 €

Beispielhaft sollen hier nur die Reinigungskosten in Höhe von 5.000 € und die kalkulatorischen Zinsen in Höhe von 1.200 € verteilt werden. Unter der Zeile mit dem Kostenausweis finden sich jeweils die Verteilungsgrundlagen/Verteilungsschlüssel.

Die Reinigungskosten werden anhand eines Mengenschlüssels festgestellter Quadratmeter verteilt. Hierzu ist zunächst die Gesamtfläche zu berechnen (Summe Verteilungsgrundlage) = 1.250 qm. Die gesamten Reinigungskosten von 5.000 € sind nun durch die Gesamtfläche zu dividieren und es errechnet sich der Reinigungspreis von 4 €/qm. Anschließend ist der Reinigungspreis je Quadratmeter mit der Verteilungsgrundlage je Kostenstelle zu multiplizieren. Hierdurch errechnen sich die auf die jeweilige Kostenstelle zu verrechnenden Kosten (600 qm × 4 €/qm = 2.400 € usw.). Nach dieser Verteilung ergibt sich folgender BAB:

BAB	Kostenstellen	Endkostenstellen		
		Hauptkostenstellen		
Gemeinkosten	Gesamtbetrag	Haus 1	Haus 2	Verwaltung
Reinigungskosten	5.000 €	2.400 €	2.000 €	600 €
Verteilungsgrundlage qm		600 qm	500 qm	140 qm
Kalkulatorische Zinsen	1.200 €			
Verteilungsgrundlage AK		550.000 €	450.000 €	200.000 €

Die kalkulatorischen Zinsen sind anhand eines Werteschlüssels, den Anschaffungskosten laut Anlagenkartei zu verteilen. Die Vorgehensweise entspricht der bei der Verteilung der Reinigungskosten. Die Summe der Verteilungsgrundlage = 1.200.000€, Zinsen je Euro Anschaffungskosten 0,001.

4.2 Kostenstellenrechnung

Nach dieser Verteilung ergibt sich folgender BAB:

BAB	Kostenstellen	Endkostenstellen		
		Hauptkostenstellen		
Gemeinkosten	Gesamtbetrag	Haus 1	Haus 2	Verwaltung
Reinigungskosten	5.000 €	2.400 €	2.000 €	600 €
Verteilungsgrundlage qm		600 qm	500 qm	150 qm
Kalkulatorische Zinsen	1.200 €	550 €	450 €	200 €
Verteilungsgrundlage WBK		550.000 €	450.000 €	200.000 €

◀◀◀

4.2.3.2.2 Ermittlung der Primärkosten je Kostenstelle und Abstimmung

Nach der erfolgten Kostenverrechnung ist nunmehr die Summe aller Primärkosten je Kostenstelle zu berechnen. Werden die Summen je Kostenstelle zusammengefasst, ist eine Abstimmung der mit den von der Kostenartenrechnung übernommenen Gemeinkosten durchzuführen, um festzustellen, ob tatsächlich alle Gemeinkosten verteilt wurden.

BEISPIEL FORTSETZUNG Ermittlung der Gemeinkosten je Kostenstelle und Abstimmung

▶▶▶

BAB	Kostenstellen	Endkostenstellen			
		Hauptkostenstellen			
Gemeinkosten	Gesamtbetrag	Haus 1	Haus 2	Verwaltung	
Reinigungskosten	5.000 €	2.400 €	2.000 €	600 €	
Zinsen	1.200 €	550 €	450 €	200 €	Abstimmsumme
Summe	6.200 €	2.950 €	2.450 €	800 €	6.200 €

Insgesamt wurden 6.200 € der Gemeinkosten von der Kostenartenrechnung übernommen. Die Summe der auf die Kostenstellen verteilten Gemeinkosten ergibt ebenfalls 6.200 €. ◀◀◀

4.2.3.2.3 Ermittlung der Kalkulationssätze/Gemeinkostenzuschlagssätze

Nach erfolgter Primärkostenverrechnung und der Ermittlung der Gemeinkosten je Kostenstelle sowie der Abstimmung können jetzt im dritten Schritt die Kalkulationssätze/Gemeinkostenzuschlagssätze ermittelt werden. Diese Kalkulationssätze/Gemeinkostenzuschlagssätze lassen sich aus der folgenden allgemeinen Formel ableiten:

$$\text{Kalkulationssatz} = \frac{\text{Gemeinkosten der Endkostenstelle}}{\text{Zuschlagsbasis der Endkostenstelle}}$$

4.2 Teilrechnungen der Kosten- und Leistungsrechnung
Kostenstellenrechnung

Komplizierter als die reine Übernahme der Gemeinkosten der Endkostenstelle aus Schritt 2 ist die Wahl der richtigen Zuschlagsbasis einer Kostenstelle. Handelt es sich bei der Zuschlagsbasis der Endkostenstelle um eine Wertgröße, wie z. B. die im Rahmen des Leistungserstellungsprozesses angefallenen Einzelkosten, errechnet sich nach der o. g. Formel ein in Prozent angegebener Zuschlagssatz. Dieser drückt aus, wie viel Gemeinkosten je Euro Einzelkosten angefallen sind. Ist hingegen die Zuschlagsbasis eine Mengengröße, wie zum Beispiel die Mitarbeiterzahl, Einsatzstunden oder Bettenzahl, errechnet sich nach der o. g. Formel ein Verrechnungssatz, bei der Verwendung von Einsatzstunden ein Stundenverrechnungssatz. Dieser wird in Euro/Mengeneinheit ausgedrückt.

Hinweis: Der an dieser Stelle ermittelte Stundenverrechnungssatz drückt die Höhe der Gemeinkosten je Stunde aus, nur durch Addition der Einzelkosten je Stunde errechnet sich der gesamte Stundenverrechnungssatz.

BEISPIEL FORTSETZUNG **Primärkosten je Kostenstelle und Abstimmung**

▶▶▶

BAB	Kostenstellen	Endkostenstellen		
		Hauptkostenstellen		
Gemeinkosten	Gesamtbetrag	Haus 1	Haus 2	Verwaltung
Reinigungskosten	5.000 €	2.400 €	2.000 €	600 €
Kalkulatorische Zinsen	1.200 €	550 €	450 €	200 €
Summe	6.200 €	2.950 €	2.450 €	800 €
Zuschlagsbasis der Endkostenstellen		100	92	5.400 €
Ist – Verrechnungs-/Zuschlagssatz		29,50 €	26,63 €	14,81 %

Wo kommen die 5.400 € her?

Zuschlagsbasis für Haus 1 und 2 sind die Anzahl der Betten, eine Mengengröße, für die Verwaltungskostenstelle wurde als Zuschlagsbasis die Herstellkosten gewählt, eine Wertgröße (Kosten Haus 1 in Höhe von 2.950 € + Kosten Haus 2 in Höhe von 2.450 €). Für das Haus 1 und 2 errechnet sich ein Verrechnungssatz von 29,50 €/Bett (2.950 €/100 Betten) bzw. 26,63 €/Bett (2.450 €/92 Betten) und für die Verwaltungskostenstelle ein Zuschlagssatz von 14,81 Prozent (800 €/5.400 €). ◀◀◀

Sollten Verwaltungs- und Vertriebsgemeinkostenstellen als Endkostenstellen eingerichtet sein, werden in der Praxis zumeist die Herstellkosten als Zuschlagsbasis verwendet. An dieser Stelle sei angemerkt, dass für die Verwaltungskostenstelle häufig die Herstellkosten der Erzeugung und für die Vertriebskostenstelle die Herstellkosten des Umsatzes verwendet werden. Der Unterschied zwischen den Herstellkosten der Erzeugung und denen des Umsatzes liegt in der Berücksichtigung von Bestandsveränderungen, d. h. Bestandserhöhungen führen nicht zu Umsätzen und werden daher von Herstellkosten der Erzeugung abgezogen. Bestandsminde-

4.2 Kostenstellenrechnung

rungen hingegen erhöhen den Umsatz und werden daher zu den Herstellkosten der Erzeugung addiert. Liegen keine Bestandsveränderungen vor, entsprechen sich die Herstellkosten der Erzeugung und die Herstellkosten des Umsatzes.

Aufgrund der *Nichtlagerbarkeit der Dienstleistung* spielen Bestandsveränderungen im sozialen Bereich eine eher *untergeordnete Rolle,* sodass an dieser Stelle auf ein diesbezügliches Beispiel verzichtet wird.

Auch wenn Zuschlagssatz und Verrechnungssatz unterschiedlich berechnet werden, mit Wert- und Mengengrößen dienen sie jedoch *demselben* Zweck: Sie fungieren als Bindeglied zwischen der Kostenstellenrechnung und der Kostenträgerrechnung, da mit ihrer Hilfe die Gemeinkosten auf die Kostenträger weiter verrechnet werden können.

4.2.3.2.4 Ermittlung von Kostenüber- und Kostenunterdeckungen

Die im BAB verrechneten Gemeinkosten stellen Ist-Kosten dar, d. h. diese Kosten sind tatsächlich angefallen. Es liegt in der Natur der Sache, dass die Höhe der angefallenen Ist-Kosten erst nach Abschluss einer Abrechnungsperiode feststeht. Bei denen auf dieser Basis berechneten Zuschlags- bzw. Verrechnungssätzen handelt es sich somit ebenfalls um Ist-Sätze, die in gewisser Weise den Zustand einer vergangenen Abrechnungsperiode beschreiben.

Preisverhandlungen entfalten ihre Wirkung zukünftig, d. h. in einem Zeitraum, in dem der tatsächliche Kostenanfall und somit Ist-Sätze nicht feststehen. In der Praxis ist daher auf Erfahrungswerte der Vergangenheit zurückzugreifen, es wird mit Normal-Zuschlagssätzen bzw. Normal-Verrechnungssätzen kalkuliert.

Diese Normal-Sätze werden aus dem Durchschnitt von Ist-Sätzen vergangener Abrechnungsperioden gebildet, wobei zukünftig feststehende Kostenveränderungen berücksichtigt werden müssen.

BEISPIEL FORTSETZUNG — **Ermittlung von Normal-Gemeinkostenzuschlagssätzen**

▶▶▶ Folgende Ist-Gemeinkostenzuschlagssätze wurden in den einzelnen Quartalen 2017 für die Verwaltungskostenstelle berechnet:

I. Quartal 2017	9,8 Prozent
II. Quartal 2017	9,9 Prozent
III. Quartal 2017	10,2 Prozent
IV. Quartal 2017	10,1 Prozent
Summe	40,0 Prozent geteilt durch 4

Es errechnet sich ein Normal-Gemeinkostenzuschlagssatz von 10 Prozent, welcher für Preisverhandlungen I. Quartal 2018 berücksichtigt werden kann.

Sollte bereits feststehen, dass sich das Geschäftsführergehalt im Jahr 2018 um 4 Prozent erhöhen wird, wäre diese Erhöhung als Aufschlag zum berechneten Normal-Gemeinkostenzuschlagssatz zu berücksichtigen.

4.2 Teilrechnungen der Kosten- und Leistungsrechnung
Kostenstellenrechnung

Hierfür ist zunächst der durchschnittliche Anteil des Geschäftsführergehalts an den Verwaltungsgemeinkosten zu ermitteln. Sollte dieser bei durchschnittlich 15 Prozent gelegen haben, ist der Normal-Gemeinkostenzuschlagssatz um 4 Prozent von 15 Prozent zu erhöhen, also um 0,6 Prozent. ◀◀◀

Die Nutzung von Normal-Gemeinkostenzuschlagssätzen bei der Verrechnung der Gemeinkosten auf den Kostenträger führt regelmäßig zu Differenzen zwischen Normal- und Ist-Kosten. Dabei werden von den Normalkosten die Ist-Kosten abgezogen, um die Differenzen zu berechnen.

Kostendifferenz = Normalkosten – Ist-Kosten

Von einer Kostenüberdeckung wird gesprochen, wenn die Kostendifferenz positiv ist. Das bedeutet, dass die auf den Kostenträger verrechneten Normalkosten größer sind als die tatsächlich angefallenen Kosten. Sollten die Normalkosten auch über den Preis vergütet worden sein, führt die Kostenüberdeckung zu zusätzlichem Gewinn.

Von einer Kostenunterdeckung wird gesprochen, wenn die Kostendifferenz negativ ist. Das bedeutet, dass die auf den Kostenträger verrechneten Normalkosten kleiner sind als die tatsächlich angefallenen Kosten. Sollten auch nur die geringeren Normalkosten über den Preis vergütet worden sein, führt die Kostenunterdeckung zu einer Gewinnschmälerung.

BEISPIEL Ermittlung der Kostenüber-/Kostenunterdeckung

Abb. 4.7

Kalkulation der Kostenüber- bzw. -unterdeckung

BAB	Kostenstellen	Endkostenstellen		
		Hauptkostenstellen		
Gemeinkosten	Gesamtbetrag	Haus 1	Haus 2	Verwaltung
Reinigungskosten	5.000 €	2.400 €	2.000 €	600 €
Kalkulatorische Zinsen	1.200 €	550 €	450 €	200 €
Summe	6.200 €	2.950 €	2.450 €	800 €
Zuschlagsbasis der Endkostenstellen		100	92	5.400 €
Ist – Verrechnungs-/Zuschlagssatz		29,50 €	26,63 €	14,81 %
Normal-Verrechnungs-/Zuschlagssatz		30,00 €	25,00 €	15,00 %
Normalgemeinkosten		3.000 €	2.300 €	795 €
Kostenüber-/unterdeckung		50 €	−150 €	−5 €
Summe Kostenüber-/unterdeckung		−105 €		

Für Haus 1 und 2 beträgt der Normal-Verrechnungssatz 30,00 €/Bett bzw. 25,00 €/Bett. Dieser Normal-Verrechnungssatz wird mit der Zuschlagsbasis der Endkostenstelle (Wert- oder Mengengröße) multipliziert und es errechnen sich die Normalgemeinkosten. Im vorliegenden Beispiel wurde auch in der Vorkalkulation mit 100 bzw. 92 Betten gerechnet, so dass sich Normalgemeinkosten von 3.000 € für Haus 1 und 2.300 € für Haus 2 errechnen.

Für die Verwaltungskostenstelle beträgt der Normal-Zuschlagssatz 15 Prozent. Dieser wird mit der Zuschlagsbasis der Endkostenstelle multipliziert. An dieser Stelle ist zu beachten, dass die zu berücksichtigende Zuschlagsbasis, vorliegend die Herstellkosten, aus Normalkosten bestehen muss. Es ist demzufolge eine eigenständige Ermittlung der Normalherstellkosten durchzuführen.

Im Beispielfall betragen die Normalherstellkosten 5.300 € (Normalgemeinkosten Haus 1 in Höhe von 3.000 € zzgl. Normalgemeinkosten Haus 2 in Höhe von 2.300€).

Nach erfolgter Berechnung der Normalgemeinkosten wird anschließend durch die Bildung der Differenz zwischen Normal- und Istgemeinkosten die Kostenüber-/unterdeckung berechnet.

Bei Haus 1 beträgt die Kostenüberdeckung 50 € und bei Haus 2 liegt eine Kostenunterdeckung in Höhe von 150 € vor. Für die Verwaltungskostenstelle errechnet sich eine Kostenunterdeckung von 5 €.

Durch Addition von Kostenüber-/unterdeckungen der einzelnen Kostenstellen kann die gesamte Kostendifferenz nachgewiesen werden, die vorliegend −105 € beträgt. Damit fällt der Gewinn im Vergleich zu auf Normalkosten basierter Planung um 105 € niedriger aus (es wurden 105 € mehr Kosten verursacht als geplant). ◀◀◀

4.2.3.3 Mehrstufiger Betriebsabrechnungsbogen

Im Gegensatz zum einstufigen Betriebsabrechnungsbogen enthält der mehrstufige Betriebsabrechnungsbogen auch Vorkostenstellen, die als allgemeine Hilfskostenstellen oder als Hilfskostenstellen geführt werden. In Abb. 4.5 ist der grundsätzliche Aufbau eines mehrstufigen BAB dargestellt.

Die Durchführung der Kostenstellenrechnung beim mehrstufigen BAB lässt sich in sechs Arbeitsschritten beschreiben.

Durchführung der Kostenstellenrechnung

- Primärkostenverrechnung,
- Ermittlung der Primärkosten je Kostenstelle und Abstimmung,
- Innerbetriebliche Leistungsverrechnung,
- Ermittlung der primären und sekundären Gemeinkosten je Kostenstelle,
- Ermittlung der Kalkulationssätze/Gemeinkostenzuschlagssätze,
- Ermittlung von Kostenüber-/Kostenunterdeckungen.

Der wesentliche Unterschied zum einfachen BAB liegt in der *innerbetrieblichen* Leistungsverrechnung.

4.2 Teilrechnungen der Kosten- und Leistungsrechnung
Kostenstellenrechnung

4.2.3.3.1 Primärkostenverrechnung
Die Primärkostenverrechnung verläuft nach dem unter Absatz 4.2.3.2.1 geschilderten Schema, d. h. Kostenstelleneinzelkosten werden direkt auf Vor- und Endkostenstellen verrechnet und Kostenstellengemeinkosten werden unter Zuhilfenahme von Verteilungsgrundlagen auf die Vor- und Endkostenstellen verteilt.

4.2.3.3.2 Ermittlung der Primärkosten je Kostenstelle und Abstimmung
Auch dieser Arbeitsschritt erfolgt nach dem gleichen Prinzip wie bereits unter 4.2.3.2.2 geschildert.

BEISPIEL Ermittlung der Primärkosten je Kostenstelle und Abstimmung

▶▶▶ Die Gemeinkosten wurden im ersten Schritt auf die Vor- und Endkostenstellen verteilt und anschließend die Summe der Primärkosten je Kostenstelle errechnet.

Die Abstimmungssumme entspricht betragsmäßig der Kostensumme, sodass alle Gemeinkosten verteilt wurden.

Abb. 4.8

Ermittlung der Abstimmungssumme

BAB	Kosten-stellen	Vorkostenstellen			Endkostenstellen			
		Allgemeine Hilfskostenstellen		Hilfs-kostenstelle	Hauptkostenstellen			
Gemein-kosten	Gesamt-betrag	Haus-meister	Fuhrpark	Labor	Haus 1	Haus 2	Verwal-tung	
Reinigungs-kosten	5.000 €	200 €	0 €	1.500 €	1.450 €	1.250 €	600 €	Abstimm-summe
Kalk. Zinsen	1.200 €	30 €	270 €	280 €	220 €	200 €	200 €	
Summe	6.200 €	230 €	270 €	1.780 €	1.670 €	1.450 €	800 €	6.200 €

◀◀◀

4.2.3.3.3 Innerbetriebliche Leistungsverrechnung
Unternehmen erbringen nicht nur Absatzleistungen, also Leistungen an einen Kunden, sondern auch Leistungen die das Unternehmen selbst in Anspruch nimmt. Auch eine Kombination von beiden ist möglich, wenn ein Teil der Leistung durch das Unternehmen selbst verbraucht wird und ein weiterer Teil als Absatzleistung das Unternehmen verlässt. Diese innbetrieblichen Leistungen können sehr vielschichtig sein und werden darüber hinaus auch in der Finanzbuchhaltung unterschiedlich behandelt.

Aktivierungspflichtige Leistungen

Innerbetriebliche Leistungen können zu aktivierungspflichtigen Leistungen führen. Dies ist immer dann der Fall, wenn durch das Unternehmen aktivierungspflich-

4.2 Kostenstellenrechnung

tige Vermögensgegenstände im Sinne des HGB selbst hergestellt werden. Aktivierungspflichtige Leistungen führen nur über die Abschreibung zu Kosten.

BEISPIEL **Innerbetriebliche Leistungen**

▶▶▶ Ein Hausmeister übt regelmäßig Wartungs- und Reparaturarbeiten aus, kann jedoch auch Arbeiten ausführen, die darüber hinausgehen.

Die durch den Hausmeister verursachten Lohnkosten werden unabhängig von der Tätigkeit des Hausmeisters als Aufwand in der Finanzbuchhaltung erfasst. Sie sind auch den Grundkosten zuzurechnen, da die Erhaltung der betrieblichen Leistungsfähigkeit eine originäre betriebliche Tätigkeit ist.

Hat der Hausmeister in einem Monat für das Unternehmen einen Fahrradschuppen gekauft und diesen auch aufgebaut, dann gehören die für den Kauf und Aufbau des Schuppens angefallenen Lohnkosten zu den Herstellungskosten, da dieser mit seinen Herstellungskosten zu aktivieren ist (§ 253 Abs. 1 S. 1 i. V. m. § 255 Abs. 2 HGB). Der gebuchte Lohnaufwand wird durch die Buchung von Eigenleistungen korrigiert.

Vielfach wird daher die Auffassung vertreten, die in der Finanzbuchhaltung gebuchten Eigenleistungen sind in die Kosten- und Leistungsrechnung als eigenständiger Leistungsposten zu übernehmen.

Dies führt jedoch dazu, dass wie im Beispielsfall die Hausmeisterkosten in voller Höhe auf die Kostenstellen und letztendlich auf den Kostenträger verrechnet werden. Daher sollten besser die Kostenarten, die betragsmäßig zu den Eigenleistungen geführt haben, gekürzt werden. Dadurch wird sichergestellt, dass nur die Kosten in die Kosten- und Leistungsrechnung übernommen werden, die auch durch den betrieblichen Leistungserstellungsprozess verursacht wurden. ◀◀◀

Innerbetriebliche Leistungen können zu nicht aktivierungsfähigen Leistungen führen, wenn die Leistung durch das Unternehmen sofort oder in derselben Abrechnungsperiode verbraucht wird. Diese Vor- oder Nebenleistungen führen zu Kosten, welche zumeist auf Vorkostenstellen verrechnet werden.

Hauptaufgabe der innerbetrieblichen Leistungsverrechnung ist die Umlage dieser Leistungen auf in Anspruch nehmende Kostenstellen (Vor- oder Endkostenstellen), also Kostenstellen die diese Vor- oder Nebenleistungen verursacht haben. Die innerbetriebliche Leistungsverrechnung wird auch als Sekundärkostenverrechnung bezeichnet und die in ihr verrechneten Kosten als Sekundärkosten.

Die Schwierigkeit bei der Sekundärkostenverrechnung liegt in dem wechselseitigen Leistungsaustausch, d. h. Kostenstelle A kann Leistungen an Kostenstelle B abgeben, aber auch Leistungen von Kostenstelle B aufnehmen. Je nachdem ob nur einseitige Leistungsbeziehungen oder auch wechselseitige Leistungsbeziehungen berücksichtigt werden sollen, werden unterschiedliche Verfahren benötigt. Für die Berücksichtigung von wechselseitigen Leistungsbeziehungen steht im Wesentlichen das Iterationsverfahren zu Verfügung, welches durch wiederholende Berechnungen, nach Festlegung einer Startverrechnung die exakte Leistungsverrechnung vornimmt.

4.2 Teilrechnungen der Kosten- und Leistungsrechnung
Kostenstellenrechnung

Kostenumlageverfahren

Für die Berücksichtigung von einseitigen Leistungsbeziehungen, können 3 Varianten von Kostenumlageverfahren unterschieden werden:
- Anbauverfahren,
- Stufenleiterverfahren,
- Sprungverfahren.

Aufgrund ihrer praktischen Akzeptanz werden nachfolgend nur das Anbauverfahren und das Stufenleiterverfahren besprochen.

Anbauverfahren

Das Anbauverfahren ist ein sehr einfaches Verfahren, welches von der Annahme lebt, dass Vorkostenstellen ausschließlich Leistungen an Endkostenstellen erbringen, d. h. Leistungsbeziehungen zwischen den Vorkostenstellen werden durch dieses Verfahren nicht berücksichtigt. Dies kann bei umfangreichen Leistungsbeziehungen der Vorkostenstellen untereinander zu Verwerfungen führen.

Keine wechselseitigen Leistungsbeziehungen zwischen Vorkostenstellen

Prinzipiell führt das Anbauverfahren nur dann zu korrekten Ergebnissen, wenn es keine *wechselseitigen Leistungsbeziehungen* zwischen den Vorkostenstellen gibt.

Der Verrechnungssatz für die innerbetriebliche Leistungsverrechnung wird wie folgt ermittelt:

$$\text{Verrechnungssatz} = \frac{\text{Primärkosten der Vorkostenstelle}}{\text{Summe der Leistungsabgaben an Endkostenstellen}}$$

Die eigentliche Verrechnung der Primärkosten der Vorkostenstellen an die Hauptkostenstellen erfolgt dann durch Multiplikation des Verrechnungssatzes mit den an die jeweilige Hauptkostenstelle abgegebenen Leistungen.

BEISPIEL Innerbetriebliche Leistungsverrechnung Anbauverfahren

▶▶▶

Abb. 4.9

Innerbetriebliche Leistungsverrechnung

BAB	Kostenstellen	Vorkostenstellen			Endkostenstellen		
		Allgemeine Hilfskostenstellen		Hilfskostenstelle	Hauptkostenstellen		
Gemeinkosten	Gesamtbetrag	Hausmeister	Fuhrpark	Labor	Haus 1	Haus 2	Verwaltung
Reinigungskosten	5.000 €	200 €	0 €	1.500 €	1.450 €	1.250 €	600 €
Kalk. Zinsen	1.200 €	30 €	270 €	280 €	220 €	200 €	200 €
Summe	6.200 €	230 €	270 €	1.780 €	1.670 €	1.450 €	800 €
Leistungen Hausmeister			19 h	11 h	28 h	21 h	13 h
Leistungen Fuhrpark		4.500 km		4.759 km	2.441 km	500 km	5.000 km
Leistungen Labor					70 St.	55 St.	

Kostenstellenrechnung 4.2

Aus dem BAB ist zu entnehmen, dass die Kostenstelle Hausmeister Leistungen an den Fuhrpark erbringt und selbst Leistungen von der Kostenstelle Fuhrpark empfängt. Auch die Hilfskostenstelle Labor empfängt von den allgemeinen Hilfskostenstellen Leistungen, gibt aber selbst nur Leistungen an Endkostenstellen ab.

Bei der Berechnung des Verrechnungssatzes werden Leistungen zwischen den Vorkostenstellen bei der Ermittlung der Summe der Leistungsabgaben an Endkostenstellen nicht berücksichtigt. Der Verrechnungssatz der Kostenstelle Hausmeister, Fuhrpark und Labor berechnet sich daher wie folgt:

$$\text{Verrechnungssatz Hausmeister} = \frac{230\,€}{62\,h} = 3{,}71\,€/h$$

$$\text{Verrechnungssatz Fuhrpark} = \frac{270\,€}{7.941\,km} = 0{,}034\,€/km$$

$$\text{Verrechnungssatz Labor} = \frac{1.780\,€}{125\,St.} = 14{,}24\,€/St.$$

Danach erfolgt die Verrechnung der Primärkosten auf die Endkostenstellen durch Multiplikation des Verrechnungssatzes mit den an die Endkostenstelle abgegebenen Leistungen.

Das Ergebnis der innerbetrieblichen Leistungsverrechnung ist in Abbildung 4.10 dargestellt.

Abb. 4.10

Ergebnis innerbetrieblicher Leistungsverrechnung

BAB	Kostenstellen	Vorkostenstellen			Endkostenstellen		
		Allgemeine Hilfskostenstellen		Hilfskostenstelle	Hauptkostenstellen		
Gemeinkosten	Gesamtbetrag	Hausmeister	Fuhrpark	Labor	Haus 1	Haus 2	Verwaltung
Reinigungskosten	5.000 €	200 €	0 €	1.500 €	1.450 €	1.250 €	600 €
Kalk. Zinsen	1.200 €	30 €	270 €	280 €	220 €	200 €	200 €
Summe	6.200 €	230 €	270 €	1.780 €	1.670 €	1.450 €	800 €
Verrechnung Kostenstelle Hausmeister					103,87 €	77,90 €	48,23 €
Verrechnung Kostenstelle Fuhrpark					82,99 €	17,0 €	170,0 €
Verrechnung Kostenstelle Labor					996,8 €	783,2 €	0,0 €

Ein Beispiel aus obiger Tabelle:

2.441 km × 0,034 € = 82,99 € ◄◄◄

4.2 Teilrechnungen der Kosten- und Leistungsrechnung
Kostenstellenrechnung

Stufenleiterverfahren

Leistungen zwischen Vorkostenstellen nicht ausgeblendet

Auch beim Stufenleiterverfahren werden nur einseitige Leistungsbeziehungen berücksichtigt. Im Gegensatz zum Anbauverfahren werden aber die *Leistungen zwischen den Vorkostenstellen nicht ausgeblendet*. Die innerbetriebliche Leistungsverrechnung findet immer von einer vorgelagerten auf eine nachgelagerte Kostenstelle statt.

Die stufenweise Verrechnung ist das Merkmal dieses Verfahrens, da sich nach erfolgter Verrechnung eine Art Treppe herausbildet.

Die Schwierigkeit liegt bei diesem Verfahren darin begründet, dass idealerweise mit einer Kostenstelle begonnen werden sollte, die nur Leistungen an andere Kostenstellen abgibt und selbst keine empfängt. Dieser Idealzustand ist in der Praxis aber nur äußerst selten vorzufinden, sodass mit der Vorkostenstelle begonnen werden sollte, die am wenigsten Leistungen empfängt.

Sekundärkostenverrechnung

Die Sekundärkostenverrechnung erfolgt in zwei Schritten:
▸ Die Kostensummen der allgemeinen Hilfskostenstellen werden an andere Kostenstellen verrechnet.
▸ Die Kostensummen der Hilfskostenstellen werden an die Hauptkostenstellen verrechnet.

Der Verrechnungssatz für die innerbetriebliche Leistungsverrechnung wird wie folgt ermittelt:

$$\text{Verrechnungssatz} = \frac{\text{Primärkosten der Vorkostenstelle} + \text{verrechnete Sekundärkosten}}{\text{Summe der Leistungsabgaben}}$$

Die eigentliche Verrechnung der Primärkosten der Vorkostenstellen an die nachgelagerten Kostenstellen erfolgt dann durch Multiplikation des Verrechnungssatzes mit den an die jeweilige Kostenstelle abgegebenen Leistungen.

BEISPIEL Innerbetriebliche Leistungsverrechnung Stufenleiterverfahren
▸▸▸

Abb. 4.9

Innerbetriebliche Leistungsverrechnung

BAB	Kosten-stellen	Vorkostenstellen			Endkostenstellen		
		Allgemeine Hilfskostenstellen		Hilfs-kostenstelle	Hauptkostenstellen		
Gemein-kosten	Gesamt-betrag	Haus-meister	Fuhrpark	Labor	Haus 1	Haus 2	Verwaltung
Reinigungs-kosten	5.000 €	200 €	0 €	1.500 €	1.450 €	1.250 €	600 €
Kalk. Zinsen	1.200 €	30 €	270 €	280 €	220 €	200 €	200 €
Summe	6.200 €	230 €	270 €	1.780 €	1.670 €	1.450 €	800 €
Leistungen Hausmeister			19 h	11 h	28 h	21 h	13 h
Leistungen Fuhrpark		4.500 km		4.759 km	2.441 km	500 km	5.000 km
Leistungen Labor					70 St.	55 St.	

4.2 Kostenstellenrechnung

Aus dem BAB ist zu entnehmen, dass die Kostenstelle Hausmeister Leistungen an den Fuhrpark erbringt und selbst Leistungen von der Kostenstelle Fuhrpark empfängt. Auch die Hilfskostenstelle Labor empfängt von den allgemeinen Hilfskostenstellen Leistungen, gibt aber selbst nur Leistungen an Endkostenstellen ab.

Bei der Berechnung des Verrechnungssatzes werden Leistungen von vorgelagerten an nachgelagerte Kostenstellen bei der Ermittlung der Summe der Leistungsabgaben mit berücksichtigt. Daher ist die Festlegung der Reihenfolge so entscheidend. Entsprechend des vorstehenden Aufbaus des BAB soll mit der Kostenstelle Hausmeister begonnen werden. Der Verrechnungssatz der Kostenstelle Hausmeister berechnet sich daher wie folgt:

Berechnung des Verrechnungssatzes

$$\text{Verrechnungssatz Hausmeister} = \frac{230\,€}{92\,h^*} = 2{,}5\,€/h$$

*19 h + 11 h + 28 h + 21 h + 13 h = 92 h

Mit Hilfe dieses Verrechnungssatzes werden die Kosten der Kostenstelle Hausmeister auf die anderen Kostenstellen durch Multiplikation des Verrechnungssatzes mit der an die Kostenstelle abgegebenen Leistung verrechnet.

Danach ist die Summe der primären und sekundären Gemeinkosten der Kostenstelle Fuhrpark zu berechnen (270 € + 47,5 € (19 h × 2,5 €) = 317,5 €).

Der Verrechnungssatz der Kostenstelle Fuhrpark berechnet sich daher wie folgt:

$$\text{Verrechnungssatz Fuhrpark} = \frac{317{,}5\,€}{12.700\,km} = 0{,}025\,€/km$$

Mit Hilfe dieses Verrechnungssatzes werden die Kosten der Kostenstelle Fuhrpark auf die anderen Kostenstellen durch Multiplikation des Verrechnungssatzes mit der an die Kostenstelle abgegebenen Leistung verrechnet.

Danach ist die Summe der primären und sekundären Gemeinkosten der Kostenstelle Labor zu berechnen (1.780,0 € + 27,5 € + 119,0 € = 1.926,5 €).

Der Verrechnungssatz der Kostenstelle Fuhrpark berechnet sich daher wie folgt:

$$\text{Verrechnungssatz Labor} = \frac{1.926{,}5\,€}{125\,h} = 15{,}41\,€/h$$

Mit Hilfe dieses Verrechnungssatzes werden die Kosten der Kostenstelle Labor auf die leistungsempfangenden Endkostenstellen umgelegt.

4.2 Teilrechnungen der Kosten- und Leistungsrechnung
Kostenstellenrechnung

Das abschließende Ergebnis der innerbetrieblichen Leistungsverrechnung ist in der Abbildung 4.12 dargestellt.

Abb. 4.12

Ergebnis der innerbetrieblichen Leistungsverrechnung

BAB	Kosten-stellen	Vorkostenstellen			Endkostenstellen		
		Allgemeine Hilfskostenstellen		Hilfs-kostenstelle	Hauptkostenstellen		
Gemein-kosten	Gesamt-betrag	Haus-meister	Fuhrpark	Labor	Haus 1	Haus 2	Verwaltung
Reinigungs-kosten	5.000 €	200 €	0 €	1.500 €	1.450 €	1.250 €	600 €
Kalk. Zinsen	1.200 €	30 €	270 €	280 €	220 €	200 €	200 €
Summe	6.200 €	230 €	270 €	1.780 €	1.670 €	1.450 €	800 €
Verrechnung Kostenstelle Hausmeister			47,5 €	27,5 €	70,0 €	52,5 €	32,5 €
Verrechnung Kostenstelle Fuhrpark			317,5 € −317,5 €	119,0 €	61,0 €	12,5 €	125,0 €
Verrechnung Kostenstelle Labor		0,0 €	0,0 €	1.926,5 € −1.926,5 €	1.078,8 €	847,7 €	0,0 €

◄◄◄

4.2.3.3.4 Ermittlung der primären und sekundären Gemeinkosten je Endkostenstelle

Nach erfolgter Sekundärkostenverrechnung werden die primären Gemeinkosten und die im Rahmen der innerbetrieblichen Leistungsverrechnung umgelegten sekundären Gemeinkosten je Kostenstelle saldiert.

Aufgrund der Kostenumlage müssten alle Vorkostenstellen betragsmäßig entlastet sein.

4.2 Kostenstellenrechnung

BEISPIEL **Ermittlung der primären und sekundären Gemeinkosten je Kostenstelle**

▶▶▶ Nach der Verteilung im Stufenleiterverfahren errechnet sich folgende Summe je Kostenstelle.

Abb. 4.13

Summen je Kostenstelle

BAB	Kosten-stellen	Vorkostenstellen			Endkostenstellen		
		Allgemeine Hilfskostenstellen	Hilfs-kostenstelle		Hauptkostenstellen		
Gemein-kosten	Gesamt-betrag	Haus-meister	Fuhrpark	Labor	Haus 1	Haus 2	Verwaltung
Reinigungs-kosten	5.000 €	200 €	0 €	1.500 €	1.450 €	1.250 €	600 €
Kalk. Zinsen	1.200 €	30 €	270 €	280 €	220 €	200 €	200 €
Summe	6.200 €	230 €	270 €	1.780 €	1.670 €	1.450 €	800 €
Verrechnung Kostenstelle Hausmeister		−230 €	47,5 €	27,5 €	70,0 €	52,5 €	32,5 €
Verrechnung Kostenstelle Fuhrpark			317,5 € −317,5 €	119,0 €	61,0 €	12,5 €	125,0 €
Verrechnung Kostenstelle Labor				1.926,5 € −1.926,5 €	1.078,8 €	847,7 €	0,0 €
Summe primärer und sekundärer Gemeinkosten		0,0 €	0,0 €	0,0 €	2.879,8 €	2.362,7 €	957,5 €

Hinweis: An dieser Stelle bietet sich wieder eine Abstimmung der Summe primärer und sekundärer Gemeinkosten mit der Summe der von der Kostenartenrechnung übernommenen Gemeinkosten an. ◀◀◀

4.2.3.3.5 Ermittlung der Kalkulationssätze/Gemeinkostenzuschlagsätze

Darüber hinaus sind die Kalkulationssätze in Bezug auf die Gemeinkostenzuschläge zu ermitteln, was im Rahmen des einfachen BAB in Kapitel 4.2.3.2.3 bereits erläutert wurde.

4.2.3.3.6 Ermittlung von Kostenüber-/Kostenunterdeckungen

Auch beim mehrstufigen BAB besteht die Möglichkeit, Kostenüber-/Kostenunterdeckungen aufzuzeigen. In diesem Zusammenhang wird auf die Erläuterungen im Kapitel 4.2.3.2.4 verwiesen.

4.2 Teilrechnungen der Kosten- und Leistungsrechnung
Kostenstellenrechnung

AUFGABE ZU KAPITEL 4.2.3.3 (MEHRSTUFIGER BAB)

Eine Pflegeeinrichtung hat ausweislich des nachfolgend dargestellten mehrstufigen BAB drei Vorkostenstellen und 4 Endkostenstellen eingerichtet.

Abb. 4.14

Vorkosten und Endkostenstellen einer Pflegeeinrichtung

BAB	Kosten-stellen	Vorkostenstellen			Endkostenstellen			
		Allgemeine Hilfskostenstellen			Hauptkostenstellen			
Gemeinkosten	Gesamt-betrag	Gebäude	Heizung	Haus-meister	Küche	Pflege-grad 2	Pflege-grad 3	Ver-waltung
Gehälter	350.000 €							
Soziale Aufwendungen	105.000 €							
Hilfslöhne	1.000 €							
Gaskosten	4.500 €							
Energiekosten	3.300 €							
Verbrauchsmaterial	4.650 €							
Mieten	26.500 €							
Kalk. Zinsen	5.000 €							
∑ Primäre GK	499.950 €							
Umlage sekundärer GK								
Gebäude								
Heizung								
Hausmeister								
∑ Primäre u. sekundäre GK								
Zuschlagsgrundlage					10.761€	180 Pat.	140 Pat.	HkdU
Kalkulations-/Zuschlagssatz								

Für die Primär- und Sekundärkostenverrechnung liegen folgende Daten bzw. Verteilungsschlüssel vor.

Zunächst sind die Primärkosten auf die Kostenstellen zu verrechnen. Anschließend sollen die Primärgemeinkosten im Rahmen der Sekundärkostenverrechnung sowohl im Anbauverfahren als auch im Stufenleiterverfahren auf die Kostenstellen verteilt werden. Anhand der Zuschlagsgrundlagen, bei den Pflegegraden 2 und 3 handelt es sich um die Anzahl der Patienten, sind die Kalkulations-/Zuschlagssätze zu berechnen.

4.3 Kostenträgerrechnung

Abb. 4.15

Verteilungsschlüssel

BAB	Kosten-stellen	Vorkostenstellen			Endkostenstellen			
		Allgemeine Hilfskostenstellen			Hauptkostenstellen			
Gemein-kosten	Verteilungs-grundlage	Ge-bäude	Heizung	Haus-meister	Küche	Pflege-grad 2	Pflege-grad 3	Ver-waltung
Gehälter	Prozentual			1 %	5 %	35 %	49 %	10 %
Soziale Auf-wendungen	Prozentual	im Verhältnis der Gehälter						
Aushilfen	Prozentual				20 %	30 %	50 %	
Gaskosten	Direkt		4.500 €					
Energiekosten	Verbrauch	200 kWh	800 kWh	3.000 kWh	5.000 kWh	6.000 kWh		1.500 kWh
Verbrauchs-material	Direkt		300 €	1.050 €	1.200 €	1.300 €		800 €
Kalk. Miete	Direkt	26.500 €						
Kalk. Zinsen	AK in T€	800 T€	50 T€	50 T€	27 T€	30 T€	3 T€	40 T€
Umlage sekundärer GK								
Gebäude nach qm			50 qm	100 qm	200 qm	1.700 qm	1.700 qm	250 qm
Heizung nach Verbrauch				2.000 kWh	500 kWh	40.000 kWh	44.000 kWh	3.500 kWh
Hausmeister nach Einsatzstunden					40 h	140 h	200 h	20 h

4.3 Kostenträgerrechnung

Die Kostenträgerrechnung ist die 3. Stufe der Kostenrechnung.

In der 1. Stufe der Kostenartenrechnung wurde analysiert, welche Kosten angefallen sind und diese Kosten wurden nach verschiedenen Kriterien gegliedert bzw. abgegrenzt.

In der 2. Stufe der Kostenstellenrechnung wurden die Gemeinkosten den Unternehmenseinheiten zugerechnet, durch die sie wirtschaftlich verursacht wurden.

In der 3. Stufe der Kostenträgerrechnung werden die Kosten dem Kostenträger z. B. der konkreten Dienstleistung zugerechnet. Dies führt gleich zur ersten Überlegung: Was ist unter Kostenträgern zu verstehen?

4.3.1 Kostenträger

Kostenträger sind alle Leistungen, Lieferungen oder sonstige Leistungen des Unternehmens, die im Rahmen des Erstellungsprozesses Kosten verursacht haben. Hierzu zählen die Absatzleistungen als Hauptleistungen und Nebenleistungen, die bedingt durch die Hauptleistung anfallen.

4.3 Teilrechnungen der Kosten- und Leistungsrechnung
Kostenträgerrechnung

Üblicherweise sind Kostenträger das Ergebnis des Erstellungsprozesses und nicht deren Einsatzfaktoren. Dies ist in der Sozialwirtschaft jedoch nur teilweise zutreffend, denn in der Dienstleistungsbranche ist in der Regel der Dienstleistungsnachfrager, also der Klient, der Kostenträger. Er ist auch derjenige, der in den Dienstleistungserstellungsprozess integriert wird. Ohne ihn ist die Erstellung der Leistung nicht möglich. Der Klient, kurzum der zu betreuende Mensch, ist Kostenträger und Einsatzfaktor zugleich.

Daneben gibt es in der Sozialwirtschaft Bereiche, in denen materielle Produkte als Kostenträger anzutreffen sind. Zudem existieren in komplexeren sozialwirtschaftlichen Organisationen (z. B. Krankenhäusern), innerbetriebliche Leistungen, die zu aktivierungspflichtigen Eigenleistungen führen (vgl. Kapitel 4.2.3.3.3) oder verbraucht werden. Auch bei diesen kann es sich um Kostenträger handeln.

All diese Leistungen teilen sich ein Merkmal: die *Abrechenbarkeit!*

Die genannte Leistung, durch deren Erstellung Kosten verursacht wurden, ist in Geldwert abrechenbar, d. h. je Stück, je Vermittlung, je Stunde, je Tag usw.

4.3.2 Aufgaben und Ausprägungsformen der Kostenträgerrechnung

Primär hat die Kostenträgerrechnung die Aufgabe, die Selbstkosten einer Leistung bzw. die Periodenselbstkosten, d. h. die Selbstkosten gleicher Leistungen in einem Abrechnungszeitraum, zu ermitteln. Dafür stehen unterschiedliche Kalkulationsverfahren zur Verfügung, deren Anwendbarkeit von verschiedenen betrieblichen Faktoren abhängig ist.

Daneben dient die Kostenträgerrechnung der Berechnung des Stückerfolgs durch Gegenüberstellung von Selbstkosten und Verkaufspreis. Weiterhin liefert die Kostenträgerrechnung Informationen für:
- die Preispolitik (Angebotspreise, langfristige Preisuntergrenze, interne Verrechnungspreise),
- die Beschaffungspreise (Preisobergrenzen bei Betriebsmittelkosten, Materialkosten, Personalkosten, Fremdleistungskosten),
- die Bewertung von unfertigen und fertigen Erzeugnissen (Bestandsbewertung),
- Kontrollaufgaben.

Ausführung der Kostenträgerrechnung

Die Kostenträgerrechnung kann in zweierlei Arten ausgeführt werden.
- Kostenträgerstückrechnung
  Ermittlung der Selbstkosten je Stück und Berechnung des Stückerfolgs, daher wird die Kostenträgerstückrechnung auch als *Kalkulation* bezeichnet,
- Kostenträgerzeitrechnung
  Ermittlung der Selbstkosten einer Leistungsart, eines Produktes und Berechnung des Periodenerfolgs, daher wird die Kostenträgerzeitrechnung auch als *kurzfristige Erfolgsrechnung bezeichnet.*

Kostenträgerrechnung 4.3

Die Kalkulation und die kurzfristige Erfolgsrechnung sind keine Alternativen, sondern sich ergänzende Instrumente, aus denen verschiedene Informationen gewonnen werden können.

4.3.3 Kalkulation

Grundsätzlich werden zwei Hauptgruppen von Kalkulationsverfahren unterschieden:
- Divisionskalkulation, mit der Äquivalenzziffernkalkulation als Unterform,
- Zuschlagskalkulation.

Diese grundsätzlichen Kalkulationsarten lassen sich in Bezug auf die Zeit einteilen in:
- Vorkalkulation: Diese sogenannte Angebotskalkulation wird vor Auftragsannahme durchgeführt, daher wird diese Kalkulation mit Normalkosten oder Plankosten durchgeführt.
- Zwischenkalkulation: Diese wird während der Leistungserbringung mit Ist-Kosten durchgeführt, um Kostenabweichungen frühzeitig zu identifizieren und Maßnahmen rechtzeitig ergreifen zu können.
- Nachkalkulation: Diese wird nach der Leistungserbringung mit Ist-Kosten als Kontrollrechnung ausgeführt, um Gründe für die Ergebnisabweichung zu identifizieren.

4.3.3.1 Divisionskalkulation

Bei der Divisionskalkulation werden die in einer Abrechnungsperiode angefallenen Kosten auf die im gleichen Zeitraum erstellten Leistungen verteilt. Diese Kalkulationsart knüpft unmittelbar an die Kostenartenrechnung an, d. h. es entfällt die Notwendigkeit einer Kostenstellenrechnung.

Ausprägungsformen der Divisionskalkulation sind:
- Einstufige Divisionskalkulation,
- Zweistufige Divisionskalkulation,
- Mehrstufige Divisionskalkulation.

4.3.3.1.1 Einstufige Divisionskalkulation

Im Rahmen der einstufigen Divisionskalkulation werden zur Berechnung der Stückkosten die Gesamtkosten einer Abrechnungsperiode durch die gesamt Leistungsmenge dividiert. Es gilt:

$$\text{Stückkosten} = \frac{\text{Gesamtkosten}}{\text{Gesamtleistungsmenge}} \quad \text{bzw.} \quad k = \frac{K}{x}$$

Diese Berechnungsmodalität grenzt auch das Einsatzgebiet der einstufigen Divisionskalkulation klar ab.

4.3 Teilrechnungen der Kosten- und Leistungsrechnung
Kostenträgerrechnung

Erbringung einer homogenen Leistung

Unterschiedliche Leistungen verursachen betragsmäßig unterschiedliche Kosten. Werden nun die Gesamtkosten beider Leistungen durch die Summe beider Mengen dividiert, ergeben sich Mischkosten, die weder den Selbstkosten der Leistung 1 noch denen der Leistung 2 entsprechen.

BEISPIEL **Homogene Leistung**

▶▶▶ Eine teilstationäre Pflegeeinrichtung bietet Tages- und Nachtpflege an. Der Personalschlüssel der Tagespflege ist höher als der Satz der Nachtpflege, obgleich die gleichen Pflegegrade betreut werden.

Sollten zur Berechnung der Personalkosten je Pflegebedürftigem die gesamten Personalkosten durch die Anzahl der Pflegebedürftigen geteilt werden, würde sich ein einheitlicher Stundensatz errechnen, der jedoch dann im Widerspruch zu dem Personalschlüssel steht. ◀◀◀

Einstufige Leistungserbringung

Die Leistungserbringung darf nicht in mehreren Ebenen verlaufen, in denen unterschiedliche Kosten verursacht und/oder diese von dem Kostenträger unterschiedlich beansprucht werden.

BEISPIEL **Einstufige Leistungserbringung**

▶▶▶ Eine Bildungseinrichtung bietet Kursmodule als Grund- und Erweiterungskurse an. Nicht alle Kursteilnehmer erfüllen nach dem Grundkurs die Voraussetzungen für den Erweiterungskurs.

Die Summe der Kosten für beide Kurse kann nicht durch die Anzahl der am Grundkurs teilnehmenden Personen geteilt werden, um die Kosten je Teilnehmer zu ermitteln. ◀◀◀

Leistungsmenge muss der Absatzmenge entsprechen

Diese Voraussetzung ist in der Sozialwirtschaft im Regelfall erfüllt, da Leistungserbringung und Konsum zusammenfallen. Sollte gleichwohl die Bestandsbewertung von fertigen und unfertigen Erzeugnissen erforderlich sein, würde die einstufige Divisionskalkulation zu einem falschen Ergebnis führen.

Hintergrund hierfür ist, dass die Gesamtkosten auch Verwaltungs- und Vertriebsgemeinkosten enthalten. Es besteht jedoch nur für Verwaltungsgemeinkosten ein Bilanzierungswahlrecht nach § 255 Abs. 2 S. 3 HGB, für Vertriebsgemeinkosten hingegen nach § 255 Abs. 2 S. 4 HGB ein Bilanzierungsverbot.

4.3 Kostenträgerrechnung

**AUFGABEN ZU KAPITEL 4.3.3.1.1
(EINSTUFIGE DIVISIONSKALKULATION)**

1. In der Sozialeinrichtung Wohlfahrt werden jährlich 600 Sozialhilfeempfänger mit 20 Mitarbeitern vermittelt. Es entstehen Kosten von 1,2 Mio. €.

   Wie hoch sind die Kosten je Vermittlungsleistung?

2. Die Sozialeinrichtung Wohlfahrt unterhält ein Betriebsfahrzeug, welches für unterschiedliche Anlässe genutzt wird. Die eingerichtete Kostenstelle »Fuhrpark« wurde im Jahr 2017 mit Kosten in Höhe von 11.000 € belastet. In diesen Kosten sind Abschreibungen in Höhe von 8.000 € enthalten.

   Insgesamt wurden mit dem Fahrzeug 12.000 km zurückgelegt.

   Wie hoch ist der Kilometersatz für die innerbetriebliche Leistungsverrechnung?

   Wie hoch ist der Kilometersatz der mittelfristig verrechnet werden muss?

4.3.3.1.2 Zweistufige Divisionskalkulation

Im Rahmen der zweistufigen Divisionskalkulation können im Gegensatz zur einstufigen Divisionskalkulation Bestandsveränderungen berücksichtigt werden. Damit muss die Leistungsmenge nicht der Absatzmenge entsprechen.

Dies wird dadurch erreicht, dass zunächst die Herstellkosten (Hk) durch die hergestellte Menge x_{prod} geteilt werden und die Verwaltungskosten (VerwK) und Vertriebskosten (VertrK) durch die verkaufte Menge dividiert werden. Es gilt:

$$\text{Stückkosten} = \frac{\text{Herstellkosten}}{\text{Herstellungsmenge}} + \frac{\text{Verwaltungskosten} + \text{Vertriebskosten}}{\text{Umsatzmenge}} \quad \text{bzw.}$$

$$k = HK/x_{prod} + (VerwK+VertrK)/x_{ums}$$

Alternativ können auch nur die Vertriebskosten durch die Umsatzmenge geteilt werden. Es gilt:

$$\text{Stückkosten} = \frac{\text{Herstellkosten}}{\text{Herstellungsmenge}} + \frac{\text{Verwaltungskosten}}{\text{Herstellungsmenge}} + \frac{\text{Vertriebskosten}}{\text{Umsatzmenge}} \quad \text{bzw.}$$

$$k = HK/x_{prod} + VerwK/x_{prod} + VertrK/x_{ums}$$

Die Anwendbarkeit der zweistufigen Divisionskalkulation ist auf Unternehmen mit homogener und einstufiger Leistungserbringung beschränkt. Für die Ermittlung der Herstellkosten wird auf das Kapitel 4.3.3.3 verwiesen.

4.3 Teilrechnungen der Kosten- und Leistungsrechnung
Kostenträgerrechnung

AUFGABE ZU KAPITEL 4.3.3.1.2 (ZWEISTUFIGE DIVISIONSKALKULATION)

Die Gesamtkosten einer Behindertenwerkstatt betragen 12.200 €. In der Werkstatt werden Holzstühle eines Typs hergestellt und vertrieben. Folgende Kosten sind angefallen:
Materialkosten: 900 €
Fertigungslöhne: 8.100 €
Verwaltungskosten: 2.400 €
Vertriebskosten: 800 €
Von den insgesamt 100 hergestellten Stühlen wurden 80 Stück verkauft.
Wie hoch sind die Selbstkosten der verkauften Stühle?
Wie hoch ist der niedrigste und höchste nach HGB zulässige Bilanzansatz für die nicht verkauften Stühle?

4.3.3.1.3 Mehrstufige Divisionskalkulation

Die mehrstufige Divisionskalkulation ist im Gegensatz zur zweistufigen Divisionskalkulation nicht auf eine einstufige Leistungserbringung begrenzt. Damit kann die Leistung in mehreren Ebenen erbracht werden, die unterschiedliche Kosten verursachen und von einer unterschiedlichen Zahl von Kostenträgern durchlaufen werden. Dies wird durch die Trennung und Aufteilung der Herstellkosten auf die verschiedenen Leistungsebenen erreicht. Es gilt:

$$k = Hk_1/x_{prod1} + Hk_2/x_{prod2} + Hk_n/x_{prodn} + (VerwK+VertrK)/x_{ums}$$

oder

$$k = Hk_1/x_{prod1} + Hk_2/x_{prod2} + Hk_n/x_{prodn} + VerwK/x_{prodn} + VertrK/x_{ums}$$

Dabei stehen:
Hk_1 bzw. x_{prod1} für die Herstellkosten bzw. Produktionsmenge der ersten Ebene
Hk_2 bzw. x_{prod2} für die Herstellkosten bzw. Produktionsmenge der zweiten Ebene
Hk_n bzw. x_{prodn} für die Herstellkosten bzw. Produktionsmenge der n-ten Ebene

BEISPIEL Mehrstufige Divisionskalkulation

▶▶▶ In einer Bildungseinrichtung sind 20 Berater in der Maßnahme »Neubeginn« tätig, die jeder Teilnehmer durchläuft. Die Kosten belaufen sich auf insgesamt 1,2 Mio. €. Am Ende der Maßnahme scheiden 20 Prozent der Teilnehmer aus. Die übrigen werden von 10 Beratern bei Gesamtkosten von 800.000 € vermittelt.
Die Vermittlungskosten je Teilnehmer ermitteln sich wie folgt:

$k = Hk_1/xprod1 + Hk_2/xprod2$
$k = 1.200.000/1200 + 800.000/960 = 1.833,33$ € je Vermittlung ◀◀◀

Kostenträgerrechnung 4.3

AUFGABE ZU KAPITEL 4.3.3.1.3 (MEHRSTUFIGE DIVISIONSKALKULATION)

Die Gesamtkosten in einer Behindertenwerkstatt betragen 12.200 €. In der Werkstatt werden Holzstühle in zwei Fertigungsebenen hergestellt. In der ersten Ebene erfolgt die Herstellung der Einzelteile, in der zweiten Ebene der Zusammenbau. Folgende Kosten sind angefallen:
Materialkosten: 900 €
Fertigungslöhne 1: 6.100 €
Fertigungslöhne 2: 2.000 €
Verwaltungskosten: 2.400 €
Vertriebskosten: 800 €
Von den 100 Stühlen, die die Fertigungsebene 1 durchlaufen haben, wurden nur 90 Stühle zusammengebaut und nur 80 Stühle verkauft.
Wie hoch sind die Selbstkosten der verkauften Stühle?
Wie hoch ist der niedrigste und höchste nach HGB zulässige Bilanzansatz für die unfertigen und fertigen (nicht verkauften Stühle)?

4.3.3.2 Äquivalenzziffernkalkulation

Die Äquivalenzziffernkalkulation wird zur Divisionskalkulation gerechnet, da auch hier Gesamtkosten durch einen Divisor geteilt werden. Dieser Divisor drückt jedoch das Verhältnis der verschiedenen Leistungen an den Kosten aus.

Damit können durch die Äquivalenzziffernrechnung, im Gegensatz zur Divisionskalkulation, auch Stückkosten in Unternehmen kalkuliert werden, die verschiedene Leistungen erbringen. Voraussetzung ist, dass zwischen den verschiedenen Leistungen das Kosteneinsatzverhältnis bestimmt werden kann, d. h. die Kosten der Leistungserstellung stehen in einem bestimmten messbaren Verhältnis zueinander. Dieses messbare Verhältnis kann jedoch nur bei artverwandten Leistungen bestimmt werden.

Artverwandte Leistungen

BEISPIEL **Artverwandte Leistungen**

▶▶▶ Stellen wir uns eine Pizzeria vor.
Die Pizzen unterscheiden sich nur in Belag und Größe, sie sind artverwandt. Das Kostenverhältnis des Belages von Pizza A zu Pizza B ist bestimmbar. Auch das Kostenverhältnis von Größe A zu Größe B ist bestimmbar.

Wenn die Pizzeria am Ende eines Tages 20 Pizzen A in Größe A und 15 Pizzen A in Größe B sowie 25 Pizzen B in Größe A verkauft hat, können die angefallenen Gesamtkosten auf die unterschiedlichen Leistungen verteilt werden.

Kostenunterschiede ergeben sich zumeist bei den Materialkosten und/oder Lohnkosten aufgrund des unterschiedlichen Zeitaufwands. ◀◀◀

4.3 Teilrechnungen der Kosten- und Leistungsrechnung
Kostenträgerrechnung

Das Kosteneinsatzverhältnis wird durch die Äquivalenzziffer ausgedrückt. Dabei erhält die Standardleistung (Einheitssorte) den Wert 1. Verursacht beispielsweise eine Leistung 20 Prozent weniger Kosten als die Standardleistung, erhält diese Leistung als Äquivalenzziffer den Wert 0,8. Verursacht zum Beispiel eine Leistung 30 Prozent mehr Kosten als die Standardleistung, erhält diese Leistung als Äquivalenzziffer den Wert 1,3.

Die Äquivalenzziffernrechnung kann ausgeführt werden als:
- Einstufige Äquivalenzziffernrechnung,
- Zwei- und mehrstufige Äquivalenzziffernrechnung.

4.3.3.2.1 Einstufige Äquivalenzziffernrechnung

Nach Bildung der Äquivalenzziffern werden diese durch Multiplikation mit den Leistungsmengen gewichtet. Das Ergebnis sind die sogenannten fiktiven Recheneinheiten, welche das nach Leistungsmenge gewichtete Kosteneinsatzverhältnis ausdrücken. Die Selbstkosten der Einheitssorte werden anschließend wie folgt berechnet:

$$k = \frac{\text{Gesamtkosten}}{\text{Summe fiktive Recheneinheiten}}$$

Die Selbstkosten aller anderen Leistungen werden durch Multiplikation der Selbstkosten der Einheitssorte mit der Äquivalenzziffer der Leistung berechnet.

Im Rahmen der einstufigen Äquivalenzziffernrechnung können nur einstufige Leistungserstellungsprozesse abgebildet werden, da die Gesamtkosten im Zähler Verwendung finden.

BEISPIEL Äquivalenzziffernrechnung

▶▶▶ In einer Bildungseinrichtung wurden 960 Teilnehmer vermittelt. Es entstanden Gesamtkosten von 800 T€. Die Teilnehmer konnten in 3 Gruppen unterteilt werden:
Gruppe I (220) konnte sofort vermittelt werden – Arbeitsaufwand 1 Stunde
Gruppe II (520) benötigte weitere Hilfe vor Vermittlung – Arbeitsaufwand 3 Stunden
Gruppe III (220) benötigte zusätzlich einen Lohnkostenzuschuss – Arbeitsaufwand 4 Stunden (der Lohnkostenzuschuss ist als durchlaufender Posten nicht in den Gesamtkosten enthalten)

1. Schritt: Bildung der Äquivalenzziffern – die Beratungsleistungen sind artverwandt und lassen sich hinsichtlich ihres Arbeitsaufwandes unterscheiden; der Arbeitsaufwand = Äquivalenzziffer
2. Ermittlung der fiktiven Recheneinheiten

Gruppe	Leistungsmenge × Äquivalenzziffer	= fiktive Recheneinheiten
Gruppe I	220 × 1	= 220
Gruppe II	520 × 3	= 1.560
Gruppe III	220 × 4	= 880
Summe fiktive Recheneinheiten		= 2.660

4.3 Kostenträgerrechnung

3. Berechnung der Selbstkosten der Einheitssorte
   Gesamtkosten/Summe fiktive Recheneinheiten = Selbstkosten der Einheitssorte

   800.000 €/2.660 = 300,75 €

4. Ermittlung der Selbstkosten je Leistung

Gruppe	Stückkosten Einheitssorte × Äquivalenzziffer	= Selbstkosten
Gruppe I	300,75 € × 1	= 300,75 €/Teilnehmer
Gruppe II	300,75 € × 3	= 902,26 €/Teilnehmer
Gruppe III	300,75 € × 4	= 1.203,01 €/Teilnehmer

◄◄◄

AUFGABE ZU KAPITEL 4.3.3.2 (ÄQUIVALENZZIFFERNRECHNUNG)

In einer Bildungseinrichtung wurden 960 Teilnehmer vermittelt. Die Teilnehmer wurden in 3 Gruppen unterteilt:
Gruppe I (220) konnte sofort vermittelt werden – Arbeitsaufwand 1 Stunde
Gruppe II (520) benötigte weitere Hilfe vor Vermittlung – Arbeitsaufwand 3 Stunden
Gruppe III (220) benötigte zusätzlich einen Lohnkostenzuschuss – Arbeitsaufwand 4 Stunden.
In den entstandenen Gesamtkosten von 800.000 € ist der Lohnkostenzuschuss von 110.000 € für Gruppe III enthalten.
Wie hoch sind die Selbstkosten je Teilnehmer?

4.3.3.2.2 Zwei- und mehrstufige Äquivalenzziffernrechnung

Im Rahmen der zwei- und mehrstufigen Äquivalenzziffernrechnung können Leistungserstellungsprozesse in mehreren Ebenen und Bestandsveränderungen abgebildet werden. Voraussetzung ist jedoch, dass für jede Ebene eine Äquivalenzziffer, also ein Kosteneinsatzverhältnis, bestimmt werden kann. Die Verwaltungskosten und Vertriebskosten werden zumeist über eine Divisionskalkulation auf den Kostenträger verrechnet.

BEISPIEL Mehrstufige Äquivalenzziffernrechnung

►►► Die Gesamtkosten einer Behindertenwerkstatt betragen 12.200 €. In der Werkstatt werden drei Typen Holzstühle in 2 Fertigungsebenen hergestellt. In der ersten Ebene erfolgt die Herstellung der Einzelteile und in der zweiten Ebene der Zusammenbau. Die Gesamtkosten verteilen sich auf:
Materialkosten: 900 €
Fertigungslöhne 1: 6.100 €
Fertigungslöhne 2: 2.000 €
Verwaltungskosten: 2.400 €
Vertriebskosten: 800 €

4.3 Teilrechnungen der Kosten- und Leistungsrechnung
Kostenträgerrechnung

Die nachfolgende Tabelle gibt einen Überblick über die hergestellten und abgesetzten Stühle:

Typ	Fertigungsebene 1	Fertigungsebene 2	Verkauf
A	25	20	18
B	40	40	32
C	35	30	30

Folgende Äquivalenzziffern konnten ermittelt werden:

Typ	Fertigungsebene 1	Fertigungsebene 2
A	0,8	1,3
B	1,0	1,0
C	1,4	1,2

Ermittlung der fiktiven Recheneinheiten je Fertigungsebene
Fertigungsebene 1

Typ	Herstellungsmenge	Äquivalenzziffer	Fiktive Recheneinheiten
A	25	0,8	20
B	40	1,0	40
C	35	1,4	49
		Summe	109

Fertigungsebene 2

Typ	Herstellungsmenge	Äquivalenzziffer	Fiktive Recheneinheiten
A	20	1,3	26
B	40	1,0	40
C	30	1,2	36
		Summe	102

Berechnung der Selbstkosten der Einheitssorte je Fertigungsebene
Fertigungsebene 1: k = 7.000 € (Materialkosten und Fertigungslöhne)/109 = 64,22 €
Fertigungsebene 2: k = 2.000 €/102 = 19,61 €

Ermittlung der Selbstkosten je Leistung je Fertigungsebene
Fertigungsebene 1

Typ	Selbstkosten Einheitssorte	Äquivalenzziffer	Selbstkosten je Leistung
A	64,22 €	0,8	51,38 €
B	64,22 €	1,0	64,22 €
C	64,22 €	1,4	89,91 €

Fertigungsebene 2

Typ	Selbstkosten Einheitssorte	Äquivalenzziffer	Selbstkosten je Leistung
A	19,61 €	1,3	25,49 €
B	19,61 €	1,0	19,61 €
C	19,61 €	1,2	23,53 €

Berechnung der Verwaltungs- und Vertriebskosten je Stück

$$k = \frac{\text{Verwk} + \text{Vertrk}}{\text{Absatzmenge}} = \frac{(2.400 + 800)}{80} = 40,00 \text{ €/St.}$$

Berechnung der Stückkosten der verkauften Stühle

Typ	SK Ebene 1	SK Ebene 2	VerwK + VertrK	Stückkosten
A	51,38 €	25,49 €	40,00 €	116,87 €
B	64,22 €	19,61 €	40,00 €	123,83 €
C	89,91 €	23,53 €	40,00 €	153,44 €

◀◀◀

4.3.3.3 Zuschlagskalkulation

Die bisher betrachteten Kalkulationsverfahren schlossen sich direkt an die Kostenartenrechnung an, d. h. eine Kostenstellenrechnung war nicht erforderlich. Diese Vereinfachung ging jedoch zu Lasten der Anwendbarkeit.

Im Rahmen der Zuschlagskalkulation können die Selbstkosten artverschiedener Leistungen in mehreren Fertigungsstufen mit Bestandsveränderung kalkuliert werden.

Voraussetzung ist jedoch, dass:
▸ die Einzelkosten von den Gemeinkosten in der Kostenartenrechnung getrennt wurden,
▸ die Gemeinkosten auf die Kostenstellen verursachungsgerecht verteilt wurden,
▸ die Kalkulations-/Zuschlagssätze berechnet wurden.

Voraussetzungen für Zuschlagskalkulation

Mit Hilfe dieser Kalkulations-/Zuschlagssätze werden die Gemeinkosten den dem Kostenträger direkt zurechenbaren Einzelkosten zugeschlagen.

Die Zuschlagskalkulation dient ebenso wie die Divisionskalkulation der Ermittlung der Selbstkosten einer Leistung. Dafür stehen unterschiedliche Zuschlagsverfahren zur Verfügung:

Arten von Zuschlagsverfahren

▸ Summarische Zuschlagskalkulation (da diese in der Praxis kaum Anwendung findet, wird sie hier nicht weiter erläutert),
▸ Differenzierte Zuschlagskalkulation progressiv,
▸ Differenzierte Zuschlagskalkulation retrograd,
▸ Maschinenstundensatzkalkulation.

4.3 Teilrechnungen der Kosten- und Leistungsrechnung
Kostenträgerrechnung

4.3.3.3.1 Differenzierte Zuschlagskalkulation (progressiv)

Bei der progressiven differenzierten Zuschlagskalkulation werden den angefallenen Einzelkosten je Kostenstelle die Gemeinkosten mit dem jeweiligen Zuschlagssatz der Kostenstelle zugeschlagen. Ausgangspunkt sind die dem Kostenträger direkt zurechenbaren Einzelkosten.

In Kapitel 4.2.3.2.3 wurde erläutert, dass für jede Hauptkostenstelle ein eigener Zuschlagssatz zu ermitteln ist. Dieser ist für den Zuschlag der Gemeinkosten maßgebend. Die Anzahl der eingerichteten Endkostenstellen bestimmt die Anzahl der durchzuführenden Kalkulationsschritte und damit die Genauigkeit der Kalkulation. Sollte ein Kostenträger eine Endkostenstelle nicht in Anspruch genommen haben, dürfen für diese Kostenstelle weder Einzel- noch Gemeinkosten angesetzt werden.

Die differenzierte Zuschlagskalkulation erfolgt nach dem Grundschema in Abbildung 4.16:

Abb. 4.16

Differenzierte Zuschlagskalkulation

Zeile	Kostenarten	Betrag
1	Einzelkosten der Endkostenstelle A	X_A
2	Gemeinkosten der Endkostenstelle A	In % von X_A
3	Sondereinzelkosten der Fertigung A	
4	**Summe Kosten Kostenstelle A**	Zeile 1 + Zeile 2 + Zeile 3
5	Einzelkosten der Endkostenstelle B	X_B
6	Gemeinkosten der Endkostenstelle B	In % von X_B
7	Sondereinzelkosten der Fertigung B	
8	**Summe Kosten Kostenstelle B**	Zeile 5 + Zeile 6 + Zeile 7
9	Einzelkosten der N-ten Endkostenstelle	X_N
10	Gemeinkosten der N-ten Endkostenstelle	In % von X_N
11	Sondereinzelkosten der Fertigung N-ten	
12	**Summe Kosten N-ten Kostenstelle**	Zeile 9 + Zeile 10 + Zeile 11
13	**Herstellkosten der Erzeugung**	Zeile 4 + Zeile 8 + Zeile 12
14	Verwaltungsgemeinkosten	In % von Zeile 13
15	Vertriebsgemeinkosten	In % von Zeile 13
16	**Selbstkosten**	Zeile 13 + Zeile 14 + Zeile 15

Die Herstellkosten der Erzeugung sind die Summe aller Kosten (Einzelkosten und Gemeinkosten), die an der Leistungserstellung beteiligt waren.

Sondereinzelkosten der Fertigung (SEKF) fallen auftragsbezogen für besondere Werkzeuge, Konstruktionspläne, Formen bzw. Lizenzgebühren an. Diese spielen in der Sozialwirtschaft eine untergeordnete Rolle.

4.3 Kostenträgerrechnung

Sondereinzelkosten des Vertriebs (SEKV) fallen ebenfalls auftragsbezogen für Spezialverpackungen, Provisionen und besondere Transportkosten an.

Auf die als Fremdleistung bezogenen SEKF und SEKV entfallen keine Gemeinkosten, sie werden daher erst nach der Berechnung der Gemeinkosten addiert.

AUFGABE ZU KAPITEL 4.3.3.3.1
(DIFFERENZIERTE ZUSCHLAGSKALKULATION PROGRESSIV)

In einer Sozialküche wurden drei Hauptkostenstellen eingerichtet, auf die folgende Gemeinkosten verrechnet wurden:

- Materialkostenstelle: 675,00 €
- Fertigungskostenstelle: 21.875,00 €
- Verwaltungskostenstelle: 9.885,00 €

Als Einzelkosten sind Lebensmittelkosten in Höhe von 11.250,00 € und Lohnkosten in Höhe von 15.625 € angefallen.

Wie hoch sind die Selbstkosten einer Mahlzeit, wenn für diese folgende Einzelkosten veranschlagt werden:

- Lebensmittel: 0,75 € je Mahlzeit
- Lohnkosten: 12,50 €/h (je Essen wird mit 5 Minuten kalkuliert)

4.3.3.3.2 Differenzierte Zuschlagskalkulation (retrograd)

Ausgangspunkt bei der retrograden differenzierten Zuschlagskalkulation sind die Selbstkosten, d. h. die Kalkulation erfolgt im Vergleich zur progressiven Kalkulation rückwärts. Dies ist erforderlich um bei vorgegebenen »diktierten« Selbstkosten ermitteln zu können, ob mit der unternehmensinternen Kostenstruktur diese Selbstkosten erreicht werden können bzw. welche Anpassungen für das Erreichen erforderlich sind.

AUFGABE ZU KAPITEL 4.3.3.2.2
(DIFFERENZIERTE ZUSCHLAGSKALKULATION RETROGRAD)

In einer Sozialküche wurden als 3 Hauptkostenstellen eingerichtet und folgende Zuschlagssätze ermittelt:

- Materialkostenstelle: 6 %
- Fertigungskostenstelle: 140 %
- Verwaltungskostenstelle: 20 %

Bisher wurde mit Lebensmittelkosten von 0,75 €/Mahlzeit und Lohnkosten von 12,50 €/h (wobei je Essen mit 5 Minuten kalkuliert wird) kalkuliert.

4.3 Teilrechnungen der Kosten- und Leistungsrechnung
Kostenträgerrechnung

Mit wie vielen Minuten wäre je Essen zu kalkulieren, wenn die Mahlzeit zum Selbstkostenpreis von 3,49 € angeboten würde und die Lebensmittelkosten nicht weiter gesenkt werden können?

4.3.3.3.3 Maschinenstundensatzkalkulation
Was hat diese Begrifflichkeit mit Sozialwirtschaft zu tun?

Auch in sozialen Einrichtungen kommen mitunter technische Anlagen (medizinische Geräte) oder Transportmittel (Rettungshubschrauber, Rettungswagen) zum Einsatz, deren Anschaffung, Unterhalt und Betrieb überdurchschnittlich höhere Kosten verursachen als andere bzw. die vom Kostenträger unterschiedlich in Anspruch genommen werden.

BEISPIEL **Maschinenstundensatzkalkulation**

▶▶▶ Die nachfolgende Betrachtung beschränkt sich auf die Auswirkung hoher Anschaffungskosten für ein medizinisches Gerät und deren Folgen.

Resultat hoher Anschaffungskosten sind hohe kalkulatorische Abschreibungen und hohe kalkulatorische Zinsen. Diese kalkulatorischen Kosten stellen im Hinblick auf ihre Verrechenbarkeit Gemeinkosten dar. In der Kostenstellenrechnung werden die Gemeinkosten auf die Kostenstelle(n) verursachungsgerecht verrechnet, d. h. letztendlich auf die die technische Anlage nutzende Kostenstelle(n). Dadurch errechnen sich in der Endkonsequenz hohe Gemeinkosten der Kostenstelle(n) und im Ergebnis hohe Zuschlags- oder Kalkulationssätze.

Wird diese technische Anlage vom Kostenträger nicht oder nicht im gleichen zeitlichen Umfang genutzt, führt dieser einheitlich berechnete Zuschlags- oder Kalkulationssatz zu einer falschen (oftmals überhöhten) Gemeinkostenzurechnung im Rahmen der Zuschlagskalkulation und somit zu überhöhten Selbstkosten.

Kosten in Zusammenhang mit dem Unterhalt und Betrieb der Anlage führen zu den gleichen vorstehend geschilderten Folgen. ◀◀◀

Zur Lösung des Problems der überhöhten Gemeinkostenzurechnung aufgrund hoher Anschaffungskosten und/oder unterschiedlicher Inanspruchnahme durch die Kostenträger sind die maschinenabhängigen Gemeinkosten im Rahmen der Kostenartenrechnung aus den übrigen Gemeinkosten herauszurechnen.

Berechnung des Maschinenstundensatzes

Der Maschinenstundensatz errechnet sich dann durch Division der Maschinenkosten durch die Maschinenlaufzeit:

$$\text{Maschinenstundensatz} = \frac{\text{Maschinenkosten}}{\text{Maschinenlaufzeit}}$$

Für die Berechnung der Maschinenkosten des Kostenträgers wird der errechnete Maschinenstundensatz mit der vom Kostenträger benötigten Maschinenzeit multipliziert.

4.3 Kostenträgerrechnung

Die Erfassung der Maschinenkosten kann mit Hilfe einer Maschinenstundensatzkarte erfolgen, in der die Kosten in Zusammenhang mit der Maschine erfasst werden. Ein Beispiel zeigt Abbildung 4.17.

Abb. 4.17

Maschinenstundensatzkarte

Kostenstelle	Bezeichnung	Maschinennummer	Anschaffungsjahr	ND
AK		Kalkulatorische Zinsen		
WBK		Kalkulatorische Abschreibung		
Energieaufnahme		Energiekosten		
Instandhaltung/Wartung		Erfahrungswert		
Standfläche/Arbeitsfläche		Kalkulatorische Miete		
Sonstige Kosten		Erfahrungswert		
Anzahl Bediener		Personalkosten		
		Summe Maschinenkosten		
Maschinenlaufzeit				

Die Maschinenlaufzeit errechnet sich aus der theoretisch möglichen Laufzeit abzüglich der Stillstandszeiten.

Die theoretisch mögliche Laufzeit bezieht sich auf den jeweiligen Abrechnungszeitraum und ist abhängig davon ob im Ein-, Zwei- oder Dreischichtbetrieb und an den Wochenenden gearbeitet wird.

Die Stillstandszeiten setzen sich aus nicht betriebsbedingten Stillstandszeiten (arbeitsfreie Tage/Stunden) zuzüglich betriebsbedingter Stillstandszeiten (Instandhaltung/Wartung, Betriebsversammlung, Krankheit des Bedienpersonals) zusammen.

Wichtig: Nur die maschinenunabhängigen Gemeinkosten (auch als Restgemeinkosten bezeichnet) werden bei einer Maschinenstundensatzkalkulation in den BAB verrechnet. Im BAB errechnet sich dann ein sogenannter Restgemeinkostenzuschlagssatz bzw. ein Restkalkulationssatz.

Die Abbildung 4.18 stellt das Grundschema für die differenzierte Zuschlagskalkulation unter Einbeziehung von Maschinenstundensätzen dar.

Maschinenlaufzeit

4.3 Teilrechnungen der Kosten- und Leistungsrechnung
Kostenträgerrechnung

Abb. 4.18

Grundschema für die differenzierte Zuschlagskalkulation

Zeile	Kostenarten	Betrag
1	Einzelkosten der Endkostenstelle A	X_A
2	Gemeinkosten der Endkostenstelle A	In % von X_A
3	Sondereinzelkosten der Fertigung A	
4	**Summe Kosten Kostenstelle A**	Zeile 1 + Zeile 2 + Zeile 3
5	Einzelkosten der Endkostenstelle B	X_B
6	Gemeinkosten der Endkostenstelle B	In % von X_B
7	Sondereinzelkosten der Fertigung B	
8	**Summe Kosten Kostenstelle B**	Zeile 5 + Zeile 6 + Zeile 7
9	Einzelkosten der N-ten Endkostenstelle	X_N
10	Gemeinkosten der N-ten Endkostenstelle	In % von X_N
11	Sondereinzelkosten der Fertigung N-ten	
12	**Summe Kosten N-ten Kostenstelle**	Zeile 9 + Zeile 10 + Zeile 11
13	Maschinenkosten	Maschinenstundensatz × Zeit
14	**Herstellkosten der Erzeugung**	Zeile 4 + Zeile 8 + Zeile 12 + Zeile 13
15	Verwaltungsgemeinkosten	In % von Zeile 14
16	Vertriebsgemeinkosten	In % von Zeile 14
17	**Selbstkosten**	Zeile 14 + Zeile 15 + Zeile 16

AUFGABE ZU KAPITEL 4.3.3.4 (MASCHINENSTUNDENSATZKALKULATION)

Gegeben ist folgende Maschinenstundensatzkarte:

Kostenstelle:	Bezeichnung:	Maschinennummer:	Anschaffungsjahr	ND
1000	MRT	JMKU7842365kl	2016	10
AK	1.300.000 €	Kalk. Zinsen; Zinssatz 7 %		
WBK	1.320.000 €	Kalk. Abschreibung		
Energieaufnahme	85 kW	Energiekosten 5 Ct/kwh		
Wartung	1 % von AK	Erfahrungswert		
Arbeitsfläche	63 qm	Kalk. Miete 15 €/qm je Mo.		
Sonstige Kosten	3.200 €	Erfahrungswert	3.200 €	
Bediener	4	Personalkosten	165.000 €	
		Summe Maschinenkosten		
Maschinenlaufzeit				

Kostenträgerrechnung 4.3

Die Personalkosten von 165.000 € wurden von der Personalabteilung übermittelt. Die sonstigen Kosten wurden mit 3.200 € geschätzt. Die Energiekosten fallen nicht nur für die Maschinenlaufzeit an, sondern für einen 24-Stunden-Betrieb, da das Gerät technisch nicht ausgeschaltet werden darf. Die Maschinenlaufzeit errechnet sich aus einem geplanten Einsatz von 14 Stunden täglich, wobei betriebsbedingte Stillstandszeiten von 40 Prozent zu berücksichtigen sind.

Wie hoch ist der zu verrechnende Maschinenstundensatz?

4.3.3.4 Preiskalkulation

Bisher wurden die Selbstkosten einer Leistung berechnet. Doch zu welchem Preis soll/muss die Leistung dem Kunden angeboten werden.

Der Preis ist das, was der Kunde für die Leistung bezahlt. Zahlt der Kunde einen Preis, der den Selbstkosten der Leistung entspricht, hat das Unternehmen alle im Rahmen des Leistungserstellungsprozesses angefallenen Kosten vergütet bekommen. Die Abschreibungen bzw. kalkulatorische Abschreibungen wurden verdient, sodass Ersatzbeschaffungen erfolgen können. Nicht verdient wurden jedoch außerordentliche und periodenfremde Aufwendungen, da diese in den Selbstkosten nicht enthalten sind. Auch geplante Erweiterungsinvestitionen werden bei einem Preis in Höhe der Selbstkosten nicht verdient.

Außerordentliche und periodenfremde Aufwendungen sowie Erweiterungsinvestitionen werden nur über den Gewinn vergütet. Daher sollten auch Sozialunternehmen ihre Preise, soweit möglich, unter Einbeziehung eines Gewinnaufschlages kalkulieren.

Ausgangspunkt für die Preiskalkulation sind die ermittelten Selbstkosten der Leistung. Die Selbstkosten werden um den Gewinnzuschlag erhöht. Die Höhe des Gewinnzuschlags ist von innerbetrieblichen Faktoren und außerbetrieblichen Faktoren abhängig. Bei den innerbetrieblichen Faktoren, wie dem Unternehmensziel, Qualität der Leistung und angebotener Leistungsmenge handelt es sich um Erwartungsfaktoren, bei den außerbetrieblichen Faktoren wie Marktposition des Unternehmens, Konjunktur, Kaufkraft u.Ä. um Vergütungsfaktoren. Aus der Summe von Selbstkosten und Gewinnzuschlag wird der Barverkaufspreis berechnet.

Es gilt:

Selbstkosten	Basis 100 Prozent
+ Gewinn	+ Gewinnzuschlag in Prozent
= Barverkaufspreis	= 100 Prozent + Gewinnzuschlag in Prozent

Dem Barverkaufspreis wird der Skonto (eingeräumter Preisnachlass, um den Kunden zur frühzeitigen Zahlung zu animieren) und der Rabatt (ein an bestimmte Bedingungen z. B. Abnahmemenge geknüpfter Preisnachlass) zugeschlagen. Die Berechnung dieser Zuschläge erfolgt jedoch *Im Hundert*.

4.3 Teilrechnungen der Kosten- und Leistungsrechnung
Kostenträgerrechnung

Es gilt:

Barverkaufspreis	Basis
+ Skonto	+ Skontosatz in Prozent
Zielverkaufspreis	= 100 Prozent

Zielverkaufspreis	Basis
+ Rabatt	+ Rabattsatz in Prozent
Netto-Angebotspreis	= 100 Prozent

> **INFO**
>
> **Vom Hundert**
> In der Standardprozentrechnung »vom Hundert« beträgt der Grundwert 100 Prozent, d. h. die Aufschläge werden vom Grundwert ausgerechnet. Beispielsweise sind die Selbstkosten einer Leistung Grundwert für die Berechnung des Barverkaufspreises, der Gewinnzuschlagssatz wird von den Selbstkosten aus gerechnet. Bei der Prozentrechnung »im Hundert« ist der Grundwert um den Prozentsatz vermindert, d. h. verminderter Grundwert zzgl. Prozentsatz ergeben den Zielwert.

Soweit das Unternehmen nach § 1 UStG steuerbare und nach § 4 UKS UStG steuerpflichtige Leistungen erbringt, ist der Listenverkaufspreis Entgelt im Sinne des § 10 UStG. Die Umsatzsteuer in Höhe von 19 Prozent bzw. 7 Prozent gemäß § 12 UStG erhöht den Netto-Angebotspreis und es errechnet sich der Brutto-Angebotspreis.

Es gilt:

Nettoangebotspreis	Basis 100 Prozent
+ Umsatzsteuer	+ Umsatzsteuersatz in Prozent
Brutto-Angebotspreis	= 100 Prozent + Umsatzsteuersatz

Die Umsatzsteuer selbst stellt in der Finanzbuchhaltung einen durchlaufenden Posten dar, da sie vom Leistungsempfänger vereinnahmt und in gleicher Höhe an das Finanzamt abgeführt wird. Die Umsatzsteuer ist für das Unternehmen erfolgsneutral. Das gleiche gilt auch in der Kostenrechnung, denn die Umsatzsteuer ist auch kostenneutral.

Dies gilt auch im Hinblick auf die gewählte Besteuerungsart (Soll- oder Ist-Versteuerung) bei der es nur zu zeitlichen Liquiditätsverschiebungen kommen kann.

Sollte der Angebotspreis extern vorgegeben sein, kann retrograd der Barverkaufspreis bestimmt werden.

4.3 Kostenträgerrechnung

Es gilt:

Nettoangebotspreis
– Rabatt
= Zielverkaufspreis

100 Prozent
– Rabattsatz in Prozent
= 100 Prozent – Rabattsatz in Prozent

Zielverkaufspreis
– Skonto
= Barverkaufspreis

100 Prozent
– Skontosatz in Prozent
= 100 Prozent – Skontosatz in Prozent

Anschließend können durch Bildung der Differenz zwischen Barverkaufspreis und Selbstkosten der Gewinn und der Gewinnzuschlag berechnet werden.

Es gilt:

$$\text{Gewinnzuschlagssatz} = \frac{(\text{Barverkaufspreis} - \text{Selbstkosten}) \times 100}{\text{Selbstkosten}}$$

> **AUFGABE ZU KAPITEL 4.3.3.4**
> **(PREISKALKULATION)**

Eine Sozialküche kalkuliert die Selbstkosten einer Mahlzeit mit 3,25 €. Ein Industrieunternehmen fragt an, ob die Sozialküche täglich 200 bis 300 Essen liefern könnte. Für den Essenstransport fallen täglich 25 € zusätzlich an.

Da die Rechnungslegung monatlich erfolgen soll, erwägt die Sozialküche die Gewährung eines Skontos von 2 Prozent. Bei einer Essenmenge von mindestens 250 Essen täglich, soll ein Rabatt von 5 Prozent gewährt werden. Der Gewinnzuschlag soll mit 5 Prozent berücksichtigt werden.

Wie hoch ist der Nettoangebotspreis je Essen unter Berücksichtigung der vorstehend genannten Bedingungen bei einer Abnahmemenge von 250 Essen?

4.3.4 Kurzfristige Erfolgsrechnung

Durch die Gegenüberstellung von Leistungen und Kosten einer Unternehmung im Rahmen der Kostenartenrechnung (vgl. Kapitel 4.1.2) kann das Betriebsergebnis der Unternehmung berechnet werden. Je nach Länge des zugrunde liegenden Betrachtungszeitraums wird ein kurz-, mittel- oder langfristiges Betriebsergebnis ermittelt. Welchen Beitrag das einzelne Produkt zu dem Betriebsergebnis leistete, kann bei einem Mehrproduktunternehmen nicht festgestellt werden.

Durch die Kostenträgerstückrechnung werden die Selbstkosten einer Leistung ermittelt und der Angebotspreis berechnet. Die Differenz zwischen Barverkaufspreis und Selbstkosten entspricht dem Gewinn je Leistung (Stückgewinn). Jedoch lässt auch diese Betrachtung keine Aussage über die Zusammensetzung des Betriebsergebnisses bei einem Mehrproduktunternehmen zu. Eine Lösung dieses Problems bietet die Kostenträgerzeitrechnung, denn als kurzfristige Erfolgsrech-

4.3 Teilrechnungen der Kosten- und Leistungsrechnung
Kostenträgerrechnung

nung verbindet sie die Selbstkostenermittlung und die Ermittlung des Betriebsergebnisses.

Dabei stellt die Kostenträgerzeitrechnung die Summe der Selbstkosten aller in einem Abrechnungszeitraum erstellten Leistungen (Periodenselbstkosten) den Erlösen dieser Leistungen gegenüber. Diese Betrachtung kann je nach Leistungsart getrennt erfolgen. Die Summe der Ergebnisse je Leistungsart ergibt das Betriebsergebnis der Unternehmung.

Ermittlung des Betriebsergebnisses

Die Ermittlung des Betriebsergebnisses kann anhand von zwei Verfahren erfolgen:
- Gesamtkostenverfahren (GKV),
- Umsatzkostenverfahren (UKV).

Gesamtkostenverfahren

Beim Gesamtkostenverfahren werden den Gesamtkosten einer Abrechnungsperiode die Gesamtleistungen der selbigen gegenübergestellt. Die Differenz dieser Werte ergibt das Betriebsergebnis.

Es gilt:

Umsatzerlöse
+/− Bestandsveränderungen
+ aktivierte Eigenleistungen
= Gesamtleistung
− Gesamtkosten
= Betriebsergebnis

Bestandsmehrungen und Bestandsminderungen von Vorräten (teilfertigen und fertigen Erzeugnissen) werden unter dem Begriff Bestandsveränderungen zusammengefasst. Dabei werden Bestandsmehrungen, also Vorräte, die den Lagerbestand erhöht haben (sog. Lagerleistungen), hinzugerechnet und Vorräte, die den Lagerbestand gemindert haben, abgezogen.

Umsatzkostenverfahren

Beim Umsatzkostenverfahren werden den Selbstkosten des Umsatzes (Selbstkosten der verkauften Leistungen) die Umsatzerlöse gegenübergestellt. Ausgangspunkt für die Selbstkosten des Umsatzes sind die Herstellkosten des Umsatzes (HkdU).

Es gilt:

Herstellkosten der Erzeugung (HkdE)
− Bestandsmehrungen bewertet zu Hk
+ Bestandsminderungen bewertet zu Hk
= Herstellkosten des Umsatzes (HkdU)

Die Bestandsmehrungen werden abgezogen, da deren Herstellungskosten nicht zu Umsatzerlösen geführt haben. Die Bestandsminderungen werden dazu addiert, da deren Herstellungskosten in der aktuellen Abrechnungsperiode nicht in den Herstellungskosten der Erzeugung enthalten sind, jedoch zu Umsatzerlösen geführt haben.

4.3 Kostenträgerrechnung

Es gilt:

Umsatzerlöse
− HkdU
− Verwaltungsgemeinkosten
− Vertriebsgemeinkosten
− Sondereinzelkosten des Vertriebs
= Betriebsergebnis

BEISPIEL GKV und UKV

▶▶▶ Folgende Daten liegen vor:
Umsatzerlöse 32.000 €; Verkaufsmenge 160 St.
Herstellkosten 24.000 €; Herstellungsmenge 200 St.
Eigenbetrieblich verwendet: 2 St.
Verwaltungs- und Vertriebsgemeinkosten 3.200 €

Gesamtkostenverfahren (GKV)

Vorabüberlegung: Von den 200 hergestellten Stück wurden 2 im Unternehmen verbraucht, d. h. der Lagerbestand wurde um 38 Stück (Herstellungsmenge abzgl. Verkaufsmenge abzgl. eigene betriebliche Verwendung) erhöht; die Herstellungskosten betrugen 120 €/St. (Herstellungskosten dividiert durch die Herstellungsmenge)

Umsatzerlöse	32.000,00 €	
+ Bestandserhöhung	4.560,00 €	(38 St. × 120 €/St.)
+ Eigenleistung	240,00 €	
Gesamtleistung	36.800,00 €	
− Gesamtkosten	27.200,00 €	(24.000 € + 3.200 €)
Betriebsergebnis	**9.600,00 €**	

Umsatzkostenverfahren (UKV)

Vorüberlegung: Der Umsatz wurde durch den Verkauf von 160 St. erzielt, daher sind die Herstellungskosten des Umsatzes zu berücksichtigen:

Umsatzerlöse	32.000,00 €	
− Herstellungskosten des Umsatzes	−19.200,00 €	(120 €/St. × 160 St.)
− VerwGk u. VertrGk	− 3.200,00 €	
Betriebsergebnis	**9.600,00 €**	

◀◀◀

Für die Darstellung des Betriebsergebnisses je Leistungsart/Produkt kann das Kostenträgerzeitblatt verwendet werden. Der Aufbau des Kostenträgerzeitblattes entspricht in den Grundzügen dem Schema der Zuschlagskalkulation. In vertikaler Richtung sind die Kostenarten dargestellt. Im Gegensatz zur Zuschlagskalkulation werden beim Kostenträgerzeitblatt die Selbstkosten des Umsatzes ermittelt und zu

4.3 Teilrechnungen der Kosten- und Leistungsrechnung
Kostenträgerrechnung

diesem Zweck die Zeilen 14 bis 16 eingefügt. In horizontaler Richtung wird der Gesamtbetrag auf die einzelnen Produkte aufgeteilt.

Die Ermittlung des Betriebsergebnisses erfolgt insgesamt und einzeln für jedes Produkt.

Grundschema eines Kostenträgerzeitblattes

Die Abbildung 4.19 zeigt das Grundschema eines Kostenträgerzeitblattes.

Abb. 4.19

Grundschema eines Kostenträgerzeitblattes

Zeile	Kostenarten	Gesamtbetrag	Produkte A	B	C	D
1	Einzelkosten der Endkostenstelle A	X_A				
2	Gemeinkosten der Endkostenstelle A	In % von X_A				
3	Sondereinzelkosten der Fertigung A					
4	**Summe Kosten Kostenstelle A**	Zeilen 1 + 2 + 3				
5	Einzelkosten der Endkostenstelle B	X_B				
6	Gemeinkosten der Endkostenstelle B	In % von X_B				
7	Sondereinzelkosten der Fertigung B					
8	**Summe Kosten Kostenstelle B**	Zeilen 5 + 6 + 7				
9	Einzelkosten der N-ten Endkostenstelle	X_N				
10	Gemeinkosten der N-ten Endkostenstelle	In % von X_N				
11	Sondereinzelkosten der Fertigung N-ten					
12	**Summe Kosten N-ten Kostenstelle**	Zeilen 9 + 10 + 11				
13	**Herstellkosten der Erzeugung**	Zeilen 4 + 8 + 12				
14	+ Bestandsminderungen					
15	– Bestandsmehrungen					
16	**Herstellkosten des Umsatzes**	Zeilen 13 + 14 – 15				
17	Verwaltungsgemeinkosten	In % von Zeile 16				
18	Vertriebsgemeinkosten	In % von Zeile 16				
19	**Selbstkosten des Umsatzes**	Zeilen 16 + 17 + 18				
20	Umsatzerlöse					
21	Selbstkosten des Umsatzes					
22	Betriebsergebnis					

Im Kapitel 4.2.3.2.4 wurde erläutert, dass die Differenzen zwischen tatsächlich angefallenen Ist-Kosten und den für Planungszwecke verwendeten Normalkosten zu Kostenüber- und Kostenunterdeckungen führen. Diese Kostenüber- und Kostenunterdeckungen wurden dabei je Endkostenstelle nachgewiesen. Welche Kostenträger diese Kostendifferenzen verursacht haben, kann in der Kostenstellenrechnung bei

4.3 Kostenträgerrechnung

einem Mehrproduktunternehmen nicht nachvollzogen werden. Diese Funktion, d. h. den Nachweis von Ist- und Normal-Kostendifferenzen je Kostenträger und Kostenart (Einzelkosten oder Gemeinkosten) übernimmt die Kostenträgerzeitrechnung.

Hierfür ist das Kostenträgerzeitblatt um 2 Spalten je Produkt zu erweitern, in denen die Normalkosten und die Kostenüber- und Kostenunterdeckungen abgebildet werden.

Abb. 4.20

Berechnung des Betriebsergebnisses

			Produkt A		
Zeile	Kostenarten	Gesamtbetrag	Ist-Kosten	Normal-Kosten	Kostenüber-/unterdeckung
1	Einzelkosten der Endkostenstelle A	X_A			
2	Gemeinkosten der Endkostenstelle A	In % von X_A			
3	Sondereinzelkosten der Fertigung A				
4	**Summe Kosten Kostenstelle A**	Zeilen 1 + 2 + 3			
5	Einzelkosten der Endkostenstelle B	X_B			
6	Gemeinkosten der Endkostenstelle B	In % von X_B			
7	Sondereinzelkosten der Fertigung B				
8	**Summe Kosten Kostenstelle B**	Zeilen 5 + 6 + 7			
9	Einzelkosten der N-ten Endkostenstelle	X_N			
10	Gemeinkosten der N-ten Endkostenstelle	In % von X_N			
11	Sondereinzelkosten der Fertigung N-ten				
12	**Summe Kosten N-ten Kostenstelle**	Zeilen 9 + 10 + 11			
13	**Herstellkosten der Erzeugung**	Zeilen 4 + 8 + 12			
14	+ Bestandsminderungen				
15	− Bestandsmehrungen				
16	**Herstellkosten des Umsatzes**	Zeilen 13 + 14 − 15			
17	Verwaltungsgemeinkosten	In % von Zeile 16			
18	Vertriebsgemeinkosten	In % von Zeile 16			
19	**Selbstkosten des Umsatzes**	Zeilen 16 + 17 + 18			
20	Umsatzerlöse				
21	− Selbstkosten des Umsatzes (Normal)				
22	Umsatzergebnis				
23	+/− Kostenüber-/unterdeckung				
24	− Selbstkosten des Umsatzes (Ist)				
25	Betriebsergebnis				

4.3 Teilrechnungen der Kosten- und Leistungsrechnung
Kostenträgerrechnung

In der Spalte Normalkosten wird durch Bildung der Differenz zwischen Umsatzerlösen und Selbstkosten des Umsatzes zu Normalkosten das Umsatzergebnis ermittelt.

Es gilt:

Umsatzergebnis = Umsatzerlöse – Selbstkosten des Umsatzes$_{(Normal)}$

Anschließend kann das Betriebsergebnis in der Spalte Normalkosten wie folgt berechnet werden:

Umsatzergebnis
+ Kostenüberdeckungen
– Kostenunterdeckungen
= Betriebsergebnis

BEISPIEL **Kostenträgerzeitrechnung**

▶▶▶ In einer Bildungseinrichtung wurden im Monat Januar drei Kurse angeboten:
Kurs 1 – Das neue ICH – Kursdauer 45 Minuten, 2 × wöchentlich,
Kurs 2 – Das neue WIR – Kursdauer 45 Minuten; 2 × wöchentlich,
Kurs 3 – Gesunde Ernährung – Kursdauer 60 Minuten; 1 × wöchentlich.
Die Lebensmittelkosten betrugen im Kurs 3 je Veranstaltung 30 €.
Anhand eines BAB wurde ein Raumkostensatz von 80 € je Stunde ohne Küche und mit angeschlossener Küche von 100 € je Stunde, ein Gemeinkostenzuschlagsatz für die Lebensmittel von 12 Prozent sowie ein Verwaltungsgemeinkostenzuschlagsatz von 20 Prozent ermittelt.

Die Lehrkräfte wurden auf Honorarbasis abgerechnet, wobei folgende Vergütungssätze vereinbart wurden:
Kurs 1 – 300 €/Monat,
Kurs 2 – 300 €/Monat,
Kurs 3 – 400 €/Monat.

Aufgrund der weiten Anreise des Ernährungsberaters fielen zusätzlich nicht geplante Übernachtungskosten in Höhe von 200 € an.
Nachfolgend sind die Anzahl der Teilnehmer und die von der Agentur für Arbeit erhaltene Vergütung je Teilnehmer dargestellt:
Kurs 1 – 15 Teilnehmer, 75 € je Teilnehmer,
Kurs 2 – 18 Teilnehmer, 78 € je Teilnehmer,
Kurs 3 – 10 Teilnehmer, 125 € je Teilnehmer.

Zunächst wird die Betrachtung anhand der vorstehenden Ist-Kosten durchgeführt. Vor Übernahme der Kosten und Leistungen in die Kostenträgerzeitrechnung sind die Kosten zunächst in eine einheitliche Einheit umzurechnen:
Lebensmittelkosten: 30 €/Kurs × 4 Veranstaltungen im Monat = 120 €,
Raumkosten: Kurs 1 – 80 €/Stunde = 60 €/45 Minuten × 8 Veranstaltungen = 480 €,
Kurs 2 – 80 €/Stunde = 60 €/45 Minuten × 8 Veranstaltungen = 480 €.

Kurs 3 – 100 €/Stunde × 4 Veranstaltungen = 400 €
Umsatzerlöse: Kurs 1 – 15 Teilnehmer × 75 €/Teilnehmer = 1.125 €
Kurs 2 – 18 Teilnehmer × 78 €/Teilnehmer = 1.404 €
Kurs 3 – 10 Teilnehmer × 125 €/Teilnehmer = 1.250 €

Die Honorarkosten können als Sondereinzelkosten behandelt werden.

Hinweis: Die Honorarkosten sind den nicht variablen Einzelkosten zuzurechnen. Es sind Einzelkosten, da sie einem Kostenträger direkt zugerechnet werden können. Es handelt sich jedoch um fixe Kosten, da das Honorar von der Teilnehmerzahl unabhängig ist.

Die zusätzlich angefallenen Übernachtungskosten sind nur dem Kurs 3 zu belasten und werden bei den Honorarkosten mit erfasst.

Es ergibt sich das Kostenträgerzeitblatt in Abbildung 4.21.

Abb. 4.21

Kostenträgerzeitblatt

Zeile	Kostenarten	Gesamtbetrag	Produkte		
			Kurs 1	Kurs 2	Kurs 3
1	Lebensmittel	120,00 €			120,00 €
2	Gemeinkostenzuschlag Lebensmittel 12 %	14,40 €			14,40 €
3	**Summe Lebensmittelkosten**	**134,40 €**			**134,40 €**
4	Raumkostensatz	1.360,00 €	480,00 €	480,00 €	400,00 €
5	**Summe Raumkosten**	**1.360,00 €**	**480,00 €**	**480,00 €**	**400,00 €**
6	Honorarkosten	1.200,00 €	300,00 €	300,00 €	600,00 €
7	**Summe Honorarkosten**	**1.200,00 €**	**300,00 €**	**300,00 €**	**600,00 €**
8	**Herstellkosten des Umsatzes**	**2.694,40 €**	**780,00 €**	**780,00 €**	**1.134,40 €**
9	Verwaltungsgemeinkostenzuschlag 20 %	578,88 €	156,00 €	156,00 €	226,88 €
10	**Selbstkosten des Umsatzes**	**3.233,28 €**	**936,00 €**	**936,00 €**	**1.361,28 €**
11	Umsatzerlöse	3.779,00 €	1.125,00 €	1.404,00 €	1.250,00 €
12	– Selbstkosten des Umsatzes	3.233,28 €	936,00 €	936,00 €	1.361,28 €
13	**Betriebsergebnis**	**545,72 €**	**189,00 €**	**468,00 €**	**–111,28 €**

Das Betriebsergebnis von 545,72 €/Monat wurde im Wesentlichen durch den Kurs 2 erzielt. Der Kurs 3 konnte seine Kosten nicht decken und wurde von den anderen Kursen quersubventioniert.

Der Vergleich mit den Normalkosten soll anhand des Kurses 3 beispielhaft erfolgen.

Der Normalgemeinkostenzuschlagssatz Küche betrug 15 Prozent und der Normalgemeinkostenzuschlag für die Verwaltungskosten 25 Prozent. Die Normalkosten liegen aufgrund der höheren Zuschlagssätze über den Ist-Kosten. Es errechnen sich Kostenüberdeckungen von 3,60 € und 7,62 €.

4.3 Teilrechnungen der Kosten- und Leistungsrechnung
Kostenträgerrechnung

Bisher benötigte ein Ernährungsberater keine Übernachtungskosten. Diese konnten daher in der Normalkostenrechnung auch nicht berücksichtigt werden. Es errechnet sich eine Kostenunterdeckung in Höhe von 200 €.

Hinweis: Wenn von vornherein feststand, dass der Ernährungsberater Übernachtungskosten verursachen wird, hätten die Normalkosten, die sich ja aus den durchschnittlichen Ist-Kosten der Vergangenheit berechnen, um die Übernachtungskosten erhöht werden müssen.

Abbildung 4.22 zeigt die Kostenträgerzeitrechnung mit Darstellung von Kostenüber-/-unterdeckungen.

Abb. 4.22

Kostenträgerzeitrechnung mit Kostenüber-/unterdeckungen

			Produkt Kurs 3		
Zeile	Kostenarten	Gesamtbetrag	Ist-Kosten	Normal-Kosten	Kostenüber-/ underdeckung
1	Lebensmittel	120,00 €	120,00 €	120,00 €	0,00 €
2	Gemeinkostenzuschlag Lebensmittel 12 %	14,40 €	14,40 €	18,00 €	3,60 €
3	**Summe Lebensmittelkosten**	**134,40 €**	**134,40 €**	**138,00 €**	**3,60 €**
4	Raumkostensatz	1.360,00 €	400,00 €	400,00 €	0,00 €
5	**Summe Raumkosten**	**1.360,00 €**	**400,00 €**	**400,00 €**	**0,00 €**
6	Honorarkosten	1.200,00 €	600,00 €	400,00 €	−200,00 €
7	**Summe Honorarkosten**	**1.200,00 €**	**600,00 €**	**400,00 €**	**−200,00 €**
8	**Herstellkosten des Umsatzes**	**2.694,40 €**	**1.134,40 €**	**938,00 €**	**−196,40 €**
9	Verwaltungsgemeinkosten	538,88 €	226,88 €	234,50 €	7,62 €
10	**Selbstkosten des Umsatzes**	**3.233,28 €**	**1.361,28 €**	**1.172,50 €**	**−188,78 €**
11	Umsatzerlöse	3.779,00 €	1.250,00 €	1.250,00 €	
12	− Selbstkosten des Umsatzes (Normal)			1.172,50 €	
13	Umsatzergebnis			77,50 €	
14	+/− Kostenüber-/unterdeckungen			−188,78 €	
15	− Selbstkosten des Umsatzes (Ist)	3.233,28 €	1.361,28 €		
16	**Betriebsergebnis**	**545,72 €**	**−111,28 €**	**−111,28 €**	

Das Umsatzergebnis von 77,50 € zeigt, dass unter normalen Umständen (ohne Übernachtungskosten) auch der Kurs 3 einen positiven Beitrag zum Betriebsergebnis geleistet hätte. In Höhe der gesamten Kostenunterdeckung von 188,78 € wurde das Umsatzergebnis gemindert und es ergibt sich das Betriebsergebnis von −111,28 €. ◀◀◀

4.4 Teilkostenrechnungsbetrachtungen

Im Rahmen der unter Kapitel 4.3 vorgestellten Kostenträgerstückrechnung wurden den Kostenträgern alle durch sie unmittelbar und mittelbar verursachte Kosten zugerechnet (Vollkostenrechnung). Auch die unter Kapitel 4.3.3.4 dargestellte Zuschlagskalkulation verrechnet unmittelbar durch den Kostenträger verursachte Einzelkosten und die oftmals nur mittelbar durch den Kostenträger verursachten Gemeinkosten. Ausgangspunkt hierfür ist die Gemeinkostenverrechnung im BAB, denn die Gemeinkosten sind teilweise unmittelbar und teilweise nur mittelbar durch den Kostenträger verursacht. Welche Folgen dies für kurzfristige unternehmerische Entscheidungen haben kann, zeigt das folgende Beispiel.

BEISPIEL **Kritik an der Vollkostenrechnung**

▶▶▶ Die Fertigungskapazität im Unternehmen liegt bei 100 Stück im Monat. Aufgrund der Fertigung im Monat Januar (Fertigungsmenge 10 Stück) sind folgende Einzelkosten angefallen: Fertigungsmaterial 1.000 € und Fertigungslöhne 1.000 €. Die Gemeinkosten wurden im BAB verteilt und Zuschlagssätze kalkuliert.

Abb. 4.23

Zuschlagssätze

BAB			
Gemeinkostenart	**Gesamtbetrag**	**Materialkostenstelle**	**Fertigungskostenstelle**
Abschreibungen	100 €	20 €	80 €
Gehälter	200 €	20 €	180 €
Energie	50 €	10 €	40 €
Summe Gemeinkosten	350 €	50 €	300 €
Zuschlagsbasis		1.000 €	1.000 €
Zuschlagssatz		5 %	30 %

(Zuschlagsbasis entspricht den Einzelkosten Fertigungsmaterial und Fertigungslöhne)

Daraus lassen sich die Selbstkosten des Kostenträgers im Rahmen der Zuschlagskalkulation und das Betriebsergebnis durch die Kostenträgerzeitrechnung darstellen. Die gesamt hergestellte Menge wurde zum Preis von 2.500 € verkauft. Es errechnet sich ausweislich der Abbildung 4.24 ein positives Betriebsergebnis von 150 €.

4.4 Teilrechnungen der Kosten- und Leistungsrechnung
Teilkostenrechnungsbetrachtungen

Abb. 4.24

Positives Betriebsergebnis

Zeile		Kostenträgerstückrechnung	Kostenträgerzeitrechnung
1	Fertigungsmaterial	100 €	1.000 €
2	Materialgemeinkosten 5 %	5 €	50 €
3	Materialkosten	105 €	1.050 €
4	Fertigungslöhne	100 €	1.000 €
5	Fertigungsgemeinkosten 30 %	30 €	300 €
6	Fertigungskosten	130 €	1.300 €
7	Herstellkosten der Erzeugung	235 €	2.350 €
8	Selbstkosten	235 €	2.350 €
9	Erlös je Stück	250 €	
10	Gewinn je Stück	15 €	
11	Umsatzerlöse		2.500 €
12	Selbstkosten des Umsatzes		2.350 €
13	Betriebsergebnis		150 €

Im nächsten Monat könnten 50 Teile hergestellt und abgesetzt werden, jedoch zu einem Preis von 230 €. Sollte das Angebot angenommen werden?
Wenn das Unternehmen mit den gleichen Zuschlagssätzen wie im vergangenen Monat kalkuliert, würde das Unternehmen den Auftrag ablehnen (vgl. Abbildung 4.25).

Abb. 4.25

Negatives Betriebsergebnis

Zeile		Kostenträgerstückrechnung	Kostenträgerzeitrechnung
1	Fertigungsmaterial	100 €	5.000 €
2	Materialgemeinkosten 5 %	5 €	250 €
3	Materialkosten	105 €	5.250 €
4	Fertigungslöhne	100 €	5.000 €
5	Fertigungsgemeinkosten 30 %	30 €	1.500 €
6	Fertigungskosten	130 €	6.500 €
7	Herstellkosten der Erzeugung	235 €	11.750 €
8	Selbstkosten	235 €	11.750 €
9	Erlös je Stück	230 €	
10	Gewinn je Stück	−5 €	
11	Umsatzerlöse		11.500 €
12	Selbstkosten des Umsatzes		11.750 €
13	Betriebsergebnis		−250 €

4.4 Teilkostenrechnungsbetrachtungen

Diese Entscheidung wäre jedoch falsch, da sich die Gemeinkosten nicht auf 1.750 € erhöhen würden (Materialgemeinkosten 250 € und Fertigungsgemeinkosten 1.500 €). Tatsächlich würden sich nur die Energiekosten durch die Mehrproduktion erhöhen. Die Abschreibungen und Gehälter blieben konstant. Bei Unterstellung von proportionalen Energiekosten Materialkosten und Fertigungslöhnen, errechnen sich die Zuschlagssätze in Abbildung 4.26.

Abb. 4.26

Zuschlagssätze

BAB

Gemeinkostenart	Gesamtbetrag	Materialkostenstelle	Fertigungskostenstelle
Abschreibungen	100 €	20 €	80 €
Gehälter	200 €	20 €	180 €
Energie	**250 €**	50 €	200 €
Summe Gemeinkosten	550 €	90 €	460 €
Zuschlagsbasis		5.000 €	5.000 €
Zuschlagssatz		1,80 %	9,20 %

Unter Berücksichtigung dieser Zuschlagssätze errechnen sich die Selbstkosten aus Abbildung 4.27.

Abb. 4.27

Selbstkosten

Zeile		Kostenträgerstückrechnung	Kostenträgerzeitrechnung
1	Fertigungsmaterial	100 €	5.000 €
2	Materialgemeinkosten 1,8 %	1,8	90 €
3	Materialkosten	101,8 €	5.090 €
4	Fertigungslöhne	100 €	5.000 €
5	Fertigungsgemeinkosten 9,2 %	9,2 €	460 €
6	Fertigungskosten	109,2 €	5.460 €
7	Herstellkosten der Erzeugung	211 €	10.550 €
8	Selbstkosten	211 €	10.550 €
9	Erlös je Stück	230 €	
10	Gewinn je Stück	19 €	
11	Umsatzerlöse		11.500 €
12	Selbstkosten des Umsatzes		10.550 €
13	Betriebsergebnis		950 €

Der Auftrag würde bei einem positiven Betriebsergebnis von 950 € angenommen werden ◀◀◀

Proportionalisierung der Gemeinkosten: Gefahren

Dieses Beispiel zeigt, dass die Proportionalisierung der Gemeinkosten in der Vollkostenrechnung zu falschen unternehmerischen Entscheidungen führen kann. Dies liegt an dem Verhalten der fixen Gemeinkosten bei Beschäftigungsgradänderungen. Durch die Verwendung des Zuschlagssatzes werden die Fixkosten den variablen Kosten gleichgestellt.

Weiterhin kommt es bei der Gemeinkostenverrechnung oftmals zu Mehrfachschlüsselungen, da die Verrechnung in mehreren Stufen (Primärkosten- und Sekundärkostenverrechnung) durch Schlüsselgrößen erfolgt und diese Schlüsselgrößen die Kostenverursachung nur näherungsweise abbilden.

Schlussfolgend ist festzuhalten, dass die Vollkostenrechnung nur bedingt geeignet ist, kurzfristige unternehmerische Entscheidungen vorzubereiten.

Anwendung der Teilkostenrechnung

Die Teilkostenrechnung kommt bei kurzfristigen Entscheidungen zur Anwendung, wie z. B.:
- preispolitischen Entscheidungen (kurzfristige Preisuntergrenze),
- Bestimmung des optimalen Leistungsprogrammes,
- Eigenfertigung oder Fremdbezug,
- Annahme von Zusatzaufträgen.

Die Anwendung der Teilkostenrechnung für diese Bereiche ist möglich, da nur die durch den Kostenträger unmittelbar verursachten variablen Kosten betrachtet werden. Die Verrechnung der fixen Kosten erfolgt erst anschließend als Summe oder durch Aufteilung in verschiedene Fixkostenblöcke.

Die grundsätzliche Unterscheidung der Vollkostenrechnung von der Teilkostenrechnung liegt im Umfang der verrechneten Kosten, Gesamtkosten bei der Vollkostenrechnung und Teilkosten bei der Teilkostenrechnung. Ausgangspunkt der Teilkostenrechnung ist die Aufteilung des gesamten leistungsbedingten Wertverzehrs in variable und fixe Kosten. Hinsichtlich der Aufteilung und der Kostenauflösung wird auf das Kapitel 4.1.5 verwiesen.

Vor dem Hintergrund, dass in der Sozialwirtschaft die Einzelkosten den variablen Kosten entsprechen, wird nachfolgend nur auf das Teilkostenrechnungssystem auf Basis der variablen Kosten eingegangen. Dieses System wird ja nach Behandlung der Fixkosten bezeichnet als:
- Einstufige Deckungsbeitragsrechnung,
- Mehrstufige Deckungsbeitragsrechnung.

4.4.1 Einstufige Deckungsbeitragsrechnung

Bei der einstufigen Deckungsbeitragsrechnung, auch als Direct Costing bezeichnet, werden Kosten zunächst in Einzelkosten und Gemeinkosten getrennt. Anschließend erfolgt die Trennung der Gemeinkosten in variable und fixe Kosten.

4.4 Teilkostenrechnungsbetrachtungen

Die Kostenstellenrechnung erfolgt grundsätzlich nach dem in Kapitel 4.2.3 beschriebenen Ablauf, d. h. zunächst erfolgt die Primärkostenverrechnung und anschließend die Sekundärkostenverrechnung für die innerbetriebliche Leistungsverrechnung. Jedoch werden die variablen (proportionalen) und fixen Gemeinkosten in der Primärkostenverrechnung getrennt auf die Kostenstellen verrechnet. In der Sekundärkostenverrechnung werden nur die aus Sicht der verrechneten Kostenstelle als variabel geltenden Kosten verrechnet. Die fixen Kosten bleiben auf ihrer jeweiligen Vorkosten- bzw. Endkostenstelle stehen und werden anschließend aufsummiert. Die Berechnung der proportionalen Zuschlagssätze/Kalkulationssätze erfolgt mittels proportionaler Gemeinkosten der Endkostenstelle dividiert durch die Zuschlagsbasis der Endkostenstellen.

Es gilt:

$$\text{Kalkulationssatz} = \frac{\text{Proportionale Gemeinkosten der Endkostenstelle}}{\text{Zuschlagsbasis der Endkostenstelle}}$$

Der grundsätzliche Aufbau der Kostenstellenrechnung im sogenannten Direct-Costing-Verfahren zeigt die Abbildung 4.28.

Abb. 4.28

Aufbau der Kostenstellenrechnung im Direct-Costing-Verfahren

BAB	Kostenstellen	Vorkostenstellen				Endkostenstellen			
		Allgemeine Hilfskostenstellen				Hauptkostenstellen			
		Energie		Reinigung		Küche		Unterkunft	
Gemeinkosten	Gesamtbetrag	prop.	fix	prop.	fix	prop.	fix	prop.	fix
Kostenart 1	→								
Kostenart 2	→								
Summe primäre Gk									
Summe primäre fixe Gk									
Summe primäre prop. Gk									
Sekundärkostenverrechnung									
Umlage prop. Energie		→							
Umlage prop. Reinigung				→					
Summe variable Gk		0		0					
Summe fixe Gk									
Zuschlagsbasis der Endkostenstellen									
Prop. Zuschlags-/Kalkulationssatz									

4.4 Teilrechnungen der Kosten- und Leistungsrechnung
Teilkostenrechnungsbetrachtungen

Hinweis: Es besteht auch die Möglichkeit, die innerbetriebliche Leistungsverrechnung im Direct Costing im Anbauverfahren durchzuführen.

BEISPIEL **Kostenstellenrechnung im Direct Costing**

▶▶▶ Eine Bildungseinrichtung bietet in der angeschlossenen Unterkunft mit 40 Zimmern Übernachtung und wahlweise dazu buchbare Verpflegung an. Der Grundpreis beträgt 60 € je Übernachtung ohne Verpflegung, für das Frühstück werden 6,00 €, für das Mittagessen werden 9,00 € und für das Abendessen werden 7,00 € berechnet. Es besteht auch die Möglichkeit, Übernachtungen mit Vollverpflegung für 79,00 € zu buchen.

Insgesamt sind im Monat Januar 41.647 € an Kosten entstanden, die in Höhe von 36.847 € auf folgende Kostenarten entfallen und auf die Kostenstellen wie folgt verrechnet werden (vgl. Abbildung 4.29).

Abb. 4.29

Kostenarten und Kostenstellen

Kostenarten			Zuordnung auf Kostenstellen
Personalkosten		19.344 €	Kostenstelleneinzelkosten
Abschreibungen		2.650 €	Kostenstelleneinzelkosten
Strom-/Wasserkosten		1.773 €	Aufteilung nach aufgezeichnetem Verbrauch, die Grundkosten von monatlich 20 € wurden auf die Kostenstellen gleichmäßig verteilt
Gasverbrauch		1.458 €	Aufteilung nach aufgezeichnetem Verbrauch, Grundkosten von monatlich 40 € wurden auf die Kostenstellen gleichmäßig verteilt
Versicherung/Steuern		903 €	Aufteilung nach Versicherungs-/Grundsteuerwerten
Kraftstoffe/Instandhaltung		927 €	Aufteilung nach vorliegenden Belegen
Reinigung/Wäsche		9.792 €	davon 200 € fest für die monatliche Grundreinigung der Küche, 100 € für die Reinigung der Arbeitskleidung des Küchenpersonals und 9.392 € für Wäsche und Reinigung der belegten Zimmer sowie 100 € für die monatliche Reinigung der Büroräume
Für Lebensmitteleinkäufe wurden ausgegeben		4.800 €	Je Essen wurde wie folgt kalkuliert: • Frühstück: 2,50 € • Mittagessen: 3,25 € • Abendessen: 2,25 € Im Monat Januar gab es 600 Übernachtungen durchgängig einschließlich Vollverpflegung.
Die innerbetriebliche Leistungsverrechnung erfolgt wie folgt:			
Fuhrpark	Fahrleistung insgesamt 1.200 km		Davon KSt. »Heizung« 100 km, KSt. »Küche« 400 km, KSt. »Unterkunft« 500 km und KSt. »Verwaltung« 200 km
Heizung	Verbrauch insgesamt 30.000 kWh		Davon KSt. »Küche« 1000 kWh, KSt. »Unterkunft« 25.500 kWh davon 2.500 kWh Heizung der Flure und KSt. »Verwaltung« 3.500 kWh.

4.4 Teilkostenrechnungsbetrachtungen

Nach diesen Angaben ergibt sich der mehrstufige BAB in Abbildung 4.30.

Abb. 4.30

BAB

BAB	Kosten-stellen	Vorkostenstellen				Endkostenstellen					
		Allgemeine Hilfskostenstellen				Hauptkostenstellen					
		Fuhrpark		Heizung		Küche		Übernachtung		Verwaltung	
Gemeinkosten	Gesamtbetrag	prop.	fix	prop.	fix	prop.	fix	prop.	fix	prop.	fix
Personalkosten	19.344					4.844	2.800		8.000		3.700
Abschreibungen	2.650		325		100		500		1.455		270
Strom-/Wasserkosten	1.773		52	5		60	5	1.539	5	102	5
Gasverbrauch	1.458			1.300	20	118	20				
Versicherung und Steuern	903		90		10		200		400		203
Kraftstoffe/Instandhaltung	927	336					591				
Reinigung/Wäsche	9.792					100	200	9.392			100
Summe primäre GK	36.847										
Summe primäre fixe GK			415		135		3.725		9.860		4.278
Summe primäre prop. GK		336		1.352		5.122		11.522		102	
Sekundärkostenverr.											
Umlage prop. Fuhrpark		336		28	0	112	0	140	0	56	0
Umlage prop. Heizung				1.380		46	0	1.058	115	161	0
Summe prop. GK		0		0		5.280		12.720		319	
Summe fixe GK			415		135		3.725		9.975		4.278
Zuschlagsbasis der Endkostenstellen						4.800		600		22.800	
Prop. Zuschlags-/Kalkulationssatz						110,0		21,2		1,4	

Aufgrund der Wertgröße »Lebensmittelkosten« in Höhe von 4.800 € als Zuschlagsbasis für die Kostenstelle Küche errechnet sich für diese Kostenstelle ein proportionaler Gemeinkostenzuschlagssatz von 110 Prozent.

Durch Verwendung der Mengengröße »Anzahl der Übernachtungen« (600) errechnet sich ein proportionaler Kalkulationssatz von 21,20 € je Übernachtung.

Als Zuschlagbasis für die proportionalen Verwaltungsgemeinkosten dienen proportionale Herstellkosten der Leistung in Höhe von 22.800 €, sodass sich ein proportionaler Verwaltungsgemeinkostenzuschlag von 1,4 Prozent errechnet. ◄◄◄

4.4 Teilrechnungen der Kosten- und Leistungsrechnung
Teilkostenrechnungsbetrachtungen

In der Kostenträgerstückrechnung werden zunächst proportionale Selbstkosten nach Schema in Abbildung 4.31 berechnet.

Abb. 4.31

Berechnung proportionaler Selbstkosten

Zeile	Kostenarten	Betrag
1	prop. Einzelkosten der Endkostenstelle A	X_A
2	prop. Gemeinkosten der Endkostenstelle A	In % von X_A
3	prop. Sondereinzelkosten A	
4	Summe prop. Kosten Kostenstelle A	Zeilen 1 + 2 + 3
5	prop. Einzelkosten der Endkostenstelle B	X_B
6	prop. Gemeinkosten der Endkostenstelle B	In % von X_B
7	prop. Sondereinzelkosten B	
8	Summe prop. Kosten Kostenstelle B	Zeilen 5 + 6 + 7
9	prop. Einzelkosten der N-ten Endkostenstelle	X_N
10	prop. Gemeinkosten der N-ten Endkostenstelle	In % von X_N
11	prop. Sondereinzelkosten N-ten Kostenstelle	
12	prop. Summe Kosten N-ten Kostenstelle	Zeilen 9 + 10 + 11
13	prop. Herstellkosten der Erzeugung	Zeilen 4 + 8 + 12
14	prop. Verwaltungsgemeinkosten	In % von Zeile 13
15	prop. Vertriebsgemeinkosten	in% von Zeile 13
16	prop. Selbstkosten (k_v)	Zeilen 13 + 14 + 15

Dieses Schema unterscheidet sich nur hinsichtlich der hier ausschließlich verrechneten variablen Kosten von dem unter Abb. 4.17 dargestellten Berechnungsschema.

BEISPIEL FORTSETZUNG Kostenträgerstückrechnung

▸▸▸ Aus der Kostenstellenrechnung sind für die Bildungseinrichtung folgende Daten bekannt:
- Lebensmittel bei Vollverpflegung 8,00 € (4.800 € Lebensmittekosten : 600 Mahlzeiten),
- proportionaler Gemeinkostenzuschlagssatz Küche 110 Prozent,
- proportionaler Kalkulationssatz je Übernachtung 21,20 €.

proportionaler Verwaltungsgemeinkostenzuschlagssatz 1,4 Prozent. Damit errechnen sich folgende proportionale Selbstkosten je Übernachtung:

4.4 Teilkostenrechnungsbetrachtungen

Zeile	Kostenarten	Betrag
1	Kst Küche (Lebensmittelkosten)	8,00 €
2	Prop. Gemeinkostenzuschlag Küche 110%	8,80 €
3	Prop. Kosten der Verpflegung	16,80 €
4	Prop. Kosten der Übernachtung	21,20 €
5	Prop. Herstellkosten von Übernachtung + Vollverpfl.	38,00 €
6	Prop. Verwaltungsgemeinkosten 1,4%	0,50 €
7	Prop. Selbstkosten	38,50 €

◄◄◄

Die Kostenträgerstückrechnung dient im Direct Costing der Ermittlung des Stückdeckungsbeitrages. Hierzu werden ausgehend vom Marktpreis, der als feste Größe betrachtet wird, die proportionalen Selbstkosten abgezogen.
Es gilt:

Stückdeckungsbeitrag = Preis − variable Stückkosten bzw. $db = p - k_v$

Der Stückdeckungsbetrag gibt an, mit welchem Betrag sich das Produkt an der Deckung der fixen Kosten beteiligt.

BEISPIEL FORTSETZUNG **Ermittlung Stückdeckungsbeitrag**

►►► Die proportionaler Selbstkosten je Übernachtung mit Vollverpflegung betragen 38,50 €.
Der Preis inklusive Vollverpflegung beträgt 79,00 €
Damit errechnet sich ein Stückdeckungsbeitrag von:

$db = p - k_v = 79,00 € - 38,50 €/\text{Übernachtung} = 41,50 €/\text{Übernachtung}$ ◄◄◄

Berechnung des Gesamtdeckungsbeitrags
In der Kostenträgerzeitrechnung wird der Gesamtdeckungsbeitrag nach folgendem Schema im Umsatzkostenverfahren und Gesamtkostenverfahren berechnet:
Umsatzkostenverfahren:
Umsatzerlöse
− proportionale Selbstkosten der abgesetzten Leistung
= Gesamtdeckungsbeitrag
Gesamtkostenverfahren:
Umsatzerlöse
+/− Bestandsveränderungen zu proportionalen Hk
+ aktivierte Eigenleistungen zu proportionalen Hk
= Gesamtleistung
− proportionale Kosten
= Gesamtdeckungsbeitrag

4.4 Teilrechnungen der Kosten- und Leistungsrechnung
Teilkostenrechnungsbetrachtungen

Die Kostenträgerzeitrechnung dient im Direct Costing der:
- Ermittlung des Gesamtdeckungsbeitrages
- Ermittlung des Deckungsbeitrages je Produkt oder Produktgruppe
- Ermittlung des Betriebsergebnisses.

Es gilt:
Gesamtdeckungsbeitrag = Umsatzerlöse – variable Gesamtkosten bzw.
DB = E – K_v (im Umsatzkostenverfahren)
Der Gesamtdeckungsbeitrag gibt an, welcher Betrag insgesamt zur Deckung der fixen Kosten zur Verfügung steht.

BEISPIEL FORTSETZUNG Ermittlung des Gesamtdeckungsbeitrags

▶▶▶ Die Kostenstellenrechnung der Bildungseinrichtung gibt variable Gemeinkosten von insgesamt 23.119 € an.

KSt »Küche«	5.280 €
KSt »Übernachtung«	12.720 €
KSt »Verwaltung«	319 €
Lebensmittelkosten	4.800 €

Weiterhin ist bekannt, dass 600 Übernachtungsleistungen inklusive Vollverpflegung erbracht wurden. Daraus errechnen sich Umsatzerlöse von insgesamt 47.400 € (600 Übernachtungen zu je 79 €)
Der Gesamtdeckungsbeitrag errechnet sich wie folgt:
DB = E – K_v = 47.400€ – 23.119 € = 24.281 € ◀◀◀

Das Betriebsergebnis wird durch Subtraktion der gesamten fixen Kosten vom Gesamtdeckungsbeitrag errechnet.
Es gilt: Betriebsergebnis = Gesamtdeckungsbeitrag – fixe Kosten bzw.
BE = DB – K_f

BEISPIEL FORTSETZUNG Ermittlung des Betriebsergebnisses

▶▶▶ Der Gesamtdeckungsbeitrag der Bildungseinrichtung betrug im Januar 24.281 €. Aus der Kostenstellenrechnung sind die fixen Kosten von 18.528 € bekannt, die sich wie folgt zusammensetzen:

KSt »Fuhrpark«	415 €
KSt »Heizung«	135 €
KSt »Küche«	3.725 €
KSt »Übernachtung«	9.975 €
KSt »Verwaltung«	4.278 €

4.4 Teilkostenrechnungsbetrachtungen

Das Betriebsergebnis errechnet sich wie folgt:
BE = DB – Kf = 24.281 € – 18.528 € = 5.753 €

Hinweis: Durch Abgleich mit dem Betriebsergebnis laut Vollkostenrechnung kann die Richtigkeit dieser Berechnung überprüft werden.
BE = E – K = 47.400 € – 41.647 € = 5.753 €. ◄◄◄

4.4.2 Annahme Zusatzauftrag?

Die Beantwortung der Frage, ob ein Zusatzauftrag angenommen werden sollte, vorausgesetzt die Wahlmöglichkeit besteht, hängt davon ab, ob noch freie Kapazitäten im Unternehmen bestehen oder nicht. Im Fall von freien Kapazitäten muss der Zusatzauftrag nur die ihm direkt zuzurechnenden Kosten decken. Dies sind im Regelfall die Einzelkosten und variable Gemeinkosten. Deckt der Erlös für die Leistung diese Kosten ab, errechnet sich somit ein positiver Deckungsbeitrag, der zur Deckung der bestehenden fixen Kosten beiträgt.

BEISPIEL FORTSETZUNG Annahme Zusatzauftrag – Freie Kapazität

►►► Das DRK stellt beim Bildungsträger eine Anfrage, 10 Zimmer für vier Wochen (entspricht 280 Übernachtungen) zu einem Preis von insgesamt 9.800 € inklusive Frühstück zu buchen.

Zunächst ist zu prüfen, ob tatsächlich Kapazitäten frei sein werden:

Die durchschnittliche Belegung der Unterkunft betrug in der Woche 75 Prozent und liegt am Wochenende bei 40 Prozent. Unter Berücksichtigung der Kapazität von 40 Zimmern sind wochentags 30 Zimmer und am Wochenende 16 Zimmer belegt. Somit stehen freie Kapazitäten zur Verfügung.

Anschließend ist zu prüfen, ob ein positiver Deckungsbeitrag erwirtschaftet wird. Je Übernachtung würde das DRK einen Preis von 35 € bezahlen (9.800 €/280 Übernachtungen).

Die variablen Kosten betragen lt. Kostenträgerrechnung je Übernachtung 21,50 € (21,20 € + proportionale Verwaltungsgemeinkosten 1,4 %). Die variablen Kosten für das Frühstück sind wie folgt zu kalkulieren:

Lebensmittelkosten je Frühstück	2,50 €
+ proportionale Gemeinkosten Küche	2,75 € (110 %)
+ proportionale Verwaltungsgemeinkosten	0,07 € (1,4 %)
= proportionale Kosten Frühstück	5,32 €

Damit betragen die proportionalen Selbstkosten je Übernachtung und Frühstück 26,82 € (21,50 je Übernachtung + 5,32 € je Frühstück). Bei dieser Annahme errechnet sich ein positiver Stückdeckungsbeitrag von 8,18 € je Übernachtung und ein Gesamtdeckungsbeitrag von 2.290,40 €. Aufgrund der gleichen Fixkosten würde sich das Betriebsergebnis um 2.290,40 € erhöhen.

Die Anfrage sollte bestätigt werden. ◄◄◄

4.4 Teilrechnungen der Kosten- und Leistungsrechnung
Teilkostenrechnungsbetrachtungen

AUFGABE ZU KAPITEL 4.4.2 (ANNAHME ZUSATZAUFTRAG – FREIE KAPAZITÄT)

1. Ein zu einer Tagespflegeeinrichtung gehörender Hol- und Bringedienst erhält die Anfrage, für eine andere Einrichtung die Fahrten teilweise mit zu erledigen. Bisher ist das vorhandene Fahrzeug nicht ausgelastet und auch der Fahrer ist unterbeschäftigt.

Als Vergütung werden 20 € je Person für 10 Personen angeboten.

Welche Tatsachen sind aus ökonomischer Sicht vor Annahme zu würdigen?

Entstehen durch den Zusatzauftrag zusätzliche fixe Kosten, sind diese in die Vorteilsrechnung mit einzubeziehen.

Es gilt:

Δ Betriebsergebnis = Δ Deckungsbeitrag – Δ Fixkosten

BEISPIEL FORTSETZUNG Annahme Zusatzauftrag zusätzliche Fixkosten

▶▶▶ Wie im vorherigen Beispiel. Das DRK verlangt jedoch zusätzlich die Besetzung der Rezeption auch am Wochenende.

Diese war bisher nicht besetzt. Durch die Besetzung würden sich die fixen Personalkosten um 1.400 € erhöhen.

Es ist zu prüfen, ob im Hinblick auf die gestiegenen Fixkosten eine positive Veränderung des Betriebsergebnisses eintritt. Dabei hat die Fixkostenerhöhung keine Auswirkung auf die im vorherigen Beispiel berechnete Veränderung des Gesamtdeckungsbeitrages.

BE = DB – K_f = 2.290,40 € – 1.400 € = 890,40 €

Das Betriebsergebnis würde sich um 890,40 € erhöhen.
Die Anfrage sollte bestätigt werden. ◀◀◀

AUFGABE ZU KAPITEL 4.4.2 (ANNAHME ZUSATZAUFTRAG – FIXKOSTENÄNDERUNG)

(Fortsetzung der Aufgabe 1 zu Kapitel 4.4.2)

2. Das bisherige Fahrzeug ist einschließlich Fahrer vollkommen ausgelastet.

Welche Tatsachen sind nunmehr zusätzlich zu würdigen?

Sollten keine Kapazitäten frei sein, könnte das Unternehmen bei Annahme des Zusatzauftrages eine andere Leistung nicht mehr oder nur eingeschränkt erbringen. Es entstehen Opportunitätskosten. Diese drücken einen entgangenen Gewinn in Kosten aus. Dieser entgangene Gewinn, der nicht mehr oder eingeschränkt umsetzbaren Leistungen, muss der Zusatzauftrag mit abdecken, um aus betriebswirtschaftlicher Sicht angenommen zu werden. Hier wird bewusst aus betriebswirtschaftlicher Sicht argumentiert, weil es darüber hinaus Gründe gibt, einen bestehenden Auftrag zu erfüllen und nicht durch ein lukrativeres Angebot zu ersetzen.

4.4 Teilkostenrechnungsbetrachtungen

BEISPIEL FORTSETZUNG **Annahme Zusatzauftrag keine freien Kapazitäten**

▶▶▶ Das DRK stellt beim Bildungsträger eine Anfrage, 14 Zimmer für 4 Wochen (entspricht 392 Übernachtungen) zu einem Preis von insgesamt 13.720 € inklusive Frühstück zu buchen.

Zunächst ist zu prüfen, ob tatsächlich Kapazitäten frei sein werden.

Die durchschnittliche Belegung der Unterkunft betrug wochentags 75 Prozent und am Wochenende 40 Prozent. Unter Berücksichtigung der Kapazität von 40 Zimmern sind an einem Wochentag immer 30 Zimmer und am Wochenende 16 Zimmer belegt. Somit stehen nur am Wochenende freie Kapazitäten zur Verfügung. Wochentags könnten 4 Zimmer nicht mit Vollzahlern belegt werden, die darüber hinaus noch Vollverpflegung buchen.

Es ist zu prüfen, ob sich vor diesem Hintergrund bei diesen angefragten Übernachtungen ein positiver Deckungsbeitrag errechnet.

1. *Feststellung:* Für 312 Übernachtungen reichen die Kapazitäten aus. Mit ihnen wird ein Deckungsbeitrag von 2.552,16 € (8,18 € je Übernachtung × 300 Übernachtungen) erwirtschaftet.
2. *Feststellung:* Für 80 Übernachtungen (4 Übernachtungen am Tag × 5 Wochentage × 4 Wochen) ist der Deckungsbeitrag unter Berücksichtigung der Opportunitätskosten zu berechnen.

Die Opportunitätskosten betragen 40,46 € und errechnen sich wie folgt:
– 38,50 € je Übernachtung
(regulärer Preis 60 € ohne Verpflegung abzgl. proportionale Selbstkosten der Übernachtung 21,50 €)
– 1,96 € für Vollverpflegung (Preis Vollverpflegung 19,00 € (Preis Übernachtung inklusive Vollverpflegung abzgl. Grundpreis der Übernachtung) abzgl. proportionaler Kosten der Verpflegung 17,04 €).
Die proportionaler Selbstkosten einer Übernachtung inklusive Frühstück betragen 26,82 €.
Der Deckungsbeitrag beträgt somit:
db = 35,00 € – 26,82 € – 32,28 € = –40,46 €/Übernachtung
Mit den 80 Übernachtungen wird ein Deckungsbeitrag von – 2.582,40 € (–32,28 € je Übernachtung × 80 Übernachtungen) erwirtschaftet.

Insgesamt würde demzufolge ein Deckungsbeitrag von –30,24 € erwirtschaftet werden.

Die Anfrage sollte nicht bestätigt werden. ◀◀◀

4.4.3 Preispolitische Entscheidungen

Die proportionalen Stückkosten markieren die kurzfristige Preisuntergrenze. Sollte ein Preis in Höhe der proportionalen Stückkosten vereinbart werden, würde ein Verlust in Höhe der fixen Kosten entstehen. Ein Verlust in Höhe der fixen Kosten führt auf Dauer zur Kapitalaufzehrung (Minderung des Eigenkapitals) und letztendlich zu einer insolvenzbedrohenden Situation. Daher kann eine Preisvereinbarung in Höhe der proportionalen Selbstkosten nur eine vorübergehende Lösung sein.

4.4.4 Innerbetriebliche Leistungen outsourcen

Die Frage, ob innerbetriebliche Leistungen aus Kostengründen fremdvergeben werden sollten, müssen sich auch soziale Einrichtungen stellen. Es treten Fragen auf wie: Soll der Hausmeister weiterhin beschäftigt werden oder ist ein Hausmeisterservice günstiger? Soll die betriebsinterne Küche weiterhin betrieben werden oder ist ein Cateringservice preiswerter?

Zunächst ist hierzu festzustellen, dass sich ein Unternehmen durch Outsourcing in gewisse Abhängigkeiten vom Fremddienstleister begibt. Wird beispielsweise die Küche geschlossen, abgebaut und verkauft, weil der Caterer das Essen für die Hälfte der bisherigen Selbstkosten liefert, ist das spätere Backsourcing, im Falle einer Preiserhöhung des Caterers, mit erheblichen Investitionen und Kosten verbunden. Das Wissen des Fremddienstleisters hierüber treibt oftmals (mittel- bis langfristig) die Preise outgesourcter Leistungen in die Höhe. Daher sollte das Outsourcing immer unter Beachtung dieses möglichen Szenarios erfolgen. Die Vorteilhaftigkeit vom Outsourcing zeigt sich in der ersten Stufe zunächst in dem Vergleich von Einstandspreis der Fremdleistung mit den bisherigen proportionaler Selbstkosten der Leistung. Der Einstandspreis steht dabei für den Preis eines Gutes abzüglich eventueller Preisabschläge zuzüglich der Beschaffungskosten. Für die Vorteilhaftigkeit gilt:

Einstandspreis < proportionale Selbstkosten

Auf dieser Stufe berechnet sich die Kosteneinsparung wie folgt, wobei die Kosteneinsparung der Veränderung des Gesamtdeckungsbeitrages entspricht:

Kosteneinsparung Stufe 1 = (Einstandspreis – Selbstkosten) × Leistungsmenge

Auch Kostenänderungen für andere betriebliche Leistungen, die durch das Outsourcing auftreten können, sind in der Berechnung der Vorteilhaftigkeit zu berücksichtigen. War beispielsweise ein günstiger Energiepreis für das gesamte Unternehmen an eine bestimmte Abnahmemenge geknüpft die durch das Outsourcing zukünftig nicht mehr erreicht wird, steigen die Energiekosten für das gesamte Unternehmen.

Auf der zweiten Stufe sind daher die Kostenänderungen wie folgt zu berücksichtigen:

Kosteneinsparung Stufe 2 = Kosteneinsparung Stufe 1 +/– prop. Kostenänderungen

Weiterhin ist zu berücksichtigen, dass die Vollkostenrechnung suggeriert, alle Kosten der outgesourcten Leistungen fallen sogleich weg. Dem ist jedoch nicht so. Zunächst wird das Unternehmen bzw. die Kostenstelle nur um die variablen Kosten entlastet, da die Fixkosten nur langfristig abbaubar sind. Ist für die Erstellung der innerbetrieblichen Leistung beispielsweise eine unelastische technische Anlage erforderlich, d.h. eine Anlage, die für andere Leistungen nicht eingesetzt werden kann, bleibt das Unternehmen weiterhin mit den Abschreibungen, Versicherungskosten, Zinsen u.Ä. kurz, mit den fixen Kosten belastet. Gleiches gilt natürlich auch bei langfristigen Leasingverträgen. Auch bei Festanstellungsverträgen bleibt das

Abhängigkeit von Fremddienstleistern

4.4 Teilkostenrechnungsbetrachtungen

Unternehmen während der Kündigungsfrist mit den Gehältern belastet. Ebenfalls sind neutrale Aufwendungen wie beispielsweise Veräußerungsverlust oder Abfindungszahlungen u. ä. sowie neutrale Erträge wie beispielsweise Veräußerungsgewinne im Zusammenhang mit der outgesourcten Leistung oder Miet-/Pachterträge bei Überlassung zu berücksichtigen.

In der dritten Stufe sind daher in die Berechnung die zumeist nur langfristig abbaubaren Fixkosten einzubeziehen. Die kurz- bis mittelfristig erzielbare Kosteneinsparung berechnet sich wie folgt:

Kosteneinsparung Stufe 2
+ kurz- bis mittelfristig abbaubare fixe Kosten
− neutrale Aufwendungen
+ neutrale Erträge
= Kosteneinsparung Stufe 3

BEISPIEL FORTSETZUNG **Innerbetriebliche Leistungen outsourcen**

▶▶▶ Der Bildungsträger überlegt, die Küche an einen anderen Betreiber für 300 € zu verpachten. Der Pachtvertrag sieht vor, dass die verbrauchsabhängigen Kosten wie Gas, Wasser, Strom und Heizung und die Reinigungskosten separat vom Pächter zu entrichten sind. Für die Dauer von zwei Jahren würde sich der Betreiber zu folgenden Preisen verpflichten (diese entsprechen den Einstandspreisen):
- Frühstück 5 €
- Mittagessen 6 €
- Abendessen 5 €

In der 1. Stufe wird der Einstandspreis mit den proportionalen Selbstkosten verglichen. Dabei sind zunächst die proportionalen Selbstkosten wie folgt zu berechnen:

Lebensmittelkosten + proportionale Gemeinkosten:
- Frühstück 5,32 € (2,50 € + 2,75 € + 0,07 €)
- Mittagessen 6,92 € (3,25 € + 3,57 € + 0,10 €)
- Abendessen 4,80 € (2,25 € + 2,48 € + 0,07 €)

Da der Betreiber die Küche komplett übernimmt, kann die Summe der Einstandspreise mit der Summe der proportionaler Selbstkosten verglichen werden.

Einstandspreise von 16 € < proportionale Selbstkosten von 17,04 €.

Damit wäre das Outsourcing grundsätzlich besser als die Inhouse-Lösung.

Damit würde der Bildungsträger 1,04 € je Vollverpflegung an proportionalen Kosten einsparen und 1,04 € mehr Deckungsbeitrag je Vollverpflegung erwirtschaften als bisher. Unter Berücksichtigung der 600 Vollverpflegungen im Monat Januar würde die Kosteneinsparung Stufe 1 624 € betragen.

Für die Berechnung der Kosteneinsparung Stufe 3 ist zu berücksichtigen, dass nur die fixen Reinigungskosten von 200 € sofort entfallen, die Gehaltskosten nur langfristig abbaubar sind und die übrigen Fixkosten nicht abgebaut werden können. Durch die Verpachtung erzielt der Bildungsträger noch zusätzliche regelmäßige Einnahmen in Höhe von 300 €, die in die Berechnung einzubeziehen sind.

Die Kosteneinsparung beträgt insgesamt 1.124 €.

Kosteneinsparung Stufe 2	624 €
+ abbaubare Fixkosten	200 €
+ Pachtertrag	300 €
= Kosteneinsparung kurz- bis mittelfristig	1.124 € ◄◄◄

4.4.5 Bestimmung des optimalen Leistungsprogramms

Der Zusammenhang zwischen den fixen Kosten und der Kapazität wurde bereits erläutert. Fixkosten halten im Unternehmen gemäß nachfolgendem Beispiel eine bestimmte Kapazität vor.

BEISPIEL FORTSETZUNG Zusammenhang zwischen Fixkosten und Kapazität

►►► Die Anzahl der zur Verfügung stehenden Übernachtungsmöglichkeiten des Bildungsträgers hatten unmittelbaren Einfluss auf die Höhe der Anschaffungskosten, welche wiederum unmittelbar die Fixkosten Abschreibungen, Zinsen, Versicherung, Grundsteuer u.Ä. beeinflussen. ◄◄◄

Steht diese Kapazität in Menge oder Zeit zur Verfügung, können Dienstleistungsaufträge entsprechend dieser Kapazität abgearbeitet werden bzw. die Annahme von Zusatzaufträgen (vgl. Kapitel 4.4.2) überprüft werden. Problematisch wird es, wenn diese Kapazität nicht mehr voll ausgeschöpft werden kann, sei es durch einen Engpass an Personal, Räumlichkeiten, Rohstoffen u.Ä. Welche Dienstleistung soll unter diesen Umständen aus wirtschaftlichen Gesichtspunkten angeboten werden bzw. welche Möglichkeiten gibt es, soziale Aspekte in diese Betrachtung zu integrieren. Im Rahmen der rein wirtschaftlichen Betrachtung wird analysiert, welche Leistung den höchsten Deckungsbeitrag in Abhängigkeit vom Engpass erwirtschaftet. Dieser Deckungsbeitrag wird als *relativer Deckungsbeitrag* (db_{rel}) bezeichnet, der wie folgt berechnet wird:

$$db_{rel} = \frac{\text{absoluter Stückdeckungsbeitrag}}{\text{Engpass}}$$

Anhand des relativen Deckungsbeitrages erfolgt wirtschaftlich die Bestimmung des optimalen Leistungsprogramms.

BEISPIEL FORTSETZUNG Optimales Leistungsprogramm – REIN wirtschaftliche Sichtweise

►►► Der Bildungsträger ist Eigentümer einer Turnhalle, die aufgrund mangelnder Auslastung an verschiedene Sportvereine vermietet wird. Die Abrechnung erfolgt auf Stundenbasis, wobei nur die »Mietstunde« (60 Minuten) berechnet wird. Die Raumbelegung weicht durch die Vor- und Nachbereitung (Auf- und Abbau der Netze und Ähnliches) von der Mietstunde ab. Im Monat Januar stand die Turnhalle insge-

4.4 Teilkostenrechnungsbetrachtungen

samt 44 Raumbelegungsstunden den anderen Vereinen zur Verfügung. Während der *Raumbelegung* durch die Vereine ist immer ein Hallenwart vor Ort, der vom Bildungsträger vergütet wird. Der Hallenwart unterstützt die Vereine bei der Vor- und Nachbereitung. Die Abbildung 4.32 gibt einen Überblick über die von den Vereinen zu zahlenden Preise je Mietstunde und die Lohnkosten für den Hallenwart je Stunde. Weiterhin kann der Abbildung 4.32 entnommen werden, dass die Raumbelegungszeit um das bis zu 1,5-Fache höher ist als eine Mietstunde (das heißt 1 Mietstunde entspricht dann einer Raumbelegungszeit von 90 Minuten). Im Januar konnten die Vereine die Turnhalle in dem von ihnen benötigten Umfang nutzen (Anzahl Mietstunden = maximal nachgefragte Mietstunden).

Abb. 4.32

Optimales Leistungsprogramm

Verein	Fußball	Volleyball	Badminton	Handball
Preis je Mietstunde	32,00 €	33,00 €	27,00 €	30,00 €
Lohn Hallenwart je Stunde	12,00 €	12,00 €	12,00 €	12,00 €
Raumbelegung in x-Fache je Mietstunde	1,25	1,50	1,50	1,00
Anzahl der Mietstunden	12 h	8 h	12 h	8 h
Maximal nachgefragte Mietstunden	12 h	8 h	12 h	8 h

Aufgrund von Renovierungsarbeiten wird die Turnhalle den Vereinen ab Februar nur noch für 32 Raumbelegungsstunden zur Verfügung stehen können. Unter wirtschaftlichen Gesichtspunkten ergibt sich folgende Reihenfolge in der Raumbelegung:

Abb. 4.33

Reihenfolge Raumbelegung

Vereine		Fußball	Volleyball	Badminton	Handball
Preis je Mietstunde		32,00 €	33,00 €	27,00 €	30,00 €
k_v		15,00 €	18,00 €	18,00 €	12,00 €
db		17,00 €	15,00 €	9,00 €	18,00 €
Raumbelegungszeit		1,25 h	1,5 h	1,5 h	1 h
db_{rel}		13,6 €/h	10,0 €/h	6,0 €/h	18 €/h
	Rangfolge	2.	3.	4.	1.

4.4 Teilrechnungen der Kosten- und Leistungsrechnung
Teilkostenrechnungsbetrachtungen

Hinweis: Die variablen Kosten errechnen sich durch Multiplikation der Lohnkosten des Hallenwartes mit der Raumbelegungszeit.

Anhand dieser Rangfolge kann der Gesamtdeckungsbeitrag berechnet werden. Dabei sind, unter Berücksichtigung der Rangfolge, die möglichen Mietstunden je Verein zu ermitteln. Diese Ermittlung erfolgt stufenweise, unter Beachtung der nachgefragten Mietstunden und der zur Verfügung stehenden restlichen Raumbelegungszeit.

Abb. 4.34

Gesamtdeckungsbeitrag

Vereine	Fußball	Volleyball	Badminton	Handball	Raumbelegung
Raumbelegungszeit					32 h
Nachgefragte Mietstunden				8 h	– 8 h
Reststunden					24 h
Nachgefragte Mietstunden	12 h				– 15 h
Reststunden					9 h
Mögliche Mietstunden		6 h			– 9 h
Reststunden					0 h
Mögliche Mietstunden			0 h		– 0 h
Reststunden					0 h
Gesamtstunden	12 h	6 h	0 h	8 h	
dB	17,00 €	15,00 €	9,00 €	18,00 €	
DB	204,00 €	90,00 €	0,00 €	144,00 €	438,00 €

Höhe der zu erbringenden Leistungsmenge

Diese im vorhergehenden Beispiel betrachtete rein wirtschaftliche Sichtweise ist in der sozialwirtschaftlichen Realität mit ihrer Sachzielorientierung oft nicht das einzige Entscheidungskriterium. Vertragliche Zusagen oder eben sachliche »Zwänge« sind in die Entscheidung über die Höhe der zu erbringenden Leistungsmenge an erster Stelle zu berücksichtigen.

BEISPIEL FORTSETZUNG **Optimales Leistungsprogramm – sachlicher »Zwang«**

▶▶▶ Der Badmintonverein ist nicht begeistert über die Minderung seiner bisherigen Hallenmietzeit von 12 Stunden um 12 Stunden auf 0 Stunden und fragt an, ob er nicht wenigstens für 4 Mietstunden die Halle bekommen könnte. Um einen Weg-

4.4 Teilkostenrechnungsbetrachtungen

gang dieser Vereinsgründungssparte zu verhindern, entschließt sich der Bildungsträger, dem Badmintonverein eine Hallennutzung von 4 Stunden zu ermöglichen.

An der Rangfolge hat sich gegenüber dem vorherigen Beispiel nichts geändert. Nur werden die zugesagten Stunden bei der Berechnung der Raumbelegungszeiten und des Gesamtdeckungsbeitrages zuerst berücksichtigt.

Abb. 4.35

Gesamtdeckungsbeitrag (Berücksichtigung der Stunden)

Vereine	Fußball	Volleyball	Badminton	Handball	Raumbelegung
Raumbelegungszeit					32 h
Nachgefragte Mietstunden			4 h		– 6 h
Reststunden					26 h
Nachgefragte Mietstunden				8 h	– 8 h
Reststunden					18 h
Nachgefragte Mietstunden	12 h				– 15 h
Reststunden					3 h
Mögliche Mietstunden		2 h			– 3 h
Reststunden					0 h
Gesamtstunden	12 h	2 h	4 h	8 h	
db	17,00 €	15,00 €	9,00 €	18,00 €	
DB	204,00 €	30,00 €	36,00 €	144,00 €	414,00 €

◄◄◄

Die Priorisierung des Vereinssachzieles kann durch Gewichtung der relativen Deckungsbeiträge erfolgen. Dadurch können gewisse Leistungen oder Projekte, die der sozialen Einrichtung besonders »am Herzen liegen«, auch bei einem ungünstigeren wirtschaftlichen Ergebnis bewusst in den Vordergrund gerückt werden.

Priorisierung des Vereinssachzieles

BEISPIEL FORTSETZUNG Optimales Leistungsprogramm – Gewichtung

►►► Dem Bildungsträger liegt besonders der Mannschaftssport am Herzen. Im Rahmen eines aktuellen Integrationsprojektes des Volleyballvereins sollen diese Sparten die Turnhalle vorrangig nutzen können. Im Fußballverein sind besonders viele förderungswürdige Kinder aktiv, daher soll auch dieser Verein nicht unter der vorab beschriebenen Nutzungseinschränkung leiden.

4.4 Teilrechnungen der Kosten- und Leistungsrechnung
Teilkostenrechnungsbetrachtungen

Durch diese soziale Gewichtung ergibt sich folgende Rangfolge:

Vereine	Fußball	Volleyball	Badminton	Handball
db_{rel}	13,6 €/h	10,0 €/h	6,0 €/h	18 €/h
Gewichtung	2	3	1	1
gewichteter db_{rel}	27,2 €/h	30,0 €/h	6,0 €/h	18 €/h
Rangfolge	2.	1.	4.	3.

Die Berechnung des tatsächlichen Raumbelegung und des Deckungsbeitrages erfolgt nach dem bereits beschriebenen Schema in Abbildung 4.36:

Abb. 4.36

Tatsächliche Raumbelegung und Deckungsbeitrag

Vereine	Fußball	Volleyball	Badminton	Handball	Raumbelegung
Raumbelegungszeit					32 h
Nachgefragte Mietstunden		12 h			−18 h
Reststunden					14 h
Mögliche Mietstunden	11 h				−14 h
Reststunden					0 h
Gesamtstunden	11 h	12 h	0 h	0 h	
db	17,00 €	15,00 €	9,00 €	18,00 €	
DB	187,00 €	180,00 €	0,00 €	0,00 €	367,00 €

Der Deckungsbeitrag liegt jetzt mit 367 € um 71 € unter dem möglichen Ergebnis. ◂◂◂

**AUFGABE ZU KAPITEL 4.4.5
(OPTIMALES LEISTUNGSPROGRAMM)**

Der Bildungsträger »New Ways« bietet in neun Räumen verschiedene Kurse mit insgesamt 14.000 h im Jahr an.

	Ehe	Persönlichkeit	Hauswirtschaft	Beruf
Kursstunden im Jahr	5.000	3.000	4.000	2.000
Dozentenhonorar	25 €/h	20 €/h	20 €/h	30 €/h
Erlös	40 €/h	45 €/h	40 €/h	60 €/h

Die Kurse Ehe und Persönlichkeit benötigen in den Räumen jeweils 30 Minuten Vorbereitungszeit.

Die Räume waren mit den bisherigen 14.000 Kursstunden vollkommen ausgelastet. Zukünftig stehen 2 Räume dem Bildungsträger nicht mehr zur Verfügung. Welche Kurse sollten unter Wirtschaftlichkeitsgesichtspunkten entfallen? Wie stellt sich die Kursverteilung dann dar?
Wie verändert sich die Raumbelegung, wenn der Kurs »Ehe« aus sozialen Gesichtspunkten heraus doppelt so hoch gewichtet wird?

4.4.6 Mehrstufige Deckungsbeitragsrechnung

Die mehrstufige Deckungsbeitragsrechnung ist eine Erweiterung des Direct Costing. Daher entspricht sie im Grundaufbau (bis zur Ermittlung der proportionalen Gesamtkosten) dem Direct Costing. Der Unterschied besteht ausschließlich in der Behandlung der fixen Kosten. Die Fixkosten werden bei der mehrstufigen Deckungsbeitragsrechnung in verschiedene Schichten aufgeteilt. Nunmehr kann eine Deckungsbeitragstiefenanalyse durchgeführt werden. Diese ermöglicht die Überprüfung, ob die Leistung, die Leistungsgruppe, die Kostenstelle, der Unternehmensbereich u. Ä. in der Lage sind, die durch sie verursachten Fixkosten zu decken. Voraussetzung für die Anwendbarkeit der mehrstufigen Deckungsbeitragsrechnung ist die Aufgliederung der Fixkosten in einzelne Bereiche und die Berechnung eines Deckungsbeitrages auf jeder Hierarchiestufe. Dabei werden die Fixkosten jeder Hierarchiestufe verursachungsgerecht zugeordnet.

Als Hierarchiestufen kommen in Betracht:
- einzelne Leistung (z. B. Betreuungsleistung an einem Patienten),
- eine Leistungsgruppe (z. B. Kinderbetreuung von Kindern gleichen Alters)
- Kostenstelle (z. B. Bettenhaus 1),
- Unternehmensbereiche (z. B. Unterbringung – Zusammenfassung mehrerer Bettenhäuser, Verwaltung u.Ä.),
- Gesamtunternehmen.

Hierarchiestufen für Fixkosten

Oftmals werden auf der Hierarchiestufe »Gesamtunternehmen« die Fixkosten betrachtet, die keiner anderen Hierarchiestufe zugeordnet werden konnten. Hierzu zählen:
- Gehälter der Geschäftsleitung,
- Kosten für Public-Relations,
- Kostenstelle Pförtner,
- Kostenstelle Verwaltung u.Ä.

Hierarchiestufe Gesamtunternehmen

Grundlage für die mehrstufige Deckungsbeitragsrechnung ist auch hier die Trennung der variablen und der fixen Kosten. Diese werden im Rahmen der Primärkostenverrechnung mit Hilfe des BAB auf verschiedene Kostenstellen verteilt werden.
    Hinweis: Sollen in der späteren Kostenträgerrechnung Hierarchiestufen zur Anwendung kommen, für die keine Kostenstellen eingerichtet sind, wird der BAB um diese Spalten erweitert, beispielsweise um die Spalte »Gesamtunternehmen«.
    Die innerbetriebliche Leistungsverrechnung erfolgt nach dem unter Kapitel 4.2.3.3.3 beschriebenen Schema.

4.4 Teilrechnungen der Kosten- und Leistungsrechnung
Teilkostenrechnungsbetrachtungen

Verursachungs- und Tragfähigkeitsprinzip

Ausgangspunkt ist zunächst der Deckungsbeitrag I, d. h. die Differenz zwischen Umsatzerlösen und proportionalen Selbstkosten. Anschließend erfolgt schichtweise die Fixkostenverrechnung, wobei nach jeder Schicht ein Deckungsbeitrag berechnet wird. Zuvor sind jedoch die Fixkosten der Hilfskostenstellen auf die Hauptkostenstellen zu verrechnen. Dies kann nach dem Verursachungsprinzip oder Tragfähigkeitsprinzip erfolgen. Die Verrechnung nach dem Verursachungsprinzip erfolgt entsprechend der innerbetrieblichen Leistungsverrechnung nach relativem Anteil der in Anspruch genommenen Leistung. Die Verrechnung nach dem Tragfähigkeitsprinzip orientiert sich üblicherweise anhand des relativen Anteils an den Deckungsbeiträgen. Das Produkt mit dem höchsten Deckungsbeitrag kann am meisten tragen.

BEISPIEL FORTSETZUNG — Kostenverrechnung nach dem Tragfähigkeitsprinzip

▶▶▶ Die Fixkostenverrechnung nach dem Tragfähigkeitsprinzip anhand des Bildungsträgers ist für die Vorkostenstellen Fuhrpark und Heizung dargestellt:

Abb. 4.37

Fixkostenverrechnung

Kostenstelle	Gesamtbetrag	Fuhrpark	Heizung	Küche	Übernachtung
Umsatz	47.400 €			11.400 €	36.000 €
Proportionale Einzelkosten	4.800 €			4.800 €	0 €
Proportionale Gemeinkosten	18.000 €			5.280 €	12.720 €
Proportionale Herstellkosten	22.800 €			10.080 €	12.720 €
Verwaltungskosten	319 €			141 €	178 €
Proportionale Selbstkosten	23.119 €			10.221 €	12.898 €
Gesamtdeckungsbeitrag	24.281 €			1.179 €	23.102 €
Fixe Kosten der Vorkostenstellen	550 €	415 €	135 €		
Relativer Anteil am DB				5 %	95 %
Fixkostenverrechnung Fuhrpark		–415 €		21 €	394 €
Fixkostenverrechnung Heizung			–135 €	7 €	128 €
Summe Fixkostenverrechnung				28 €	523 €

Mehrstufige Deckungsbeitragsrechnung (Fortsetzung Beispiel)

Der Bildungsträger lässt sich untergliedern in die Kostenstellen »Küche« und »Übernachtung«, wobei sich die Kostenstelle »Küche« noch in die Produkte Frühstück (F), Mittagessen (M) und Abendessen (A) untergliedern lässt.

4.4 Teilkostenrechnungsbetrachtungen

Die durch diese Kostenstellen verursachten fixen Kosten können nach dem Verursachungsprinzip auf sie verrechnet werden. Dabei ist zu beachten, dass innerhalb der Kostenstelle ›Küche‹ eine Zurechnung auf das einzelne Produkt (Essen) nicht möglich ist, da eine überschneidungsfreie separate Kostenstelle für jedes Produkt nicht gebildet werden kann. Die fixen Kosten der Verwaltungskostenstelle können als unternehmensfixe Kosten behandelt werden.

Der Preisvorteil aus der Buchung der Vollverpflegung gegenüber den Einzelpreisen in Höhe von insgesamt 3,00 € (Summe Einzelpreise 82 € – Vollverpflegung 79 €) wird gleichmäßig auf Frühstück, Mittagessen und Abendessen verteilt.

Abb. 4.38

Betriebsergebnis

Kostenstellen	Küche			Übernachtung
Produktgruppe	Verpflegung			Übernachtung
Produkte	F	M	A	Übernachtung
Normalpreis	6 €	9 €	7 €	60 €
– Preisanpassung Vollverpflegung	–1 €	–1 €	–1 €	0 €
Erzielter Verkaufspreis	5 €	8 €	6 €	60 €
Menge Übernachtung und Verpflegung	600	600	600	600
Umsatzerlöse	3.000 €	4.800 €	3.600 €	36.000 €
Prop. Selbstkosten	3.194 €	4.152 €	2.875 €	12.898 €
Deckungsbeitrag I	–194 €	648 €	725 €	23.102 €
– Produktfixe Kosten	0 €	0 €	0 €	10.498 €
Deckungsbeitrag II	–194 €	648 €	725 €	12.605 €
∑ Produktgruppen DB	1.179 €			12.605 €
– Produktgruppen fixe Kosten	3.753 €			0 €
Deckungsbeitrag III	–2.574 €			12.605 €
∑ Unternehmens DB	10.031 €			
Unternehmensfixe Kosten »Verwaltung«	4.278 €			
Betriebsergebnis	5.753 €			

Hinweis: Die produktfixen Kosten »Übernachtung« errechnen sich aus der Summe fixe Kosten lt. Kostenstelle »Übernachtung« 9.975 € (Abb. 4.30) und den verrechneten fixen Kosten von 523 € (Abb. 4.37).

Die fixen Kosten der »Küche« können aufgrund eines fehlenden Aufteilungsmaßstabes nicht den einzelnen Produkten (Frühstück, Mittagessen und Abendessen) zugerechnet werden. Es ist daher nur möglich sie als produktgruppenfixe Kosten zu verrechnen.

4.4 Teilrechnungen der Kosten- und Leistungsrechnung
Teilkostenrechnungsbetrachtungen

Bei genauerer Betrachtung ist festzustellen, dass das Frühstück einen negativen Deckungsbeitrag I erzielt, d. h. seine eigenen proportionalen Kosten nicht tragen kann. Wenn es keinen Zusammenhang mit anderen Produkten des Bildungsträgers geben würde, sollte das Produkt sofort vom Markt genommen oder über eine Preisanpassung nachgedacht werden. Hier besteht jedoch ein unmittelbarer Zusammenhang zwischen der Übernachtung und dem Frühstück. Größtenteils ist eine Übernachtung ohne Frühstück gar nicht verkäuflich, sodass die Querfinanzierung zwischen Übernachtung und Frühstück wirtschaftlich vertretbar ist.

Problematisch ist hingegen der mit 2.574 € negative Deckungsbeitrag III, d. h. mit dem Essen können die fixen Kosten der Küche nicht gedeckt werden. Augenscheinlich ist dieser Unternehmensteil komplett defizitär. Jedoch ist zu berücksichtigen, dass es sich bei dem Übernachtungspreis inklusive Vollverpflegung in Höhe von 79 € um einen Angebotspreis handelt, denn bei Einzelbetrachtung beträgt der Übernachtungspreis 60 € und der Preis von Frühstück, Mittagessen und Abendessen zusammen 22 €, in Summe somit 82 €. Diese Preisdifferenz von 3 € wurde ausschließlich der Verpflegung belastet. Eine Verteilung nach dem Tragfähigkeitsprinzip würde das Problem viel kleiner erscheinen lassen. ◄◄◄

5 Moderne Verfahren der Kostenrechnung und des Kostenmanagements

Bei den bisherigen Kalkulationen sind wir zumeist von einer Vollkostenbetrachtung ausgegangen, was in der sozialwirtschaftlichen Realität der Zuordnung nicht unproblematisch ist. Beispielsweise stellt sich die Frage, inwieweit ärztliche Bereitschaftszeiten (z. B. Notdienst) fix oder variabel sind.

So ist eine angemessene Verteilung der nicht zurechenbaren Kosten (Gemeinkosten) auf die einzelnen Organisationseinheiten oder Kostenstellen via BAB immer an Annahmen geknüpft. Verteilen wir zum Beispiel fixe Pkw-Kosten wie den Versicherungsanteil auf eine bestimmte Jahreskilometerleistung, so findet eine Fixkostenüberdeckung statt, wenn letztendlich mehr Kilometer gefahren werden. Entsprechendes gilt natürlich umgekehrt bei einer Fixkostenunterdeckung.

Die entsprechende Problematik gilt für eine adäquate Zuordnung der Kosten zu einem Kostenträger über die Divisions- und Zuschlagskalkulation.

Die Vollkostenrechnung setzt voraus, dass die Preise frei festgesetzt werden können. Dies ist im sozialen Bereich oft ebenso wenig gegeben wie die fehlende Tatsache einer klaren funktionalen Zuordnung der Kosten sowie die mangelnde Beeinflussbarkeit ihrer Höhe (z. B. feste Vorgabe Pflegeschlüssel bei den Anteilen von Pflegefach- und Pflegehilfskräften bezogen auf die einzelnen Pflegegrade). Die exogene Vorgabe von Preisen und Personalanteilen führt zur Notwendigkeit einer teilkostenorientierten Deckungsbeitragsrechnung, um Verhandlungskorridore mit den zuständigen Kostenträgern zumindest im kurz- bis mittelfristigen Bereich auszuloten. Langfristig müssen natürlich alle Kosten gedeckt werden! (vgl. auch Abb. 3.6).

Auf der Basis der vergangenheitsorientierten IST-Kosten spielen diese Vorüberlegungen bei der Planung zukünftiger Perioden und dienstleistungsbezogener Prozesse eine wichtige Rolle, da hier entsprechend auf Folgeperioden hochgerechnet wird.

5.1 Plankostenrechnung

Wie bei den allgemeinen Kostenbegriffen und Kostenbetrachtungen bereits erläutert, unterscheiden wir bei der Plankostenrechnung zwischen den
- Ist-Kosten: vergangenheitsbezogene Datengenerierung aus der Finanzbuchhaltung,
- Normalkosten: harmonisierte Vergangenheitswerte als Durchschnittswerte vergangener Perioden,
- Plankosten: Hierbei geht es um die Zukunftsausrichtung der Einzelpläne. Diese werden dann wie folgt systematisch in einen Gesamtplan integriert:

5.1 Moderne Verfahren der Kostenrechnung und des Kostenmanagements
Plankostenrechnung

Kosten:
- Planpreise auf Basis der voraussichtlichen Kosten der Produktionsfaktoren:
- Planverbrauch auf Basis der voraussichtlichen Kostenstruktur
- Planbeschäftigung auf Basis der geplanten Zahl der Leistungen.

Erträge (vergleiche Ausführungen in Kapitel 3.4):
- Planpreise auf der Grundlage voraussichtlicher Vergütungen pro Leistungseinheit,
- voraussichtliche Absatzmengen.

Die Planung der fixen und variablen Kosten erfolgt üblicherweise wie in Abbildung 5.1 dargestellt.

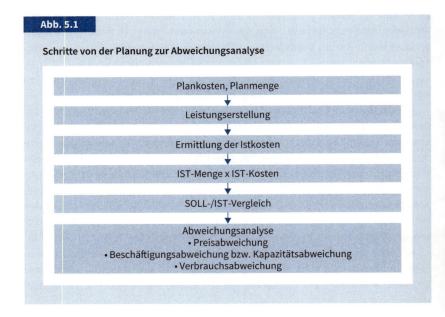

Abb. 5.1
Schritte von der Planung zur Abweichungsanalyse

Grundarten der Plankostenrechnung

Man unterscheidet zwei Grundarten der Plankostenrechnung:
- Starre Plankostenrechnung mit Plan-Ist-Vergleich
  Abweichungsanalyse: Plan wird nicht verändert, Maßnahmen zur Planerreichung werden überlegt und ergriffen.
  Mit welchen Maßnahmen können wir unseren Plan weiterhin erfüllen?
- Flexible Plankostenrechnung mit Plan-Ist-Vergleich
  Abweichungsanalyse: Plan wird an Ist-Zahlen angepasst, Beschäftigungsabweichungen werden im Plan berücksichtigt.
  Inwieweit müssen wir unseren Plan an die geänderten Rahmenbedingungen anpassen?

5.1 Plankostenrechnung

BEISPIEL FORTSETZUNG — Starre und flexible Plankostenrechnung

▶▶▶ **Annahmen:**

Planmenge	5.000 Stück
k_{var}	50 €/Stück
K_{fix}	200.000 €
IST-Menge	4.500 Stück
IST-Kosten	500.000 €
Plankosten	200.000 € + (5.000 Stück × 50 €) = 450.000 €
Plankosten/Stück	450.000 €/5.000 Stück = 90 €/Stück

Starre Plankostenrechnung: Die Abweichung beträgt 50.000 € bei 4.500 Stück.
Flexible Plankostenrechnung:

Sollkosten: $K_{fix} + k_{var} \times x$ = 200.000 € + 50 € × 4.500 Stck.
= 200.000 € + 225.000 € = **425.000 €**

Beschäftigungsabweichung: 90 € × 4.500 Stck. = **405.000 €**
Ermittlung Leerkosten: 405.000 € – 425.000 € = **20.000 €** (gestiegene Fixkosten!)
Daneben werden 10 % der Kapazität nicht genutzt!
Verbrauchsabweichung:

Sollkosten – IST-Kosten = zusätzliche variable Kosten
425.000 € – 500.000 € = **75.000 €**

Ursachen:
- überproportionaler Materialverbrauch
- Überstunden bei gleichzeitigem Produktionsausfall

Gesamtabweichung: Beschäftigungsabweichung + Verbrauchsabweichung
20.000 € (fix) + 75.000 € (var.) = **95.000 €**

Alternative Gesamtabweichung:

Verrechnete Plankosten – IST-Kosten
405.000 € – 500.000 € = – **95.000 €**

Schlussfolgerung:
- Starre Plankostenrechnung: Wie können wir die Planabweichung von 50.000 € bzw. eine Mindermenge von 500 Stück ausgleichen?
- Flexible Plankostenrechnung: Wie gehen wir mit den gestiegenen Fixkosten, dem überproportionalen Materialverbrauch und den gestiegenen Gesamtkosten von insgesamt 95.000 € um? Inwieweit muss der Plan geändert werden? ◀◀◀

5.2 Prozesskostenrechnung

Die traditionelle Kostenrechnung geht ausgehend von einer personenverantworteten Hauptkostenstelle von folgendem Kalkulationsschema aus:
Material
+ Materialgemeinkosten
+ Löhne/Gehälter
+ Fertigungsgemeinkosten (z. B. Aufschlag 150 %)
= **Herstellkosten**
+ Verwaltungsgemeinkosten
+ Vertriebsgemeinkosten
= **Selbstkosten**

Vertikale Kostendarstellung

Diese vertikale Kostendarstellung geht von proportionalen Kostenverläufen aus. Die Gemeinkosten bzw. indirekten Kosten wurden als repräsentativ ermittelt und sind damit bis zur nächsten Neukalkulation nicht steuerbar, sondern anteilig gegeben.

Die Prozesskostenrechnung knüpft hier an einzelne Tätigkeiten bzw. Geschäftsprozesse an und stellt die Leistung bzw. Kostenträgerin einer Folge von Prozessschritten gegenüber. Indirekte Kosten können nunmehr gemäß ihrer Inanspruchnahme zugeordnet werden. Die Prozesskostenrechnung ist gleichermaßen eine Form der Vollkostenrechnung, die eine detaillierte Tätigkeitsanalyse innerhalb der einzelnen Kostenstellen voraussetzt. Den Kostenstellen werden einzelne Geschäftsprozesse zugeordnet und diese dann zu Leistungen zusammengefasst. Ein Prozess sei hierbei als eine Aktivität zu verstehen, die für einen Kunden eine Leistung darstellt und aus Haupt- und Teilprozessen besteht.

Fragestellungen hierbei:
▸ Welche Prozesse existieren in meinem Unternehmen?
▸ Welches sind die Haupt- und Nebenprozesse?

Tätigkeiten werden Teil- und Hauptprozessen zugeordnet, mittels sogenannter Kostentreiber werden Prozesskostensätze errechnet und bei der prozessorientierten Kalkulation dem Produkt bzw. der Dienstleistung verursachungsgerecht zugerechnet. Bei dem nachfolgenden Beispiel aus einem Krankenhaus sind dies beispielsweise die Leistungen Röntgen und Labor als Anzahl der Röntgenaufnahmen und Laboruntersuchungen (Kostentreiber) hinsichtlich der Menge an durchgeführten endoprothetischen Operationen pro Periode.

Zwei neue Aspekte bestimmen diesen Ansatz:
▸ Gemeinkostenbereiche werden neben Einzelkosten in die Prozesskostenrechnung einbezogen und werden transparent und somit steuerbar;
▸ Verzahnung der einzelnen Bereiche durch Bildung einer kostenmäßigen Ablauf- und Prozessplanung.

5.2 Prozesskostenrechnung

Der Beitrag der Prozesskostenrechnung zur Wertschöpfung liegt in der Orientierung an Prozessen und dem Potenzial, ineffiziente, Ressourcen verschwendende Prozesse im Zuge der Tätigkeitsanalyse transparent und damit bearbeitbar zu machen. Beim Prozesskostenmanagement werden ergänzend zum klassischen Kostenrechnungssystem die Kosten auf den Kostenstellen auf die wesentlichen Aktivitäten heruntergebrochen und den einzelnen Prozessen zugerechnet. Es handelt sich hierbei also um eine konsequente Verfeinerung bzw. Weiterentwicklung eines Kostenrechnungssystems auf der Grundlage der bekannten Kostenarten- und Kostenstellenrechnung.

Abb. 5.2

Beispiel Krankenhaus – Auflösung der Organisationseinheiten und Kostenstellen in Prozesse

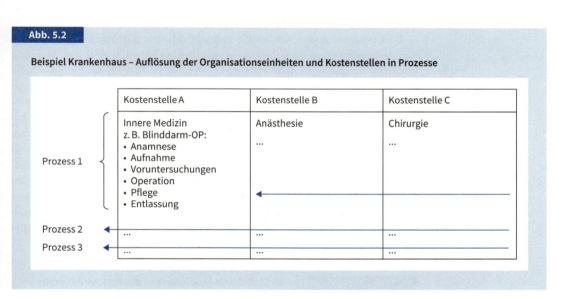

Hintergrund zur Einführung einer Prozesskostenrechnung sind die individuellen Ziele des Anwenders vor dem Hintergrund einer Wirtschaftlichkeitsanalyse. Dabei wird angenommen, dass zahlreiche innovative, dispositive und nicht strukturierbare Tätigkeiten auftreten, die schwerlich quantitativ und operational erfasst werden können.

Unter Kosten-Nutzen-Gesichtspunkten empfiehlt sich der Einsatz in Organisationen mit
- einem vermuteten hohen Rationalisierungspotenzial,
- hohen Gemeinkosten,
- geringer Kostentransparenz,
- unterschiedlicher Ressourceninanspruchnahme mittels verschiedener Produkte,
- einer hohen Anzahl sich wiederholender Prozesse.

5.2 Moderne Verfahren der Kostenrechnung und des Kostenmanagements
Prozesskostenrechnung

Zumeist beschränkt sich der sinnvolle Einsatz einer Prozesskostenrechnung wegen des hohen Aufwandes der Prozessdifferenzierung auf häufig auftretende bzw. erlösrelevante Leistungsbereiche.

Im Krankenhausbereich wurde die Prozesskostenrechnung zur Einführung der Fallpauschalen (DRG) im Jahre 2004 als Controllinginstrument intensiv diskutiert. Der hohe Kostendruck in Krankenhäusern nach der DRG-Einführung führte zur Abkehr von der funktionsorientierten hin zur prozessorientierten Organisation, um abteilungsübergreifende Prozesse (Labor, OP) in der Prozesskette entlang der Wertschöpfung (Produktivität und Qualität) besser planen, steuern und kontrollieren zu können. Prozesse kann man nur steuern, indem man jeden Einzelprozess zeitnah einschätzen kann, vgl. Greiling et. al. (2004), 26–27.

Da Krankenhäuser sich ihre Fälle in der Regel nicht aussuchen dürfen und einen definierten Versorgungsauftrag in einer Region haben, konnte die Steuerung durch die Auswahl lukrativer Fälle nicht erfolgen. Im Bereich der Endoprothetik (Hüft- und Kniegelenke) fand allerdings zunächst ein intensiver Aufbau von sogenannten Endozentren mit dem Ziel statt, jeweils viele und damit routinierte Eingriffe in Zusammenarbeit mit den Kostenträgern durchführen zu können. Die Anzahl der Eingriffe stieg deutschlandweit auf über 300.000 pro Jahr und machte 2008 knapp 2 % des Gesamtbudgets im Krankenhausbereich aus, bevor der zugrunde liegende Fallpauschalensatz künstlich auf 6.400 – 6.800 Euro deutlich gesenkt wurde, 2017 um weitere 5,75 %. Deutschland ist in Europa führend, was den Einsatz von Endoprothesen anbetrifft. Die genannten Fallpauschalreduzierungen führen zu einer drastischen Senkung der Gewinnmarge in den neugegründeten Endozentren, wie aus dem nachfolgenden Beispiel als Ausgangssituation vor dieser Maßnahme erkennbar ist.

BEISPIEL FORTSETZUNG **Prozesskostenrechnung in einem Krankenhaus**

▶▶▶ In einem Thüringer Krankenhaus soll ein Endozentrum aufgebaut werden. Diesbezüglich werden folgende Prozesse für eine entsprechende knieendoprothetische Operation von der Aufnahme bis zur Entlassung bestimmt und bewertet:
1. Erstellung eines Flussdiagramms (Ausschnitt)
2. Prozess als Leistungsanalyse (hier: Aufnahme)
3. Bestimmung der Personalkosten (hier: Gesamt 1.444,22 €)
4. Kosten-/Erlössituation gesamt.

5.2 Prozesskostenrechnung

Abb. 5.3

Erstellung eines Flussdiagramms (Ausschnitt)

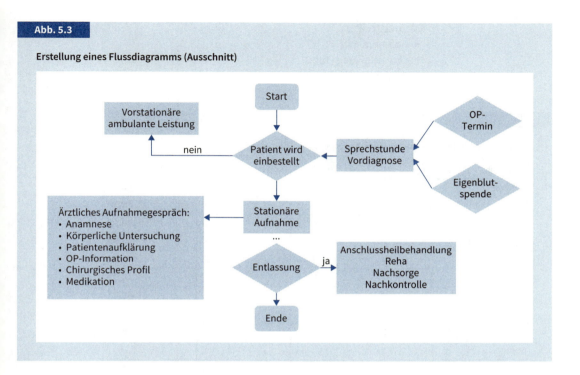

Abb. 5.4

Prozess als Leistungsanalyse (hier: Aufnahme)

Leistung	Aktivität	Material	Leistungsbereich	Maß	Einheit	Personal
Aufnahme	Patientenaufnahme Zentralcomputer		Patientenadministration	10	Min.	1 Schwester
Röntgen	Aufnahme Röntgen		Zentrale Medizinische Dienste	2	Min.	1 Schwester
Röntgen	Röntgen Thorax	Film	Zentrale Medizinische Dienste	4	Min.	1 Schwester
Arztdienst	Anamnese		Ambulanz	10	Min.	1 Arzt
Labor	Blutbild erst.		Zentrale Medizinische Dienste	10	Min.	1 Laborschw.
Arztdienst	Befund Labor		Station	2	Min.	1 Arzt
...						
Arztdienst	Aufn. Diagnose Dokum.			3	Min.	1 Arzt
Pfleged.	Sonst. Behelfe		Station	5	Min.	1 Schwester

5.2 Moderne Verfahren der Kostenrechnung und des Kostenmanagements
Prozesskostenrechnung

Gesamtstruktur:
- Aufnahmetag
- Operationstag (Tag 2)
- Station (Tag 3–11)
- Entlassung (Tag 12)

Abb. 5.5

Bestimmung der Personalkosten (hier: Gesamt 1.444,22 €)

Leistung	Umfang (Min.)	Kosten (€ / Min.)	Kosten gesamt (€)	
Aufnahme	10	0,31	**3,10**	
Aufnahme Pflegedienst	5	0,26	**1,30**	
Arztdienst	278,5	0,70	**194,95**	
OP-Arztdienst	297	0,70	**207,90**	
Pflegedienst	1287	0,32	**411,84**	
Schüler	154,5	0.09	**13,91**	
Anästhesie	258	0,33	**85,14**	
Anästhesie-Arzt	156	0,61	**95,16**	
Labor	30	Über Punkte	**9,79**	**Gesamt 1.444,22 €**
Röntgen	10	Pauschal		
Röntgenarzt	2	pauschal	**47,21**	
Funktionsdienst	5	0,30	**1,50**	
OP-Dienst	355	0,39	**138,45**	
Verwaltung Schreibbüro	35	pauschal	**29,13**	
Physiotherapie	629	0,31	**194,99**	
Sozialdienst	25	0,39	**9,75**	
Zivi	2,5	0,04	**0,10**	

Abb. 5.6

Kosten-/Erlössituation gesamt

Aufwand	Kosten (€)
Personalkosten	1.444,22
Sachkosten	4.150,51
Allgememeine Umlage (EDV, Fuhrpark, etc.)	430,64
Summe	**6.025,37**
DRG-Erlös	**7.191,92**
Überschuss	**1.166,55**

5.2 Prozesskostenrechnung

Für die Fallpauschale »Knie-Endoprothese« würde sich für das Krankenhaus für jeden durchgeführten Eingriff ein Überschuss von 1.166,55 € ergeben. Die oben beschriebenen künstlichen Senkungen der Fallpauschalen könnten zu einem DRG-Erlös unter 6.000 € geführt haben, d. h. Verlustsituation. ◂◂◂

Wie oben beispielhaft mittels Prozesskostenrechnung gezeigt wurde, fand bezüglich der Kosten und Zeiten eine Erfassung des Prozessoutputs statt. Auf der Grundlage dieser Ist-Prozesszeiten und Ist-Prozesskosten können monetäre Prozessziele entwickelt werden. Darüber hinaus werden qualitative Prozessziele über Expertenbefragungen beispielsweise mit Prozessverantwortlichen ermittelt. Kostensenkungen können differenziert eruiert werden.

AUFGABEN ZU KAPITEL 5.2
(EINSTUFIGE PROZESSKOSTENRECHNUNG)

Ein ambulanter Pflegedienst ist auf die Pflegegrade 3 – 5 spezialisiert. Die Logistikkosten können hier beispielsweise über die direkten Personalkosten einer Dienstleistung zugeordnet werden (auch Kostentreiber).

Aktivität (ind.Kosten)		Kostentreiber
Logistikkosten	18.000 €	Direkte Personalkosten
Wartung	10.000 €	Wartungsaufträge
Energie	2.000 €	Kilowattstunden
Summe	**30.000 €**	

Die direkten Kosten wurden bereits wie folgt ermittelt:

Kostentreiber	Pflegegruppe 3	Pflegegruppe 4	Pflegegruppe 5	Summe
Direkte Personalkosten	50.0000 €	55.000 €	75.000 €	180.000 €
Wartungsaufträge	3	6	6	18
Kilowattstunden	20	40	70	130

Bitte berechnen Sie die indirekten Kosten pro Pflegegrad 3 – 5. Wie hoch sind die Gesamtkosten für die jeweilige Dienstleistung?

Lösungen

Kapitel 2
1. Von einer Momentaufnahme wird gesprochen, da die Bilanz lediglich die Wertverhältnisse zum Bilanzstichtag widerspiegelt. Sollte kurz nach dem Bilanzstichtag ein wertbegründendes Ereignis eintreten, beispielsweise ein Unfall mit dem Firmenwagen, darf dieses nicht in der Bilanz abgebildet werden. Von einer Waage wird gesprochen, da die Aktiv- und Passivseite ausgeglichen sind. Die »Ausgleichsfunktion« übernimmt dabei das Eigenkapital als »kalkulatorische« Restgröße.
2. Die Bilanz gibt Bestandsgrößen (Vermögen, Schulden und die Höhe des Eigenkapitals) betragsmäßig an, die Kosten- und Leistungsrechnung arbeitet mit Stromgrößen (Kosten und Leistungen). Die Bilanz wird jährlich aufgestellt, die Kosten- und Leistungsrechnung bei Bedarf auch unterjährig.
3. Nein. Es gilt zwar, dass Stromgrößen die Bestandsgrößen ändern, in der Kosten- und Leistungsrechnung werden jedoch keine Anfangsbestände erfasst. Es könnte zwar der Cashflow der Unternehmung berechnet werden, aber die Mittelverwendung wird in der Kosten- und Leistungsrechnung grundsätzlich nicht erfasst.

Kapitel 3
Kapitel 3.2
1. Einzahlung und Einnahme
   Der Kontostand bzw. Zahlungsmittelbestand erhöht sich um 15.000 €. Der Forderungsbestand sinkt entsprechend um 15.000 €. Das Geldvermögen bleibt konstant und wird über Positionen auf der Aktivseite kompensiert (auch Aktivtausch).
2. Einzahlung
   Die Rotarier legen die 20 € in die Kasse der Lebenshilfe. Der gestiegene Zahlungsmittelbestand erhöht das Geldvermögen, also auch eine Einnahme.
3. Ausgabe
   Hier findet weder eine Überweisung statt noch fließt Bargeld. Die Verbindlichkeiten aus Lieferungen und Leistungen steigen um 150 €. Das Geldvermögen sinkt ohne dass Geld fließt, also eine Ausgabe.
4. Zunächst Ausgabe, dann Auszahlung
   Zuerst hat Ihr Arbeitgeber eine Verbindlichkeit a. L.L. gegenüber dem Bildungsträger von 5.000 €. Das Geldvermögen ändert sich, eine Ausgabe. 7 Tage später wird die Rechnung überweisen, der Kontostand reduziert sich um 5.000 €, eine Auszahlung.

Lösungen

Kapitel 3.3

1. **Ausgabe und Aufwand**
   Der Kontostand sinkt um 1.500 €. Die Verbindlichkeiten a. L. L. sinken entsprechend. Das Geldvermögen nimmt entsprechend ab (auch Aktiv-Passivminderung).

2. **Neben Einnahme nun auch Ertrag**
   Das Sachvermögen bleibt von der Barspende unberührt und ist in vollem Umfang auch Ertrag.

3. **(Ertrag), keine Einnahme**
   Das Sachvermögen erhöht sich um 100.000 €, Zahlungsmittel sowie laufende Forderungen und Verbindlichkeiten verändern sich nicht. Danach liegt ein Ertrag vor. Gemäß § 252, 1, 4 HGB ist zum *Schutz der Gläubiger vorsichtig zu bewerten*. § 253, 1 geht hier noch weiter und erlaubt keine Zuschreibung über die Anschaffungs- und Herstellkosten als Wertobergrenze (siehe auch strenges Realisationsprinzip als Bestandteil der GoB; Gewinne dürfen erst ausgewiesen werden, wenn sie realisiert sind).
   Die Zuschreibung in diesem Beispiel ist *gesetzlich nicht zulässig!*

4. **Ertrag, keine Einnahme**
   Weder verändert sich hier das Geldvermögen noch der Zahlungsmittelbestand. Möchte der Spender mittels Spendenbescheinigung einen Steuerabzug geltend machen, liegt die Problematik in der notwendigen wirtschaftlichen Belastung des Spenders durch diese Sachspende. Eine Bewertung des Computers von 100 € ist nachzuweisen, zumal der Computer nach 3 Jahren bilanziell üblicherweise vollständig abgeschrieben ist.

5. **Aufwand und Ausgabe**
   Die Lohnbuchhaltung bucht diesen Personalaufwand zunächst verbindlich gegenüber den jeweiligen Mitarbeitern. Somit reduzieren sich die Forderungen entsprechend um 15.000 €, also Aufwand und Ausgabe.

Kapitel 3.4

1. **Aufwand und Kosten**
   Lohnzahlungen haben betrieblichen Aufwandscharakter.

2. **Neutraler Aufwand, keine Kosten**
   Es handelt sich um eine soziale Einrichtung, deren Betriebszweck nicht der Wertpapierhandel ist.

3. **Neutraler Aufwand, keine Kosten**
   Nicht betriebsnotwendig, daher keine Kosten.

4. **Neutraler Aufwand, keine Kosten**
   Der hohe Ausfall bestimmt die Neutralität als außergewöhnlich. Kleinere Forderungsausfälle würden im Sinne von unternehmerischem Risiko als kalkulatorisches Wagnis gelten und wären damit betrieblicher Aufwand.

5. **Aufwand und Kosten**
   Soweit planmäßige Abschreibung.
   Bei einer außerplanmäßigen Abschreibung wäre dieser Vorgang ein neutraler Aufwand.

Lösungen

6. Aufwand und Kosten
   Vorausgesetzt, die Zinszahlungen entstehen aus Verbindlichkeiten, die dem betrieblichen Zweck zuzuordnen sind. Soweit nicht betriebsnotwendige Verbindlichkeit, wären die Zinsen neutraler Aufwand.
7. Aufwand und Kosten
   Pflege ist unmittelbarer Unternehmenszweck.
8. Aufwand und Kosten
   Sozialabgaben sind gesetzlich verpflichtend für eine soziale Dienstleistung durch sozialversicherungspflichtige Beschäftigte.
9. Ertrag und Leistungen
   Entgelterlöse sind betrieblich.
10. Neutraler Ertrag, keine Leistung
    Rückerstattung ist NICHT periodengerecht, daher keine Leistung
11. Ertrag und Leistung
    Die selbsterstellte Maschine erbringt Leistungen für den Unternehmenszweck.
12. Neutraler Ertrag, keine Leistung
    Die Rückstellung für den Prozess wurde in einer anderen Periode gebildet. Sie wurde zwar betrieblich veranlasst, ihre Auflösung ist jedoch neutral, keine betriebliche Leistung!
13. Neutraler Ertrag, keine Leistung
    Soweit der Unternehmer Mittel entnimmt (Erzeugnisse, Waren, Geld), entspricht dies nicht dem Unternehmenszweck. Dieser gebuchte »Verkauf an den Unternehmer« wird als neutraler Ertrag gewertet.
14. Neutraler Aufwand, keine Kosten
    Soweit der Hausmeister ausschließlich für das nicht betriebsnotwendige Mietshaus zuständig ist, handelt es sich um eine neutrale Position. Bei einer Mischaufgabe würde man seine Personalkosten anteilig schlüsseln und zuordnen.
15. Kalkulatorische Kosten, Zusatzkosten
    Vier Studierende brechen das Studium ab. Unsere kalkulatorischen Wagniskosten betragen über die Studienlaufzeit von einem Jahr 40.000 €.
16. Kalkulatorische Kosten, Zusatzkosten
    Für die privat genutzten Räume sind kalkulatorische Mietkosten von monatlich 450 € (jährlich 5.400 €) anzusetzen.
17. Einordnung Kosten:

Kosten	Grundkosten	Anderskosten	Zusatzkosten
Bereitschaftsdienst	x		
Kalk. Unternehmerlohn			x
Gehälter	x		
Warenverbrauch	x		
Kalk. Miete			x
Büromaterial	x		
Kalk. Abschreibung		x	
Kalk. Wagnis		x	

18. Anschaffung Transporter für ambulanten Pflegedienst:
    Aufwand
    AfA = 40.000 €/5 J.   =   8.000 €
    Zinsen = (40.000 €/2) × 5 %   =   1.000 €
    Summe Aufwand   =   **9.000 €**

    Kosten
    Kalk. Afa = 50.000 €/5 J.   =   10.000 €
    Kalk. Zinssatz = 0,5 × 5 % × (1–0,2 Steuers.)
    + 0,5 × 10 % EK-Rendite
    = 2 + 5 = 7 %
    Kalk. Zinsen = 40.000 € × 7 % =   =   2.800 €
    Kalk. Unternehmerlohn =   =   30.000 €
    Summe Kosten   =   **42.800 €**
    Die Kosten sind deutlich höher als der real gebuchte Aufwand!

19. Kalkulatorische Abschreibung: Entweder 7.000 € bei einer angenommenen Nutzungszeit von 10 Jahren oder 14.000 € bei entsprechend fünf Jahren Nutzung.

Kapitel 3.5 (Vollkosten-/Teilkostenrechnung)

1. Bei den genannten Mietkosten von 2.600 € würde die Produktionsentscheidung für die T-Shirts in der Vollkostenrechnung abgelehnt werden (Betriebsergebnis: –100 €), in der Teilkostenrechnung würde man T-Shirts für einen begrenzten Zeitraum anbieten können, da der positive Deckungsbeitrag von 3,40 €/Stück einen Teil der Fixkosten decken würde.

2. Ambulanter Pflegedienst mit Teil- und Vollkostenrechnung:

1. Vollkostenrechnung		2. Teilkostenrechnung	SGB XII	Privat
Erlöse (90.000 €+ 40.000 €)	130.000 €	Erlöse	90.000 €	40.000 €
		Pflegefachkräfte	36.003 €	29.997 €
– Kosten* (66.000 € + 52.500 € +14.400 € + 24.000) €	156.900 €	Pflegekräfte	29.999 €	22.501 €
		= Deckungsbeitrag (gesamt: +11.500 €)	23.999 €	–12.499
		– Fixkosten	21.600 €	16.800 €
Betriebsergebnis	**–26.900 €**	**Betriebsergebnis (gesamt: –26.900 €)**	**2.399 €**	**–29.299 €**

▸ Nach Vollkostenrechnung wird ein Betriebsergebnis von –26.900 € erwirtschaftet. Die Einrichtung ist defizitär. Das Angebot ist abzulehnen.

▸ Die Teilkostenrechnung zeigt, dass alle variablen Kosten gedeckt werden und ein positiver Deckungsbeitrag von insgesamt 11.500 € erreicht wird. Es fällt auf, dass die Privatanteile mit einem negativen Deckungsbeitrag von 12.499 € zu niedrig sind. Das Betriebsergebnis liegt hier bei –29.299 € während das Betriebsergebnis zu SGB XII mit 2.399 € positiv ist.

Bei den kommenden Pflegesatzverhandlungen sind die Privatanteile so zu verhandeln, dass zumindest der Deckungsbeitrag positiv wird. Ansonsten macht dieses Angebot keinen Sinn! Parallel ist zu prüfen, ob die notwendigen Pflegeschlüssel übererfüllt werden und ggf. Personalkosten gesenkt werden können.

Kapitel 3.5 (Irrelevante Kosten)

3. Irrelevante Kosten über Teilkostenrechnung:

Umsätze (2.000 Gäste × 10 €) =	20.000 €
− Variable Kosten (2.000 Gäste × 3 €)	6.000 €
= Deckungsbeitrag	**14.000 €**
− Fixkosten (Plakate, Flyer)	2.000 €
= Betriebsergebnis	**12.000 €**
− Irrelevante Kosten (Musikgruppen, Mieten)	18.000 €
= Ergebnis (Verlust)	**−6.000 €**

Rein kalkulatorisch sollte das Dorffest durchgeführt werden. Die Sunk Costs könnten von 18.000 € auf 6.000 € reduziert werden, da der Deckungsbeitrag mit 14.000 € deutlich positiv ist.

Zu berücksichtigen ist jedoch die Außenwirkung einer solchen Konkurrenzveranstaltung, die Motivation der Musikgruppen (ggf. Sonderkonditionen) und die Negativwirkung für die ehrenamtlichen Dorfbewohner. Des Weiteren ist mit Unverständnis bei den Bewohnern und in der Region zu rechnen.

Kapitel 3.5 (Allgemeine Kostenverläufe wie Grenzkosten, Durchschnittskosten, Break-even-Punkt)

4. Kostenfunktion des Jugendheims

$K = K_{fix} + (k_{var} \times x)$

Veränderung Belegungstage 2015 zu 2016: Δx = **1.584** (21.951 − 20.367)
Kostenänderung 2015 zu 2016: ΔK = **200.000 €** (3,8 Mio. € − 3,6 Mio. €)
Kostenänderung pro Einheit: **kvar** = $\Delta K / \Delta x$ = 200.000/1.584 = **126,26 €**/Belegungstag als **Preisuntergrenze pro Stück**
Variable Kosten für 2015: **Kvar** = $k_{var} \times x$ = 126,26 € × 20.367 Tage = **2.571.537 €** **als Preisuntergrenze gesamt**
Fixkostenbestimmung: **Kfix** = K − K_{var} = 3,6 Mio. € − 2.571.537 € = **1.028.463 €**
Kostenfunktion »Jugendheim«: K = 1.028.463 € + (126,26 € × Belegungstage)
Anmerkung: Hierbei handelt es sich um eine rechnerische Lösung.
Analytisch würde man nun die Gesamtkosten in einzelne Kostenbestandteile zerlegen und die Variabilität ermitteln. Beispielsweise würde man die Personalkostenerhöhung anhand eines Personalschlüssels ermitteln. Die Erhöhung der Lebensmittelkosten würde anhand von Erfahrungswerten (Lebensmittelverbrauch pro Belegungstag) bestimmt. Daneben würden u. a. die Gebäude- und Verwaltungskosten eingestuft (unabhängig von den Belegungstagen).

Lösungen

5. Umsatz- und Kostendiagramm mit Darstellung von Gesamtkosten K, variablen Kosten K_{var}, Fixkosten K_{fix}, Umsatz U, Gewinn G, Gewinnschwelle, Gewinnmaximum. Erstellung von Wertetabelle mit Umsätzen und Kostenpunkten:

Menge × Stück/Periode	Umsatz U	Kosten K	Fixe Kosten Kfix	Variable Kosten Kvar	Gewinn G
0	0	1.000	1.000	0	−1.000
10	1.000	1.500	1.000	500	−500
20	2.000	2.000	1.000	1.000	0
30	3.000	2.500	1.000	1.500	+500
40	4.000	3.000	1.000	2.000	+1.000
50	5.000	3.500	1.000	2.500	+1.500

Zeichnerische Lösung:

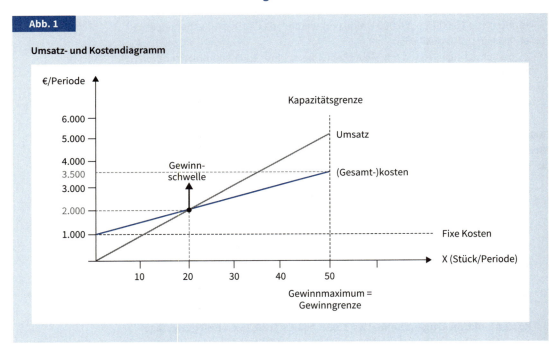

Abb. 1 — Umsatz- und Kostendiagramm

6. Rechnerische Lösung für die **Gewinnschwelle**:
Umsatz U = Kosten K
$p \times x = k_{var} \times x + K_{fix}$
Durch Umformung obiger Gleichung ergibt sich:
Break-even-Umsatz = $K_{fix} / [1 - (k_{var}/p)]$
Break-even-Menge = $K_{fix} / (p - k_{var})$

Break-even-Umsatz = 1.000 €/1 − (50 €/ 100 €) = 2.000 €
Break-even-Menge = 1.000 €/100 € − 50 € = 20 Stück

Stückkosten bei einer Menge von 50 Stück
k = K/x = 3.500 €/50 Stück = 70 €/Stück

Variable Stückkosten bei einer Menge von 30 Stück
k_{var} = K_{var}/x = 1.500 €/30 Stück = 50 €/Stück

Fixe Stückkosten bei einer Menge von 10 Stück
k_{fix} = K_{fix}/x = 1.000 €/10 = 100 €/Stück

7.
a. Kosten pro Kilometer
   Wartung, Versicherung: 1.500 €
   Abschreibungen: 1.500 €
   Summe Fixkosten: 3.000 €
   Gesamtkosten pro Jahr: 3.000 € + 0,10 €/km × 20.000 km = 5.000 €
   Kosten pro Kilometer: 5.000 €/20.000 km = **0,25 €/km**

b. Die Anschaffung von Dienstfahrzeugen ist um 0,05 €/km günstiger.

c. Kosten für die Türkei-Fahrt
   Variante I: 6.000 km × 0,25 € = 1.500 € (Problem: Fixkostenüberdeckung durch Mehrkilometer)
   Variante II:

Summe Fixkosten	3.000 € (bei 26.000 km pro Jahr)
Gesamtkosten pro Jahr:	3.000 € + 0,10 €/km × 26.000 km = 5.600 €
Kosten pro Kilometer:	5.600 €/26.000 km ≈ **0,22 €/km** (0,21538)
Kosten Türkei-Fahrt:	0,22 €/km × 6.000 km = **1.320 €**

d. Kosten der einmaligen Türkeifahrt alternativ zu anderen Verkehrsmitteln berechnen (Flugkosten: 649 €) nebst kritischer Betrachtung.
   Annahme: Die Fixkosten fallen sowieso an.
   Variable Kosten: 0,10 €/km × 6.000 km = 600 €
   Die Kosten im Vergleich zu anderen Verkehrsmitteln sind mit 600 € zu beziffern. Der Dienstwagen ist vorzuziehen. Zu berücksichtigen ist hierbei, dass mindestens 4 Fahrtage nebst Übernachtung etc. zu berücksichtigen sind. Aus Zeit- und Kostengründen würde das Flugzeug vorgezogen werden.

8.
a. Die jährlichen Gesamtkosten betragen
   K = K_{fix} + (k_{var} × x)
   K = (7.500 € + 20.000 €) + (10 € × 365) = **31.150 € p. a.**

b. Die Durchschnittskosten pro Belegungstag betragen
   k = K_{fix}/x + k_{var}
   k = 27.500/365 + 10 €
   = **85,34 €/Tag**

oder
k = K/x
k = 31.150 € p. a./365
= 85,34 €/Tag
c. Grenzkosten pro Belegungstag
GK = k_{var} = 10 €
d. Durchschnittskosten pro Belegungstag bei 90 % Auslastung betragen (329 Tage)
K = K_{fix} + (k_{var} × x)
K = (7.500 € + 20.000 €) + (10 € × 329) = 30.790 € p. a.
k = 30.790 € p. a./329 = **93,59 €/Tag**

Kapitel 4
Kapitel 4.1.2.1 (Sachliche Abgrenzung innerhalb der Betriebsbuchhaltung)
Es ist wie folgt zu buchen:

1	Umsatzerlöse an Betriebsergebniskonto	10.000 €
2	Erträge aus Auflösung Sonderposten an Neutrales Ergebniskonto	500 €
3	Neutrales Ergebniskonto an Instandhaltungskosten	1.500 €
4	Betriebsergebniskonto an Instandhaltungskosten	2.500 €
5	Neutrales Ergebniskonto an Abschreibungen	2.000 €
6	Kalkulatorische Abschreibung an verrechnete kalkulatorische Abschreibung	2.700 €
7	Verrechnete kalkulatorische Abschreibung an Neutrales Ergebniskonto	2.700 €
8	Betriebsergebniskonto an kalk. Abschreibung	2.700 €
9	GuV-Konto an Betriebsergebniskonto	4.800 €
10	Neutrales Ergebniskonto an GuV-Konto	300 €

Die Kontenentwicklung ist nachfolgend dargestellt:

S	Umsatzerlöse		H	S	Ert. Auflö. Sopo		H
1.	10.000	AB	10.000	2.	500	AB	500
	10.000		10.000		500		500

S	Instandhaltungskosten		H	S	Abschreibungen		H
AB	4.000	3.	1.500	AB	2.000	5.	2.000
		4.	2.500		2.000		2.000
	4.000		4.000				

Lösungen

S	Kalk. Abschreibungen		H
6.	2.700	8.	2.700
	2.700		2.700

S	Verr. kalk. Abschreibungen		H
7.	2.700	6.	2.700
	2.700		2.700

S	Betriebsergebnis-konto		H
4.	2.500	1.	10.000
8.	2.700		
9.	**4.800**		
	10.000		10.000

S	Neutrales Ergebniskonto		H
3.	1.500	2.	500
5.	2.000	7.	2.700
		10.	**300**
	3.500		3.500

S	GuV-Konto		H
10.	300	9.	4.800
Gewinn	**4.500**		
	4.800		4.800

Kapitel 4.1.2.2 (Sachliche Abgrenzung außerhalb der Betriebsbuchführung)

Die Abgrenzungsrechnung mittels Ergebnistabelle ist nachfolgend dargestellt:

Ergebnistabelle								
Rechnungskreis I			Rechnungskreis II					
Externes Rechnungswesen			Internes Rechnungswesen					
			Abgrenzungsrechnung				Kosten- und Leistungsrechnung	
			unternehmensbezogene Abgrenzung		Kostenrechnerische Korrekturen		interner Erfolg	
Konten	Aufwand	Ertrag	neutr. Aufw.	neutr. Ertrag	Aufw. lt. FB	Verr. Kosten	Kosten	Leistungen
Umsatzerlöse		10.000						10.000
Ert. Aufl. Sopo		500		500				0
Instandhaltung	4.000		1.500				2.500	
Abschreibung	2.000				2.000	2.700	2.700	
	Externer Gesamterfolg		Neutraler Erfolg		Ergebnis kostenrechnerische Korrekturen		Betriebsergebnis	
	4.500		−1.000		700		4.800	

Kapitel 4.1.5 (Kostenaufteilung variabel, fix)

Für die Aufteilung der Gesamtkosten in variable und fixe Kosten ist die Kostenänderung durch die Mengenänderung zu dividieren. Dadurch errechnen sich zunächst die variablen Kosten je Leistung. Hier ist jedoch zu beachten, dass die Kosten im März in Höhe von 700 € nicht mit den Kosten aus Januar vergleichbar sind, da die

Lösungen

Gruppenfahrten im Januar nicht durchgeführt wurden. Daher sind die Kosten im März von 203.700 € zunächst um die 700 € zu mindern.

Anschließend errechnen sich die variablen Kosten nach der mathematischen Methode wie folgt;

$$k_v = \frac{K_2 - K_1}{x_2 - x_1} = \frac{203.000\,€ - 200.000\,€}{220\,€ - 200\,€} = \frac{3.000\,€}{20} = 150\,€/St$$

Die gesamten variablen Kosten der Einrichtung betrugen 30.000 € im Januar und 33.000 € im März.

Kapitel 4.2.3.3 (Mehrstufiger BAB)
Anbauverfahren

BAB	Kosten-stellen	Vorkostenstellen			Endkostenstellen			
		Allgemeine Hilfskostenstellen			Hauptkostenstellen			
Gemeinkosten	Gesamt-betrag	Gebäude	Heizung	Haus-meister	Küche	Pflege-grad 2	Pflege-grad 3	Ver-waltung
Gehälter	350.000 €			3.500 €	17.500 €	122.500 €	171.500 €	35.000 €
Soziale Aufwendungen	105.000 €			1.050 €	5.250 €	36.750 €	51.450 €	10.500 €
Hilfslöhne	1.000 €				200 €	300 €	500 €	
Gaskosten	4.500 €		4.500 €					
Energiekosten	3.300 €		40 €	160 €	600 €	1.000 €	1.200 €	300 €
Verbrauchsmaterial	4.650 €	0 €	0 €	300 €	1.050 €	1.200 €	1.300 €	800 €
Mieten	26.500 €	26.500 €						
kalk. Zinsen	5.000 €	4.000 €	250 €	250 €	135 €	150 €	15 €	200 €
Summe primäre GK	499.950 €	30.500 €	4.790 €	5.260 €	24.735 €	161.900 €	225.965 €	46.800 €
Umlage sekundärer GK		30.500 €						
Gebäude		−30.500 €	0 €	0 €	1.584 €	13.468 €	13.468 €	1.981 €
			4.790 €					
Heizung			−4.790 €	0 €	27 €	2.177 €	2.395 €	191 €
				5.260 €				
Hausmeister				−5.260 €	526 €	1.841 €	2.630 €	263 €
Σ primäre u. sekundäre GK					26.873 €	179.386 €	244.458 €	49.234 €
Zuschlagsgrundlage					10.761 €	180	140	461.477 €
Kalkulations-/Zuschlagssatz					250 %	997 €	1.746 €	11 %

Erläuterung zur Lösung »Anbauverfahren«

Die Verteilung der Primärkosten erfolgt durch direkte Kostenzurechnung, soweit es sich um Kostenstelleneinzelkosten handelt, und über Verteilungsschlüssel, soweit es sich um Kostenstellengemeinkosten handelt.

Die Sekundärkostenverrechnung ist im Anbauverfahren unter Missachtung der bestehenden innerbetrieblichen Leistungsbeziehungen zwischen den Vorkostenstellen vorzunehmen.

Lösungen

Aus dem BAB kann abgelesen werden, dass die Endkostenstelle »Küche« Gemeinkosten in Höhe von 250 Prozent verursacht hat, d. h. das je 1 € Lebensmittel 2,50 € Gemeinkosten angefallen sind.

Aufgrund der betreuten Patienten im Pflegegrad 2 und 3 konnte bei den Kostenstellen »Pflegegrad 2« und »Pflegegrad 3« der Kostensatz je Patient berechnet werden.

Der Verwaltungsgemeinkostenzuschlag beträgt 11 Prozent, wobei die Zuschlagsgrundlage Herstellkosten des Umsatzes (HkdU) wie folgt ermittelt wird:

Lebensmittelkosten	10.761 €
Gemeinkosten »Küche«	26.873 €
Gemeinkosten »Pflegegrad 2«	179.386 €
Gemeinkosten »Pflegegrad 3«	244.458 €
HkdU	461.477 €

Stufenleiterverfahren

BAB	Kosten-stellen	Vorkostenstellen			Endkostenstellen			
		Allgemeine Hilfskostenstellen			Hauptkostenstellen			
Gemeinkosten	Gesamt-betrag	Gebäude	Heizung	Haus-meister	Küche	Pflege-grad 2	Pflege-grad 3	Ver-waltung
Gehälter	350.000 €			3.500 €	17.500 €	122.500 €	171.500 €	35.000 €
Soziale Aufwendungen	105.000 €			1.050 €	5.250 €	36.750 €	51.450 €	10.500 €
Hilfslöhne	1.000 €					200 €	300 €	500 €
Gaskosten	4.500 €		4.500 €					
Energiekosten	3.300 €		40 €	160 €	600 €	1.000 €	1.200 €	300 €
Verbrauchsmaterial	4.650 €	0 €	0 €	300 €	1.050 €	1.200 €	1.300 €	800 €
Mieten	26.500 €	26.500 €						
kalk. Zinsen	5.000 €	4.000 €	250 €	250 €	135 €	150 €	15 €	200 €
Summe primäre GK	499.950 €	30.500 €	4.790 €	5.260 €	24.735 €	161.900 €	225.965 €	46.800 €
Umlage sekundärer GK		30.500 €						
Gebäude		−30.500 €	381 €	763 €	1.525 €	12.963 €	12.963 €	1.906 €
			5.171 €					
Heizung			−5.171 €	115 €	29 €	2.298 €	2.528 €	201 €
				6.138 €				
Hausmeister				−6.138 €	614 €	2.148 €	3.069 €	307 €
Σ primäre u. sekundäre GK					26.903 €	179.309 €	244.525 €	49.214 €
Zuschlagsgrundlage					10.761 €	180	140	461.497 €
Kalkulations-/Zuschlagssatz					250 %	996 €	1.747 €	11,00 %

Lösungen

Erläuterung zur Lösung »Stufenleiterverfahren«
Die Verteilung der Primärkosten erfolgt durch direkte Kostenzurechnung, soweit es sich um Kostenstelleneinzelkosten handelt, und über Verteilungsschlüssel, soweit es sich um Kostenstellengemeinkosten handelt.

Die Sekundärkostenverrechnung ist im Stufenleiterverfahren unter Beachtung der bestehenden innerbetrieblichen Leistungsbeziehungen zwischen den Vorkostenstellen vorzunehmen.

Aus dem BAB kann abgelesen werden, dass die Endkostenstelle »Küche« Gemeinkosten in Höhe von 250 Prozent verursacht hat, d. h. dass je 1 € Lebensmittel 2,50 € Gemeinkosten angefallen sind.

Aufgrund der betreuten Patienten im Pflegegrad 2 und 3 konnte bei den Kostenstellen »Pflegegrad 2« und »Pflegegrad 3« der Kostensatz je Patient berechnet werden.

Der Verwaltungsgemeinkostenzuschlag beträgt 11 Prozent, wobei die Zuschlagsgrundlage Herstellkosten des Umsatzes (HkdU) wie folgt ermittelt wird:

Lebensmittelkosten	10.761 €
Gemeinkosten »Küche«	26.903 €
Gemeinkosten »Pflegegrad 2«	179.309 €
Gemeinkosten »Pflegegrad 3«	244.525 €
HkdU	461.498 €

Aufgrund der geringen innerbetrieblichen Leistungsbeziehungen zwischen den Vorkostenstellen selbst, die ja im Anbauverfahren vernachlässigt werden, führen beide Verfahren zum annähernd gleichen Ergebnis.

Kapitel 4.3.3.1.1 (Einstufige Divisionskalkulation)

1. Bei der Divisionskalkulation werden die Gesamtkosten durch die Gesamtmenge dividiert, um die Kosten je Vermittlungsleistung zu errechnen.
Die Gesamtkosten betragen 1,2 Mio. € bei 600 Vermittlungsleistungen. Eine Vermittlungsleistung kostet somit 2.000 €.
2. Die Gesamtkosten der Kostenstelle Fuhrpark belaufen sich auf 11.040 € bei einer Fahrleistung von 12.000 km; damit errechnet sich ein Kilometersatz von 0,92 €/km. Sollten der Kostenstelle unterschiedliche Fahrzeuge zugeordnet sein, handelt es sich um eine Mischkalkulation, die nicht sehr aussagekräftig ist, wenn es erhebliche Kostenunterschiede zwischen den Fahrzeugen gibt.
Mittelfristig müssen die pagatorischen Kosten gedeckt sein. Da die Abschreibungen nicht auszahlungswirksam sind, mindern sich die Gesamtkosten um 8.000 € auf 3.000 €. Es errechnet sich ein mittelfristig anzusetzender Kilometersatz von 0,25 €/km.

Kapitel 4.3.3.1.2 (Zweistufige Divisionskalkulation)

Die Selbstkosten der verkauften Stühle können nicht nach der einfachen Divisionskalkulation berechnet werden, da nicht alle hergestellten Stühle verkauft wurden und Bestandsveränderungen bei der einstufigen Divisionskalkulation nicht berück-

sichtigt werden können. Die zweistufige Divisionskalkulation ist anwendbar, da alle Stühle beide Fertigungsstufen durchlaufen haben, somit keine unfertigen Erzeugnisse vorliegen.
Daher gilt: $k = HK/x_{prod} + VerwK/x_{prod} + VertrK/x_{ums}$
$k = (900\ € + 8.100\ €)/100 + 2.400\ €/100 + 800\ €/80 =$ **124 €/St.**
Die Herstellungskosten der nicht verkauften Stühle sind ohne die Vertriebskosten zu berechnen, denn diese können nur auf die verkauften Produkte entfallen. Jedoch hat der Unternehmer für den Bilanzansatz das Wahlrecht, die Verwaltungskosten zu berücksichtigen oder nicht. Daher gilt für den niedrigsten Ansatz:

$k = Hk/x_{prod}$
$k = (900\ € + 8.100\ €)/100 =$ **90 €/St.**

Sollte das Wahlrecht ausgeübt werden, gilt:

$k = Hk/x_{prod} + VerwK/x_{prod}$
$k = (900\ € + 8.100\ €)/100 + 2.400\ €/100 =$ **114 €/St.**

Kapitel 4.3.3.1.3 (Mehrstufige Divisionskalkulation)
Die Selbstkosten der verkauften Stühle können im Gegensatz zu Aufgabe 3 nicht nach der zweistufigen Divisionskalkulation berechnet werden, da in mehreren Fertigungsstufen gefertigt wurde. Für die verkauften Stühle errechnen sich die Selbstkosten wie folgt:

$k = Hk_1/x_{prod1} + Hk_2/x_{prod2} + Hk_n/x_{prodn} + VerwK/x_{prodn} + VertrK/x_{ums}$
$k = (900\ € + 6.100\ €)/100 + 2.000\ €/90 + 2.400\ €/90 + 800\ €/80 =$ **128,89 €**

Von den 100 Stück, die die erste Fertigungsstufe durchlaufen haben, sind nur 90 Stück in der 2 Fertigungsstufe fertiggestellt worden, d. h. 10 Stück sind unfertig. Da die unfertigen Erzeugnisse nur die erste Fertigungsstufe durchlaufen haben, gilt für den Wertansatz:

$k = Hk_1/x_{prod1}$
$k = (900\ € + 6.100\ €)/100 = 70\ €/St.$

Der Bilanzansatz beträgt 700 € (70 €/St. × 10 St.)
Von den 90 fertiggestellten Stühlen wurden nur 80 verkauft, so dass 10 Stühle als fertige Erzeugnisse zu bewerten und zu bilanzieren sind. Beim niedrigsten handelsrechtlichen Wertansatz gilt:

$k = Hk_1/x_{prod1} + Hk_2/x_{prod2}$
$k = (900\ € + 6.100\ €)/100 + 2.000\ €/90 =$ **92,22 €/St.**

Kapitel 4.3.3.2 (Äquivalenzziffernrechnung)
Die Vermittlungskosten von insgesamt 800.000 € stehen in einem bestimmten Kosteneinsatzverhältnis, welches durch den Arbeitsaufwand bestimmt wird.
   Zu beachten ist, dass in den Gesamtkosten ein Lohnkostenzuschuss von 110.000 € enthalten ist, der nur die Gruppe III betrifft. Diese Kosten sind der Gruppe III auch direkt zuzurechnen, da sie durch diese Gruppe verursacht wurden.

Lösungen

Nach der Äquivalenzziffernrechnung sind somit nur 690.000 € zu verteilen.

Gruppe	Leistungsmenge	×	Äquivalenzziffer	=	fiktive Recheneinheiten
Gruppe I	220	×	1	=	220
Gruppe II	520	×	3	=	1.560
Gruppe III	220	×	4	=	880
	Summe fiktive Recheneinheiten				2.660

Die Selbstkosten der Einheitssorte betragen rund 259,40 € (690.000 €/2.660).

Der Lohnkostenzuschuss von insgesamt 110.000 € verteilt sich auf 220 Teilnehmer, so dass auf jeden Teilnehmer 500 € entfallen (110.000 €/220). Diese 500 € sind der Gruppe III gesondert zuzurechnen.

Die Ermittlung der Selbstkosten je Teilnehmer ist nachfolgend dargestellt:

Gruppe	gesondert zu verrechnende Kosten	+	Stückkosten der Einheitssorte	×	Äquivalenzziffer	=	Selbstkosten
Gruppe I	0,00 €	+	259,40 €/St.	×	1	=	259,40 €
Gruppe II	0,00 €	+	259,40 €/St.	×	3	=	778,20 €
Gruppe III	500,00 €	+	259,40 €/St.	×	4	=	1.537,60 €

Kapitel 4.3.3.3.1 (Differenzierte Zuschlagskalkulation – progressiv)

Zunächst sind die Zuschlagssätze zu ermitteln.

MGK – Zuschlag	=	Materialgemeinkosten	/	Materialeinzelkosten	×	100
MGK – Zuschlag	=	675 €	/	11.250 €	×	100
MGK – Zuschlag	=	**6,00 %**				
FGK – Zuschlag	=	Fertigungsgemeinkosten	/	Fertigungseinzelkosten	×	100
FGK – Zuschlag	=	21.875 €	/	15.625 €	×	100
FGK – Zuschlag	=	**140,00 %**				
VerwGk – Zuschlag	=	VerwGk	/	Herstellkosten	×	100
VerwGk – Zuschlag	=	9.885 €	/	(11.250 € + 675 € + 15.625 € + 21.875 €)	×	100
VerwGk – Zuschlag	=	**20,00 %**				

Anschließend ist die einzelne Mahlzeit wie folgt zu kalkulieren:

Kostenart	Betrag insgesamt	Betrag je Mahlzeit
Lebensmitteleinzelkosten	11.250,00 €	0,75 €
Gemeinkosten 6 %	675,00 €	0,05 €
Lebensmittelkosten	11.925,00 €	0,80 €
Lohnkosten (12,50 €/h; 5 min je Essen)	15.625,00 €	1,04 €
Fertigungsgemeinkosten 140 %	21.875,00 €	1,46 €
Fertigungskosten	37.500,00 €	2,50 €
Herstellkosten	49.425,00 €	3,30 €
Verwaltungsgemeinkosten 20 %	9.885,00 €	0,66 €
Selbstkosten	59.310,00 €	3,96 €

Kapitel 4.3.3.3.2 (Differenzierte Zuschlagskalkulation – retrograd)

In der 6. Aufgabe wurde der Selbstkostenpreis einer Mahlzeit mit 3,96 € errechnet. Aus preispolitischen Gründen soll eine Mahlzeit für 3,49 € angeboten werden.

Diese Preissenkung kann durch Ausweitung der Leistungsmenge und damit über die Fixkostendegression erwirtschaftet werden. Dazu fehlen jedoch Angaben zum Anteil der fixen Kosten an den Gesamtkosten, zu Kapazität bzw. zum Beschäftigungsgrad.

Eine andere Möglichkeit, eine Preissenkung zu erwirtschaften, ist die Anpassung der Kosten. Optionen sind Gespräche mit den Lieferanten über mögliche Preissenkungen oder auch das Gespräch mit den Mitarbeitern über Lohnverzicht. Laut Aufgabenstellung können weder die Lebensmittelkosten noch die Lohnkosten gesenkt werden.

In diesem Fall soll überprüft werden, ob über eine Produktivitätssteigerung die Preissenkung finanziert werden kann.

Selbstkosten	3,49 €
abzgl. Verwaltungsgemeinkosten 20 %	0,58 €
Herstellkosten	2,91 €
abzgl. Lebensmittelkosten	0,80 €
Fertigungskosten	2,11 €
abzgl. Fertigungsgemeinkosten 140 %	1,23 €
Lohnkosten	0,88 €

Anschließend ist der Stundenlohn von 12,50 €/h durch die Lohnkosten von 0,88 €/Stück zu dividieren, und es errechnet sich die Essenzahl je Stunde von rund 14,2 Stück/h. Damit wäre je Essen mit 4,22 Minuten (60 Minuten/14,2 Stück/h) zu kalkulieren.

Lösungen

Kapitel 4.3.3.4 (Maschinenstundensatzkalkulation)

Der Maschinenstundensatz errechnet sich wie folgt:

Kostenstelle	Bezeichnung	Maschinennummer	Anschaffungsjahr	ND
1000	MRT	JMKU7842365kl	2016	10
AK	1.300.000	kalk. Zinsen; Zinssatz 7 %	45.500,00 €	
WBK	1.320.000	kalk. Abschreibung	132.000,00 €	
Energieaufnahme	85 kW	Energiekosten 5 Ct/kWh	37.230,00 €	
Wartung	1 % von AK	Erfahrungswert	13.000,00 €	
Arbeitsfläche	63 qm	kalk. Miete 15 €/qm je Mo.	11.340,00 €	
sonstige Kosten	3.200 €	Erfahrungswert	3.200,00 €	
Bediener	4	Personalkosten	165.000,00 €	
		Summe Maschinenkosten	407.270,00 €	
Maschinenlaufzeit	3.066 h	**Maschinenstundensatz**	**132,83 €/h**	

Kalk. Zinsen = Anschaffungswert/2 × Zinssatz (Durchschnittswertverzinsung)
Kalk. Zinsen = 1.300.000 €/2 × 7 % = 45.500 €
Kalk. Abschreibung = Wiederbeschaffungswert/ND
Kalk. Abschreibung = 1.320.000 €/10 = 132.000 €
Energiekosten = 85 kWh × 24 h × 365 Tage × 0,05 €/kWh = 37.230 €
Kalk. Miete = kalk. Mietzins × Arbeitsfläche × 12 Monate
Kalk. Miete = 15 €/qm × 63 qm × 12 Monate = 11.340 €
Maschinenlaufzeit = 14 h/Tag × 365 Tage × 60 % = 3.066 h
Maschinenkostensatz = Maschinenkosten/Maschinenlaufzeit
Maschinenkostensatz = 407.270 e/3.066 h = 132,83 €

Kapitel 4.3.3.4 (Preiskalkulation)

Der Angebotspreis errechnet sich wie folgt:
  Bei Transportkosten von insgesamt 25 € entfallen bei 250 Essen 0,10 € auf ein Essen.

Selbstkosten alt	3,25 €
zzgl. Transportkosten	0,10 €
Selbstkosten neu	3,35 €
Gewinnzuschlag 5 %	0,17 €
Barverkaufspreis	3,52 €
Skonto 2 %	0,07 €
Zielverkaufspreis	3,59 €
Rabatt 5 %	0,19 €
Nettoangebotspreis	**3,78 €**

Kapitel 4.4
Kapitel 4.4.2 (Annahme Zusatzauftrag – Freie Kapazität)

1. Zunächst ist festzustellen, dass das Fahrzeug nicht ausgelastet und der Fahrer unterbeschäftigt ist.

   Zu betrachten ist ferner, dass es bei dem Hol- und Bringdienst zu Synergieeffekten kommen kann, d. h. die Fahrten können zusammengefasst werden, so dass nur geringe zusätzliche variable Kosten entstehen.

   Hinsichtlich der variablen Kosten bietet sich aufgrund wechselnder Personen und damit Fahrtstrecken eine Mischkalkulation an, bei der der Medianwert als Kilometergröße angesetzt werden kann.

   Dann ist nur noch der prop. Kilometersatz des Fahrzeuges zu ermitteln und von der Vergütung von 20 € zu subtrahieren. Sollte sich ein positiver Stückdeckungsbeitrag errechnen, wäre die Anfrage anzunehmen.

Kapitel 4.4.2 (Annahme Zusatzauftrag – Fixkostenänderung)

2. (Fortsetzung der Aufgabe 1 zu Kapitel 4.4.2)

   Vorliegend sind sowohl das Fahrzeug als auch der Fahrer ausgelastet. Damit müsste zunächst ein neues Fahrzeug angeschafft und ein Fahrer eingestellt werden. Dies führt zu sprungfixen Kosten.

   Ist dies der Fall, sollte bei einer solchen Anfrage unbedingt die voraussichtliche Dauer des zusätzlichen Arrangements betrachtet werden, da fixe Kosten schnell aufgebaut sind, aber langsam abgebaut (Stichwort: Kostenremanenz).

   Sollte das Arrangement von Dauer sein, muss der Gesamtdeckungsbeitrag des Zusatzauftrages auch die zusätzlich entstehenden fixen Kosten tragen. Die Entscheidung auf ausschließlicher Grundlage eines positiven Stückdeckungsbeitrags könnte hier zu einer falschen Entscheidung führen.

Kapitel 4.4.5 (Optimales Leistungsprogramm)
Ermittlung der Raumbelegungszeit

	Ehe	Persönlichkeit	Hauswirtschaft	Beruf
Kursstunden im Jahr	5.000	3.000	4.000	2.000
Raumbelegungszeit	1,5 h	1,5 h	1 h	1 h
tatsächliche Raumbelegung	7.500 h	4.500 h	4.000 h	2.000 h

Ehe: 5.000 h + 5.000 h × 0,5 = 7.500 h
Persönlichkeit: 3.000 h + 3.000 h × 0,5 = 4.500 h
Berechnung des absoluten und relativen Deckungsbeitrages

Lösungen

	Ehe	Persönlichkeit	Hauswirtschaft	Beruf
Kursstunden im Jahr	5.000	3.000	4.000	2.000
Erlöse	40 €/h	45 €/h	40 €/h	60 €/h
Einnahmen	200.000 €	135.000 €	160.000 €	120.000 €
Dozentenhonorar	25 €/h	20 €/h	20 €/h	30 €/h
variable Kosten	125.000 €	60.000 €	80.000 €	60.000 €
Deckungsbeitrag	75.000 €	75.000 €	80.000 €	60.000 €
Stückdeckungsbeitrag	15 €	25 €	20 €	30 €
relativer Deckungsbeitrag (in € je Raumbelegungszeit)	10 €	17 €	20 €	30 €
Reihenfolge Raumbelegung	4.	3.	2.	1.

Berechnung des optimalen Leistungsprogramms:

Bisher standen die Räumlichkeiten dem Bildungsträger für 18.000 h jährlich zur Verfügung (Summe tatsächliche Raumbelegung), je Raum somit 2.000 h (18.000 h/9 Räume). Aufgrund des Wegfalls von zwei Räumen mindert sich die Raumbelegungszeit um 4.000 h auf 14.000 h, die aufgrund der berechneten Reihenfolge auf die verschiedenen Kursangebote zu verteilen sind.

	Ehe	Persönlichkeit	Hauswirtschaft	Beruf
Raumbelegungsstunden	3.500	4.500	4.000	2.000
Kursstunden	2.333	3.000	4.000	2.000

Bei einer doppelten Gewichtung des Kurses »Ehe« ergibt sich folgende Rangfolge:

	Ehe	Persönlichkeit	Hauswirtschaft	Beruf
relativer db (in € je Raumbelegungszeit)	10 €	17 €	20 €	30 €
Wichtung	2	1	1	1
gewichteter relativer db	20 €	17 €	20 €	30 €
Reihenfolge Raumbelegung	2.	4.	2.	1.

Daraus errechnet sich unter Berücksichtigung der 14.000 h Raumbelegungsstunden folgendes gewichtetes Leistungsprogramm:

	Ehe	Persönlichkeit	Hauswirtschaft	Beruf
Raumbelegungsstunden	7.500	500	4.000	2.000
Kursstunden	5.000	333	4.000	2.000

Kapitel 5
Kapitel 5.2 (Einstufige Prozesskostenrechnung)
Ambulanter Pflegedienst

Kosten-treiber	Pflege-gruppe 3	Pflege-gruppe 4	Pflege-gruppe 5	Summe	Indirekte Kosten pro Einheit
Direkte Personal-kosten	50.000 €	55.000 €	75.000 €	180.000 €	0,10 €
Wartungs-aufträge	3	6	9	18	555,56 €
Kilowatt-stunden	20	40	70	130	15,38 €

Zunächst werden die indirekten Kosten pro Einheit ermittelt.

Kosten-treiber	Pflege-gruppe 3	Pflege-gruppe 4	Pflege-gruppe 5	Summe
Direkte Personal-kosten	5.000 €	5.500 €	7.500 €	18.000 €
Wartungs-aufträge	1.667 €	3.333 €	5.000 €	10.000 €
Kilowatt-stunden	308 €	615 €	1.077 €	2.000 €
Gesamt-summe (indirekte Kosten)	6.974 €	9.449 €	13.577 €	30.000
Gesamt-kosten pro Dienst-leistung	56.974 €	64.449 €	88.577 €	

Danach werden diese auf die einzelnen Pflegegrade verteilt und betragen für:
- Pflegegrad III 6.974 € (Gesamtkosten: 56.974 €)
- Pflegegrad IV 9.440 € (Gesamtkosten: 64.449 €)
- Pflegegrad V 13.557 € (Gesamtkosten: 88.577 €)

Übungsklausur mit Lösungen

(Bearbeitungszeit ca. 150 Minuten)

1. Bestimmung kalkulatorischer Löhne inkl. Arbeitgeberanteil an der Sozialversicherung:
   Löhne 2017:

Monatszahlungen:	80.000 €
Urlaubsgelder:	60.000 €
Weihnachtsgelder:	55.000 €

   a. Wie hoch sind die durchschnittlichen monatlichen Gehaltszahlungen?
   b. Wie hoch ist der Stundenverrechnungssatz bei 20 Mitarbeitern, 22 Arbeitstagen, 8 Stunden Arbeit pro Tag?
   c. Um welche Kostenart oder Art von Aufwand handelt es sich hier. Bitte begründen Sie Ihre Entscheidung kurz.

2. Eine Werkstatt für behinderte Menschen möchte gefertigte Holz-Schachbretter mit 32 Figuren kostendeckend verkaufen.
   Materialkosten pro Brett: 5 €
   Materialkosten pro Figur: 1 €
   Farbe: 10 € pro Topf,
   Für 20 Bretter benötigt man je einen schwarzen und weißen Topf.
   5 Sägen: 50 € Miete pro Monat
   5 Hobel: 25 € Miete pro Monat
   Das restliche Werkzeug ist vorhanden.
   100 Bretter sollen pro Monat gefertigt werden, was mit der vorhandenen Ausstattung möglich ist. Der Verkaufspreis beträgt 40 € pro Stück.
   a. Bitte bestimmen Sie die kurzfristige und langfristige Preisuntergrenze kalkulatorisch. Ist der Verkaufspreis kostendeckend? Wie hoch sind die Gesamtkosten?
   b. Bitte betrachten Sie das Ergebnis kritisch.
   c. Wie hoch ist das Betriebsergebnis pro Stück bzw. pro Monat. Bitte wenden Sie die Teil- und Vollkostenrechnung an.

3. In einem Unternehmen wird ein Produkt für 100 € pro Stück verkauft. Die variablen Kosten betragen 55 €/Stück. Die fixen Kosten betragen 100.000 €, die Kapazitätsgrenze liegt bei 2.000 Stück pro Periode.
   Bitte bestimmen Sie den Deckungsbeitrag pro Stück (db). Bei welcher Menge wird die Gewinnschwelle erreicht? Bewerten Sie hierbei die genannte Kapazitätsgrenze.

4. Das Rathaus Nordhausen will seine EDV im Rahmen einer Umstellung voll vernetzen lassen und benötigt hierfür einen Netzwerk-Administrator. Folgende Varianten kommen in Frage:

a. Einstellung eines neuen fest angestellten Mitarbeiters
b. Vergabe eines Wartungsvertrags an eine EDV-Firma

Rahmendaten:

Der fest angestellte Mitarbeiter erhält 3.000 € pro Monat (13 Monatsgehälter)
Die Sozialversicherungsbeiträge betragen insgesamt: 20 % Rentenversicherung, 6 % Arbeitslosenversicherung, 15 % Krankenversicherung, 2 % Pflegeversicherung, 5 % gesetzliche Unfallversicherung.
Daneben zahlt der Arbeitgeber in eine Zusatzversorgungskasse 5 %.
Der externe Wartungsvertrag kostet 4.000 € netto pro Monat.
Kalkulieren Sie die beiden Varianten. Welche nicht-monetären Erwägungen spielen ggf. zusätzlich eine Rolle?

5. In einem Seniorenheim ist ein Reinigungsdienst mit der Reinigung der Wohneinheiten beauftragt. Die Wohneinheiten sind entsprechend der nachfolgenden Übersicht in Verschmutzungsgrade eingeteilt:

Verschmutzungsgrad	Anzahl der Wohneinheiten	Gesamtreinigungszeit
I	12	30
II	14	60
III	20	90

Die Gesamtkosten der Reinigung für die 3 Verschmutzungsgrade belaufen sich im Monat auf 18.000 €. Davon lassen sich, bedingt durch die erforderliche Desinfektion, 3.000 € direkt dem Verschmutzungsgrad III zurechnen.
Kalkulieren Sie die verursachten Kosten je Wohneinheit und je Verschmutzungsgrad.

6. Bilden Sie einen Geschäftsvorfall, der nur zu den nachfolgend genannten Stromgrößen führt:
   a. Auszahlung,
   b. Auszahlung und Ausgabe,
   c. Zusatzkosten,
   d. Aufwand und Grundkosten,
   e. Einzahlung,
   f. Einzahlung, Einnahme, Ertrag, Zweckertrag und Grundleistung.

7. Der Küchenchef einer Seniorenresidenz hat für eine Woche folgende Werte ermittelt:

	Stammessen	Vegetarisch	Diät
Lebensmittel	720,00 €	441,00 €	546,00 €
Lohnkosten	1.200,00 €	729,00 €	1.134,00 €
Fixkostenumlage	900,00 €	900,00 €	900,00 €
Verkaufserlös	3.600,00 €	1.620,00 €	3.150,00 €
Absatzmenge	1.000	405	700
Zubereitungszeit je Essen	2 min	3 min	2,7 min

a. Wäre es unter rein betriebswirtschaftlichen Gesichtspunkten empfehlenswert, das Essen mit dem geringsten Betriebsergebnis aus dem Programm zu nehmen?
b. Der Küchenchef erhält eine Anfrage eines örtlichen Jugendzentrums, dieses mit 50 Stammessen täglich zu beliefern und diese auf eigene Rechnung zu verkaufen. Die Belieferung erfolgt auf eigene Kosten und eigene Gefahr. Das Risiko, dass Essen nicht verkauft werden, trägt die Seniorenresidenz; freie Kapazitäten sind vorhanden.
Der Preis für ein Essen soll 5,50 € betragen, wobei Schüler einen Rabatt von 50 Prozent erhalten sollen. Es ist davon auszugehen, dass 80 Prozent der Essen an Schüler verkauft werden. Die Transportkosten zum Jugendzentrum betragen täglich 30 €.
Sollte der Küchenchef das Jugendzentrum aus ökonomischer Sicht beliefern? Begründen Sie Ihre Aussage rechnerisch mit Hilfe der Deckungsbeitragsrechnung! Bedingung: *Alle* Essen werden verkauft.
c. Der Küchenchef hatte sich für die Belieferung entschieden. Nach 2 Monaten wurde festgestellt, dass im Durchschnitt täglich 90 Prozent der Essen verkauft wurden, eine Minderung der Liefermenge aufgrund schwankender täglicher Verkaufszahlen jedoch nicht in Frage kommt. Weiterhin wurde festgestellt, dass von den durchschnittlich verkauften Essen nur 15,56 Prozent an Nichtschüler verkauft wurden.
Welchen Beitrag zum Betriebsergebnis leistet das an das Jugendzentrum gelieferte Stammessen durchschnittlich?

Lösung Übungsklausur

1.

a. 12 × 80.000 € + 60.000 € + 55.000 € = 1.075.000 €/12 Monate = **89.583,33 €**
b. 22 Arbeitstage × 8 Stunden = 176 Stunden/Monat
89.583,33 €/176 Stunden/20 Mitarbeiter = **25,45 €/Stunde (Stundenverrechnungssatz)**
c. Es handelt sich hier um **Anderskosten**, die auf der Basis von Durchschnittsberechnungen ermittelt, also nie so gebucht wurden.

2.

a. Ermittlung der Preisuntergrenze:
Schachspiel

Brett	5 €
+ Figuren	32 €
+ Farbe	1 €
Preisuntergrenze	**38 € kurzfristig × 100 Stück = 3.800 € (Umsatz)**
+ Miete Säge*	0,50 €
+ Miete Hobel*	0,25 €
Gesamtkosten	**38,75 € (Vollkosten: langfristige Preisuntergrenze)**

Übungsklausur mit Lösungen

b. Kritische Betrachtung:
- Das sonstige Werkzeug nutzt sich ab und muss kalkulatorisch berücksichtigt werden.
- Personalkosten, anteiliges Büromaterial, etc. wurden nicht berücksichtigt.
- Gemeinkosten (Energie, Verwaltung) wurden nicht einkalkuliert, d. h. Teilkostenrechnung beschreibt die kurzfristige Preisuntergrenze.

*Annahme hierbei ist, dass die Sägen und Hobel nicht nur für die Schachbretter gemietet wurden. Falls die Miete auf die Fertigung der Schachbretter begrenzt wird, sind diese Fixkosten oben direkt zu berücksichtigen.

c.

Teilkostenrechnung:

Markt-Leistung Verkaufspreis	40 €
./. variable Kosten	38 €
Bruttoergebnis bzw. Deckungsbeitrag	2 € × 100 Stück = 200 €
./. Fixkosten (produktunabhängig)	75 €
Betriebsergebnis	**125 €**

Pro Monat:

Bruttoergebnis pro Monat	200 €
./. produktunabhängige Kosten	75 €
Betriebsergebnis	125 €

Vollkostenrechnung:

Markt-Leistung Verkaufspreis	40 €
./. Einzelkosten (var. Kosten)	38 €
./. Miete (0,25 € + 0,50 €)	0,75 €
Betriebsergebnis	1,25 € × 100 Stück = **125 €**

3. Deckungsbeitrag und Gewinnschwelle:

Verkaufspreis	100 €
– var. Stückkosten	55 €
Deckungsbeitrag:	**45 €/Stück**

Gewinnschwellenmenge: 100.000 € (Fixkosten)/45 € (db) ≈ **2.223 Stück**
Der Deckungsbeitrag liegt bei 45 €/Stück. Bei 2.223 Stück wird die Gewinnschwelle erreicht, leider außerhalb der Kapazität von max. 2.000 Stück. Von einer **Produktion sollte** aus rechnerischen Gründen **abgesehen werden**.

4. Netzwerk-Administrator als externer Dienstleister oder festangestellter Mitarbeiter:
   a. Festangestellter Mitarbeiter:
      Monatsgehalt: 3.000 €
      Soz.-versicherungsanteil: 645 € (RV, AV, KV, PV zu 50 % AG)
      Unfallversicherung   150 €
      Versorgungskasse   150 €
      SUMME   **3.945 € × 13 = 51.285 € p. a./12 = 4.273,75 €**

      Hinweis: Nicht berücksichtigt sind hier die Kosten für den Arbeitsplatz. Hierzu zählen z. B. Gebäude, Mobiliar und ähnliche Kosten. Daneben könnte man die Personalverwaltungskosten anteilig mit aufnehmen.
      In diesem konkreten Fall sitzt der Systemadministrator im Serverraum, diese Kosten sind somit nicht entscheidungsrelevant.
   b. Externer Wartungsvertrag
      Kosten netto   4.000 €
      Umsatzsteuer (19 %)   760 €
      SUMME   **4.760 € × 12 = 57.120 € p. a.**

      Im Geschäftsbereich ist üblicherweise Umsatzsteuer zu berechnen. **Der externe Wartungsvertrag ist teurer.**
      Nicht-monetäre Beweggründe:
      Ausfallzeiten des fest angestellten Mitarbeiters wurden nicht berücksichtigt.
      Das Personalrisiko liegt beim externen Dienstleister.
      Externer Dienstleister verbleibt eher auf dem Stand der Technik (Konkurrenzdruck)
      Gegen einen Wartungsvertrag:
      Abhängigkeiten vom externen Dienstleister (Preisentwicklung)
      Insolvenzrisiko des Dienstleisters
      Ggf. Datenschutzprobleme
5. Die Reinigungskosten von insgesamt 18.000 € stehen in einem bestimmten Kosteneinsatzverhältnis, welches durch die Gesamtreinigungszeit definiert wird. Zu beachten ist, dass in den Gesamtkosten 3.000 € enthalten sind, die nur von den Wohneinheiten mit Verschmutzungsgrad III verursacht wurden. Diese Kosten sind diesen Wohneinheiten damit auch direkt zuzurechnen. Nach der Äquivalenzziffernrechnung sind somit nur 15.000 € zu verteilen.

Verschmutzungsgrad	Anzahl Wohneinheiten	Äquivalenzziffer	fiktive Recheneinheiten
I	12	0,5	6
II	14	1	14
III	20	1,5	30
Die Selbstkosten für den Verschmutzungsgrad II betragen		Summe	50

Übungsklausur mit Lösungen

Die Kosten für besondere Reinigungsleistungen beim Verschmutzungsgrad III verteilen sich auf 20 Wohneinheiten, so dass auf jede Wohneinheit 150 € entfallen (3.000 €/150 Wohneinheiten).
Die Ermittlung der Selbstkosten je Wohneinheit ist nachfolgend dargestellt:

Verschmutzungsgrad	gesondert zu verrechnende Kosten	+	Stückkosten der Einheitssorte	x	Äquivalenzziffer	=	Selbstkosten
I	0,00 €	+	300,00 €/St.	x	0,5	=	150,00 €
II	0,00 €	+	300,00 €/St.	x	1	=	300,00 €
III	150,00 €	+	300,00 €/St.	x	1,5	=	600,00 €

Durch Multiplikation der Selbstkosten mit der **Anzahl der Wohneinheiten** errechnen sich die **Gesamtkosten je Verschmutzungsgrad**:

Verschmutzungsgrad	Selbstkosten	Anzahl der Wohneinheiten	Gesamtkosten
I	150,00 €	12	1.800,00 €
II	300,00 €	14	4.200,00 €
III	600,00 €	20	12.000,00 €
		Summe	18.000,00 €

6.
  a. Begleichung einer Schuld durch Überweisung oder Barzahlung
  b. Barkauf einer Büroeinrichtung
  c. Verrechnung von kalk. Unternehmerlohn
  d. Verbrauch von Vorräten (vorher als Bestand erfasst)
  e. Auszahlung eines aufgenommenen Kredits
  f. Abrechnung einer betrieblichen Leistung mit sofortiger Zahlung

7.
  a. Das Betriebsergebnis kann mit der einstufigen Deckungsbeitragsrechnung ermittelt werden:

	Stammessen	Vegetarisch	Diät	
Verkaufserlös	3.600,00 €	1.620,00 €	3.150,00 €	
Variable Kosten	1.920,00 €	1.170,00 €	1.680,00 €	
DB	1.680,00 €	450,00 €	1.470,00 €	
Fixe Kosten	900,00 €	900,00 €	900,00 €	Summe
Betriebsergebnis	780,00 €	−450,00 €	570,00 €	**900,00 €**

Das vegetarische Essen erzielt ein negatives Betriebsergebnis.
Gleichwohl ist es nicht empfehlenswert, das Essen aus dem Programm zu nehmen, da es sich bei den fixen Kosten nicht um produktfixe Kosten handelt, die mit Herausnahme des Essens entfallen würden. Diese Kosten wären durch die verbleibenden Essen zu decken. Das Betriebsergebnis würde sich auf 450 € mindern.

Übungsklausur mit Lösungen

	Stammessen	Vegetarisch	Diät	
Verkaufserlös	3.600,00 €	0,00 €	3.150,00 €	
variable Kosten	1.920,00 €	0,00 €	1.680,00 €	
DB	1.680,00 €	0,00 €	1.470,00 €	
fixe Kosten	1.350,00 €	0,00 €	1.350,00 €	Summe
Betriebsergebnis	330,00 €	0,00 €	120,00 €	**450,00 €**

b. Ausgehend von zwei unterschiedlichen Preisen für das Schüler- und Erwachsenenessen sind unter Berücksichtigung der variablen Kosten für das Stammessen von 1,92 €/St. (1.920 €/1.000 Essen), zwei Stückdeckungs- und Gesamtdeckungsbeiträge zu berechnen.
Die Ermittlung des Betriebsergebnisses ist nachfolgend dargestellt:

	Schüler	Erwachsene	
geplante Anzahl Essen	40	10	
Preis	2,75 €/St.	5,50 €/St.	
variable Kosten	1,92 €/St.	1,92 €/St.	
db	0,83 €/St.	3,58 €/St.	Summe
DB	33,20 €	35,80 €	69,00 €
	fixe Kosten		−30,00 €
	Betriebsergebnis		**39,00 €**

c. Die Analyse nach 2 Monaten hat ergeben, dass nur 90 Prozent der Essen, somit 45 am Tag verkauft werden. 5 Essen gehen durchschnittlich zurück, gleichwohl kann die Liefermenge nicht gesenkt werden. Von den 45 durchschnittlich verkauften Essen werden 38 Essen an Schüler und nur 7 Essen an Erwachsene verkauft, was gegenüber der Planung eine Abweichung darstellt (geplant war mit einem Essensverkauf von 20 Prozent an Erwachsene). Die variablen Kosten der nicht verkauften Essen (5 Stück) müssen somit von den verkauften Essen getragen werden, ebenso wie die fixen Transportkosten. Die Ermittlung des Betriebsergebnisses ist nachfolgend dargestellt:

	Schüler	Erwachsene	
Anzahl geliefert		50	
Anzahl verkauft 90 %		45	
Anteil	38	7	
Preis	2,75 €/St.	5,50 €/St.	
Variable Kosten	1,92 €/St.	1,92 €/St.	
db	0,83 €/St.	3,58 €/St.	Summe
DB	31,54 €	25,06 €	56,60 €
	Variable Kosten der nicht verkauften Essen		−9,60 €
		Fixe Kosten	−30,00 €
		Betriebsergebnis	**17,00 €**

Literaturverzeichnis

Däumler K.-D./Grabe, J.: Kostenrechnung 1 – Grundlagen, nwb, 9. Auflage, Herne/Berlin 2003.

Greiling, M./Hessel, M./Berger, K.: Pfadmanagement im Krankenhaus – Führen mit Kennzahlen, Kohlhammer, Stuttgart 2004.

Handelsgesetzbuch: Beck, 60. Auflage, München 2016.

Heinen, E.: Kosten und Kostenrechnung, Gabler, Wiesbaden 1992.

Kran, B.: Prozesskostenrechnung in der stationären Altenhilfe, LIT Verlag Münster 2003.

stiftung st. franziskus heiligenbronn (ssfh): Leitfaden zur Ganzheitlichen Unternehmensführung in der stiftung st. franziskus heiligenbronn, Eigenverlag, Heiligenbronn 01.2008.

Schellberg, K./Kaspers, U./Kennerknecht, S.: Kostenmanagement in Sozialunternehmen, Walhalla, 2. Auflage, Regensburg 2017.

Stichwortverzeichnis

A

Abgrenzung, sachliche 42
Anbauverfahren 74
Anderskosten 19, 42
Andersleistungen 19
Äquivalenzziffernkalkulation 87
Äquivalenzziffernrechnung
– einstufige 88
– zwei- und mehrstufige 89
Aufwand
– neutraler 18
Aufwendungen 17
Ausgabe 15
Auszahlung 15

B

Bestandsgröße 13
Betriebsabrechnungsbogen 63
– Aufbau 63
– einstufiger 63
– mehrstufiger 71
Betriebsbuchführung 3
Betriebsbuchhaltung
– sachliche Abgrenzung 46
Betriebsergebnis
– Ermittlung 100
Betriebsmittelkosten 51
Betriebszweck
– eigentlicher 18
Bilanzrechnung 8
Break-even-Analyse 30
Buchtechnische Methode 53
Buchungssystematik
– Anders- und Zusatzkosten 43

D

Deckungsbeitrag
– relativer 122
Deckungsbeitragsrechnung
– einstufige 110
– mehrstufige 127
Differenzen-Quotienten-Verfahren 54
Differenzierte Zuschlagskalkulation
– Grundschema 95
Direct Costing 110
Divisionskalkulation 83
– einseitige 83
– mehrstufige 86
– zweistufige 85

E

Einkreissystem 42
Einnahme 15
Einzahlung 15
Einzelkosten 23, 53
Endkostenstellen 62
Erfolgsrechnung, kurzfristige 47
Ergebnistabelle 46
Erträge 17, 19
– neutrale 19

F

Finanzbuchhaltung
– Zuschussbehandlung 36
Fördermittelgeber
– Rückforderungsmöglichkeiten 33
Fremdleistungskosten 51

G

Gehälter 50
Gemeinkosten 24, 53
Gemeinkostenzuschlagssätze 67
Gesamtkostenverfahren 100
Grafische Methode 54
Grenzkosten 30
Grundkosten 42
– aufwandsgleiche 19
Grundsätze ordnungsgemäßer Kosten- und Leistungsrechnung 40

H

Hauptkostenstellen 61
Hilfskostenstellen
– Arten 62
Hilfslöhne 50

I

Im-Hundert 97
Innbetriebliche Leistungsverrechnung 72
Innerbetriebliche Leistungen
– Outsourcing 120
Ist-Kosten, reale 25

K

Kalkulationssätze 67
Kalkulationsverfahren 83
Kosten
– fixe 23
– Gliederung 49
– kalkulatorische 19, 51
– pagatorische 51
– variable 23
– verursachungsgerechte Erfassung 56
Kostenartenrechnung 5, 39
– Datenherkunft 42
Kostenbegriff
– pagatorischer 20
– wertmäßiger 20
Kostendarstellung
– vertikale 134
Kosteneinflussgrößen 52
Kostenkontrolle 56
Kostenstellen
– Art der Leistungserstellung 61
– Arten 61
– Gruppen 60
– Zuschlagsbasis 68
Kostenstellenbildung
– Grundsätze 59
– Kriterien 58, 60
Kostenstelleneinzelkosten 64
Kostenstellengemeinkosten 65
– Verteilungsschlüssel 65
Kostenstellenrechnung 5, 56
– Arbeitsschritte 64
– Aufgaben 57
Kostenträger 81
Kostenträgerrechnung 5 f., 81
– Aufgaben 82
– Ausführung 82
Kostenträgerstückrechnung 82
Kostenträgerzeitblatt
– Grundschema 102
Kostenträgerzeitrechnung 82
Kostenüberdeckung 70
Kostenumlageverfahren 74

171

Stichwortverzeichnis

Kosten- und Leistungsrechnung 10
Kostenunterdeckung 70
Kostenvergleich
- horizontaler 56
- vertikaler 56
Krankenhausbuchführungsverordnung
- Kostenstellenplan 58
Kurzfristige Erfolgsrechnung 82, 99

L

Leistung 19
- Abrechenbarkeit 82
- homogene 84
Leistungsverrechnung, innerbetriebliche
- Verrechnungssatz 74

M

Maschinenstundensatz 94
Maschinenstundensatzkalkulation 94
Maschinenstundensatzkarte 95
Mathematische Methode 54
Mischkosten 53

N

Nachkalkulation 83
Normal-Gemeinkostenzuschlagssatz 69
Normalkosten, reale 25

O

Optimales Leistungsprogramm 122

P

Personalkosten 50
Pflegebuchführungsverordnung
- Kostenstellenplan 58
Plankostenrechnung 131
- Grundarten 132
Plankosten, zukunftsorientierte 25
Preiskalkulation 97
Preisuntergrenze, mittelfristige 52
Primärkostenermittlung
- je Kostenstelle 67
Primärkostenverrechnung 64
- mehrstufiger BAB 72
Produktionsfaktoren
- verbrauchte 49
Prozesskostenrechnung 134

S

Sachanlagevermögen
- Finanzierung 33
Sekundärkostenverrechnung 76
Sondereinzelkosten 53
Sonderposten 33
Stromgröße 14
Stufenleiterverfahren 76

T

Teilkostenrechnung 26

U

Umsatzkostenverfahren 100

V

Vertriebskostenstelle 68
Verursachungsprinzip 64
Verwaltungskostenstelle 68
Vollkostenrechnung 25
vom Hundert 98
Vorkalkulation 83

Z

Zusatzkosten 19, 42
Zusatzleistungen 20
Zuschlagsbasis 68
Zuschlagskalkulation 91
- differenzierte (progressiv) 92
- differenzierte (retrograd) 93
Zuschlagssatz 68
Zuschussbehandlung 36
Zweckaufwand
- betriebsbedingter 19
Zweikreissystem 42
Zwischenkalkulation 83